U0655862

21世纪经济管理新形态教材·物流学系列

物流学

主　编 ◎ 张　亮

副主编 ◎ 王　绒　李彩凤

清华大学出版社

北　京

内 容 简 介

本书共有 14 章，内容主要包括物流概论、物流系统、运输管理、仓储与库存管理、包装管理、装卸搬运、配送管理、流通加工管理、物流信息系统、第三方物流、企业物流管理、国际物流管理、供应链管理、现代物流前沿动态。本书紧密结合当前物流领域的前沿理论与实践，充分体现了现代物流的最新实用知识与技术，每章开始有导入案例和思考题以引导课堂讨论，文中有拓展资料和视频知识点讲解，结尾有即测即练和复习思考题，以加深读者对本章内容的学习和理解。

本书是高等院校物流管理、市场营销、电子商务等管理类专业及相关专业的物流管理课程的教学用书，也可作为相关专业硕士研究生、MBA 和物流从业者学习物流知识、掌握物流技能的工具书和培训教材。

本书封面贴有清华大学出版社防伪标签，无标签者不得销售。
版权所有，侵权必究。举报：010-62782989，beiqinquan@tup.tsinghua.edu.cn。

图书在版编目（CIP）数据

物流学 / 张亮主编 . -- 北京：清华大学出版社，2025.8.
（21 世纪经济管理新形态教材）. -- ISBN 978-7-302-70228-3

Ⅰ . F252

中国国家版本馆 CIP 数据核字第 2025B4Q417 号

责任编辑：徐永杰
封面设计：汉风唐韵
责任校对：王荣静
责任印制：刘 菲

出版发行：清华大学出版社
　　　　　网　　　址：https://www.tup.com.cn，https://www.wqxuetang.com
　　　　　地　　　址：北京清华大学学研大厦 A 座　　邮　编：100084
　　　　　社 总 机：010-83470000　　　　　　邮　购：010-62786544
　　　　　投稿与读者服务：010-62776969，c-service@tup.tsinghua.edu.cn
　　　　　质量反馈：010-62772015，zhiliang@tup.tsinghua.edu.cn
印 装 者：三河市人民印务有限公司
经　　销：全国新华书店
开　　本：185mm×260mm　　印　张：21.25　　字　数：354 千字
版　　次：2025 年 9 月第 1 版　　印　次：2025 年 9 月第 1 次印刷
定　　价：66.00 元

产品编号：108839-01

前　言

近年来，随着全球经济和"互联网+"新经济模式的快速发展，物流已成为企业竞争的关键要素和经济发展的重要支撑。伴随信息技术的飞速发展、消费者需求的日益多样化以及供应链管理理念的不断深化，现代物流正经历着深刻的变革与创新，物流产业也随之发生了翻天覆地的变化。新形态物流企业不断涌现，与互联网相关的新型物流服务不断完善，物流质量不断提高；电子商务的蓬勃发展对物流提出了更高的要求，促使物流企业不断创新服务模式，提高服务质量和效率。在这样的背景下，培养具备现代物流理念、掌握扎实物流理论知识和实践技能的专业人才，就成为高等教育的重要任务之一。为了满足高等院校物流管理及相关专业的教学需要，同时也为广大物流从业者和对物流领域感兴趣的人士提供一本系统、全面、实用的学习参考书籍，我们精心编写了这本《物流学》教材。

根据多年的教学经验，本书在系统介绍物流的发展沿革、基本概念、理论体系的基础上，以物流的各个功能环节和子系统为主线，分别介绍了运输、仓储、包装、装卸搬运、配送、流通加工、物流信息等环节的概念、技术和方法，特别强调了物流各系统的合理化运行。并对现代物流的前沿动态，如"互联网+"智慧物流、绿色物流、供应链管理等进行了介绍。

本书是作者基于社会对物流人才的需求以及物流教学改革和教材建设的需要，在多年物流教学实践并参考相关物流理论与研究成果的基础上编写而成。本书坚持实用和适用的编写原则，由浅入深、循序渐进地展开，系统全面地阐述物流学的基本理论知识。在各章节前均列出了本章的学习目标和导入案例，各章后附有即测即练与复习思考题，便于把握各章节主要内容、知识点，提高实践技能。本书的另一大特色是每一章都配有AI视频的知识点讲解，凸显了人工智能教学的新趋势。同时，为了给授课教师提供教学支持，本书还提供配套的免费电子课件。

　　本书由从事物流教学和科研工作的专业教师撰写而成，张亮、王绒、李彩凤负责全书的构思准备、大纲拟定和最终定稿工作。全书共14章，第一章由张亮撰写，第二、四章由任翠萍撰写，第七、十一章由王绒撰写，第九、十章由周雪艳撰写，第五、八章由崔望妮撰写，第三章由史新峰撰写，第六章由李莹撰写，第十二章由方静撰写，第十三章由余信撰写，第十四章由李彩凤撰写。

　　本书在写作过程中，查阅、借鉴和引用了多位同行在物流方面的相关著作、教材、案例以及互联网上的大量资料，已尽可能在参考文献中列出，在此向这些文献资料的作者表示衷心的感谢。也可能由于种种原因有所遗漏，若有此种情况，在此表示万分歉意，并衷心感谢这些作者的贡献。

　　最后，还要感谢清华大学出版社的徐永杰编辑及相关同志，是他们的辛勤工作使本书减少了诸多讹误并得以顺利出版。

　　由于时间仓促及编者水平有限，书中的疏漏和错误之处在所难免，恳切希望广大读者批评指正，提出宝贵意见，以促使我们不断改进。

目　录

第一章　物流概论 ··· 001

　　第一节　物流基本概念 ··· 002

　　第二节　物流的分类 ··· 013

　　第三节　物流学的产生及发展 ··· 016

第二章　物流系统 ··· 028

　　第一节　系统与物流系统概述 ··· 029

　　第二节　物流系统分析 ··· 036

　　第三节　物流系统优化 ··· 044

第三章　运输管理 ··· 061

　　第一节　运输系统概述 ··· 062

　　第二节　现代运输方式与多式联运 ································· 067

　　第三节　集装箱和集装化运输 ··· 074

　　第四节　运输合理化 ··· 082

第四章　仓储与库存管理 ··· 091

　　第一节　仓储概述 ·· 092

　　第二节　仓储管理概述 ··· 098

　　第三节　库存管理概述 ··· 111

　　第四节　库存管理方法与策略 ··· 115

第五章　包装管理 ··· 124

　　第一节　包装及包装功能 ·· 125

　　第二节　物流包装技术 ··· 128

　　第三节　包装合理化与标准化 ··· 143

第六章　装卸搬运 ··· 151
　　第一节　装卸搬运概述 ··· 152
　　第二节　装卸搬运技术组织 ··· 159
　　第三节　装卸搬运合理化 ·· 169

第七章　配送管理 ··· 173
　　第一节　配送概述 ··· 174
　　第二节　配送中心 ··· 181
　　第三节　配送作业 ··· 186
　　第四节　配送合理化 ··· 191

第八章　流通加工管理 ··· 203
　　第一节　流通加工概述 ··· 204
　　第二节　流通加工的内容与方法 ·· 208
　　第三节　流通加工合理化 ·· 213

第九章　物流信息系统 ··· 217
　　第一节　物流信息系统概述 ··· 218
　　第二节　物流信息系统分类 ··· 222
　　第三节　物流信息技术 ··· 225

第十章　第三方物流 ··· 246
　　第一节　第三方物流概述 ·· 247
　　第二节　第三方物流企业的运营模式与运作流程 ····················· 256

第十一章　企业物流管理 ·· 262
　　第一节　企业物流概述 ··· 263
　　第二节　供应物流 ··· 265
　　第三节　生产物流 ··· 267
　　第四节　销售物流 ··· 269
　　第五节　逆向物流与废弃物物流 ·· 273

第十二章　国际物流管理 ·· 278
　　第一节　国际物流概述 ··· 279

第二节　国际物流报检与通关 ……………………………… 285

第三节　国际货物运输 ……………………………………… 290

第四节　跨境电商物流 ……………………………………… 293

第十三章　供应链管理 …………………………………… 297

第一节　供应链管理的起源 ………………………………… 298

第二节　供应链概述 ………………………………………… 301

第三节　供应链管理概述 …………………………………… 306

第十四章　现代物流前沿动态 …………………………… 313

第一节　现代物流发展趋势 ………………………………… 314

第二节　"互联网+"智慧物流 ……………………………… 320

参考文献 …………………………………………………… 327

第一章　物流概论

思维导图

物流概论
- 物流基本概念
  - 物流概念的起源与发展
  - 现代物流的定义
  - 物流的价值和作用
  - 现代物流的基本特征
  - 现代物流系统的基本构成
- 物流的分类
  - 按照物流系统的作用分类
  - 按照物流系统的空间范围分类
  - 按照物流系统属性分类
- 物流学的产生及发展
  - 物流学的产生
  - 物流科学的发展过程
  - 我国物流业发展概况

学习目标

1. 理解现代物流的概念、特点。

2. 掌握物流的价值。

3. 掌握现代物流系统的基本构成。

能力目标

1. 了解物流的产生与起源，能自主查阅相关资料，拓展知识。

2. 掌握物流活动的分类，培养理论与实践相结合的能力。

3. 了解现代物流的基本特征，学会在实践中解决相关问题。

导入案例

第一节　物流基本概念

一、物流概念的起源与发展

人们对物流的最早认识是从流通领域开始的。随着社会分工的发展，人类社会进入到生产与消费相分离的商品经济阶段，由此产生了连接生产与消费的流通功能，从而使社会经济活动由生产领域、消费领域和联结两者的流通领域组成，如图 1-1 所示。在生产和消费之间存在着社会间隔（生产者和消费者不同）、场所间隔（生产地和消费地不同）、时间间隔（生产时间和消费时间不同），流通将生产和消费之间的这些间隔联系起来，以保证经济活动顺畅进行。

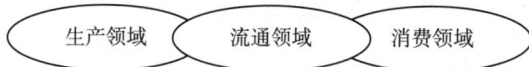

图 1-1　社会三大经济领域

生产领域：将生产资料进行物理变化或化学变化，制成各种产品以满足社会消费需求的经济活动领域，生产的结果为有形产品。在经济不发达的社会，生产的产品基本上在原地消费。但在今天，某地所生产的各种产品几乎被全国甚至全世界消费。

消费领域：消耗产品或商品的使用价值，满足社会的某种需求，消费的结果是废弃物。随着消费领域与生产领域的间隔逐渐变大，连接二者的流通领域的作用越发突出。

流通领域：将生产和消费联结起来的领域，流通的结果是产品或商品的所有权转移和产品或商品在时间和空间上的转移。

产品或商品的所有权转移是指通过经济手段取得产品的所有权，如人们在购买某种商品、交款取得发票后，即获得此商品的所有权。产品或商品的所有权转移称为商流，其表现形式是代表所有权的凭证在时间和空间上的转移。商流的特征是所有权凭证的交易。

完成产品的所有权转移后，随之而来的是产品本身在时间和空间上的转移，以克服生产和消费领域的间隔，达到产品实现其价值的最终目的。产品或商品在时间和空间上流动的全过程简称物流，其表现形式是物品在时间和空间上的转移。物流的特征是物品的运动和停滞。比如，在生产钢铁时，把铁矿石从矿山运到钢铁厂所克服的"间隔"主要是距离，在物流中称之为运输；再比如，农民生产的粮食当年不会全部消费，其大部分要储藏起来以备来年消费，这时所克服的"间隔"主要是时间，在物流中称之为仓储。

在物流概念产生以前，产品本身流动和停滞的全过程是由各个不同的运作独立完成的，这些不同的运作称为物流环节。物流环节包括运输、仓储、保管、搬运、配送及对产品的简单包装等。各个不同的物流环节由不同的企业完成，从事上述各个环节的企业有不同的名称，如从事运输环节的称为运输公司，其又细分为海运公司、空运公司及铁路、公路等运输公司。

社会进步使流通从生产中分化出来，但这并没有结束分化及分工的深入和继续，现代化大生产的分工和专业化是向一切经济领域延伸的。分工的升级和细化促使流通领域中的主要职能商流和物流进一步分离。在第二次世界大战之后，流通过程的这两种形式出现了更加明显的分离，从不同形式逐渐转变成两个有一定独立运动能力的不同运动过程，这就是所谓的"商物分离"，即流通中两个组成部分——商业流通和实物流通，各自按照自己的规律和渠道独立运行，见图1-2。社会化的独立形态物流，进一步系统化，使专业的物流职能向专业的物流经营方向发展，形成物流行业。再进一步，物流行业也由初期的承运向货代方向发展，乃至发展到今天更高水平的第三方物流、第四方物流和供应链。时至今日，这些独立的物流企业已经构筑成一个完整的物流业。

商物分离是物流科学赖以存在的先决条件，物流科学正是在商物分离的基础上，才得以对物流进行独立考察，进而形成一门科学。

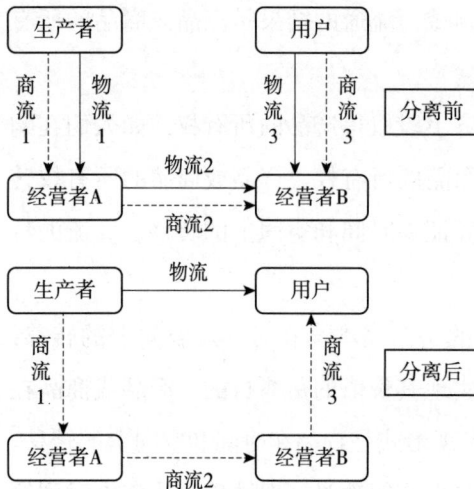

图 1-2 商物分离的形式

现代物流概念产生于 19 世纪末 20 世纪初的美国，国际物流学界对其产生的动因有两种观点，即经济因素和军事因素。

物流概念是因经济活动而产生的，源于人们对协调经济活动中物流及其相关活动的追求。就物流本身而言，它由运输、储存、包装等许多相关活动组成。在物流概念产生之前，企业将这些活动单独管理。就物流与相关活动的关系而言，物流与企业的生产、营销、销售等活动都有密切联系。1915 年，阿奇·萧（Arch Shaw）在其《市场流通中的若干问题》中明确将企业流通活动分为创造需求的活动和物流活动，并指出物流（the physical distribution of goods）是与创造需求不同的一个问题，流通活动中的重大失误都是因为创造需求和物流之间缺乏协调而造成的，从而阐明了物流在流通中的重要作用。由此产生了物流（physical distribution，P.D.）概念，译成汉语是"实物分配"或"货物配送"。它是指为了计划、执行和控制原材料，在制品库存从起源地到消费地的有效流通而进行的两种或多种活动的集成。

军事理念认为，物流（logistics）一词首先用于军事领域，是因军事而产生的。在军事中明确解释"物流"这一概念的是 20 世纪初由美国少校琼西·贝克（Chauncey Baker）在其专著《军队与军需品运输》中提出"作战艺术的一个分支，关于军队调度和保障供给的工作称为后勤（logistics）"。第二次世界大战中，围绕战争的供应，美国及其盟军在军事后勤活动中对人员、物资、装备等运用系统论方法进行统筹安排、全面管理，建立了"后勤"理论，并将其用于战争活动，为人们对综合物流的认识和发展提供了实证依据。其所提出的"后勤"是将战时物资的生产、采购、运输、配送等环节作为一个整体进行统一部署，以求战略物资补给的成本更低、速度更快、服务更好。

20 世纪 50 年代，美国通用汽车公司将"后勤"作为企业的一个新的管理思路、理念和技术引入到企业物流管理中。这时的后勤包含了生产过程和流通过程的物流，因而是一个范围更广的概念。20 世纪 70 年代，Logistics 大量出现在文献上。

此时，Logistics 不仅要考虑从生产者到消费者的货物配送问题，而且还要考虑从供应商到生产者对原材料的采购，以及生产者本身在产品制造过程中的运输、保管和信息等各个方面的问题，以达到全面、综合地提高经济效益和效率。因 Logistics 的概念比 P.D. 概念宽广、连贯、有整体性，20 世纪 80 年代以后，Logistics 逐渐替代了 P.D.。目前，Logistics 已成为世界公认的物流的标准术语。

二、现代物流的定义

"物流"泛指物资实体在进行社会生产过程中，在空间范围内有目的性地（从供应地向接收地）进行实体流动的过程。它连接生产和消费，可使货物顺畅流动，物尽其用，促进生产不断发展，满足社会生产和消费的需求。也有文献将其表述为"高效、低成本地将原材料、制品、产成品等由始发地运送至消费地的流动和储存过程，以及与其相关的信息流进行计划、实施和控制的过程，以达到满足用户需求的目的"。

物流是物质资料从供给者到需求者的物理性运动（包括处在供给者内部的物理性运动），是创造时间价值和场所价值的活动（包括一定的加工附加值）。物流是由"物"和"流"两个基本要素组成，物流中的"物"指一切可以进行物理性位置移动的物质资料。"物"的一个重要特点是，必须可以发生物理性位移。物流中的"流"，指的是物理性运动，这种运动也称位移。

世界上对物流的定义有多种表述，虽然表述文字不一，但内涵丰富，有很好的参考价值。

1963 年，美国全国物流管理协会（National Council of Physical Distribution Management，NCPDM）对物流的定义为：物流是为了计划、执行和控制原材料，在制品及制成品从供应地到消费地的有效率的流动而进行的两种或多种活动的集成；这些活动可能包括客户服务、需求预测、库存管理、物料搬运、订货处理、服务支持、工厂及仓库选址、采购、包装、退货处理、废弃物回收、运输、仓储管理等。1985 年，美国物流管理协会（The Council of Logistics Management，CLM）将物流定义更新为：物流是对货物、服务及相关信息从供应地到消费地的有效率、有效益的流动和储存进行计划、执行与控制，以满足客户需求的过程；该过程包括进向和去向、内部和外部的移动，以及以环境保护为目的的物料回收。这两个定义的区别是，前者强调了具体的物流活动，即有效率的流动；后者突出了管理

的效益，强调有效率、有效益的流动，物流管理的战略导向是客户需求。1998 年
CLM 给出更新的定义：物流是供应链流程的一部分，是为满足客户需求而对商品、
服务及相关信息从原产地到消费地的高效率、高效益的正向和反向流动及储存进
行的计划、实施与控制的过程。这一定义标志着现代物流理论发展到更高阶段，
物流成为供应链流程的一部分。

欧洲物流协会（European Logistics Association，ELA）在 1994 年发布的《物流
术语》（*Terminology in Logistics*）中定义物流为：物流是在一个系统内对人员或商
品的运输、安排及与此相关的支持活动的计划、执行与控制，以达到特定的目的。

日本后勤系统协会（Japan Institute of Logistics Systems，JILS）在 1992 年将物
流改为"后勤"，该协会的专务理事稻束原树 1997 年撰文定义为"后勤"：后勤
是一种对于原材料、半成品和产成品的有效率流动进行规划、实施和管理的思路，
它同时协调供应、生产和销售部门的利益，最终达到满足客户的需求。

我国在国家标准《物流术语》（GB/T 18354—2021）中将物流定义为：根据实
际需要，将运输、储存、装卸、搬运、包装、流通加工、配送、信息处理等基本
功能实施有机结合，使物品从供应地向接收地进行实体流动的过程。

三、物流的价值和作用

物流作为一种社会经济活动，对社会生产和生活活动的效用主要表现为创造
时间效用和创造空间效用两个方面。

1. 物流创造时间效用

时间价值指的是"物"从供给者到需求者本来就存在一段时间差，改变这一
时间差创造的价值，称作时间价值。时间价值通过物流获得的形式有以下几种。

1）缩短时间

缩短物流时间，可获得多方面的好处，如减少物流损失、降低物流消耗、加
速物资周转、节约资金等。马克思从资本的角度早就指出过，流通时间越接近于
零，资本的职能越优越，资本的生产效率就越高，其自行增值就越大。这里，马
克思所讲的流通时间可以理解为物流时间，因为物流周期的结束是资本周转的前
提条件。这个时间越短，资本周转越快，表现出资本的较高增值速度。从全社会
物流的总成本来看，加快物流速度，缩短物流时间，是物流必须遵循的一条经济
规律。

2）弥补时间差

在经济社会中，需求和供给普遍存在着时间差。例如，粮食集中产出，但是人们的消费是一年当中天天都有需求，因而供给和需求之间就出现了时间差。类似情况不胜枚举。

供给与需求之间存在时间差，可以说是一种普遍的客观存在。正是有了这个时间差，商品才能取得自身的最高价值，获得十分理想的效益，起到调节"平丰欠"的作用。但是商品本身是不会自动弥补时间差的，如果没有有效的方法，集中产出的粮食除了当时的少量消耗外，就会损坏、腐烂，而在非产出时间，人们就会没有粮食吃。物流便是以科学、系统的方法进行弥补，有时是改变时间差，以实现其时间价值。

3）延长时间差

总体物流和许多具体物流遵循"加快物流速度，缩短物流时间"这一规律，以尽量缩小时间间隔来创造价值。尤其是针对物流的总体，分析规律主要从这一总体地位出发。但是，在某些具体物流中也存在人为地、能动地延长物流时间来创造价值的现象。例如，秋季集中产出的粮食、棉花等农作物，通过物流储存。储备活动有意识地延长物流时间，以均衡人们的需求。配合待机销售的囤积性营销活动的物流，便是一种有意识地延长物流时间，增加时间差来创造价值。

2. 物流创造场所价值

"物"从供给者到需求者之间有一段空间差，供给者和需求者往往处于不同的场所，改变"物"的不同场所或位置，创造的价值称作场所价值。

物流创造场所价值是由现代社会产业结构、社会分工所决定的，其主要原因是供给和需求之间的空间差。商品在不同地理位置有不同的价值，通过物流将商品从中低价值区转到高价值区，便可以获得价值差，即场所价值。具体有以下几种形式。

1）从集中生产场所流入分散需求场所创造价值

现代化大生产的特点之一，往往是通过集中的、大规模的生产以提高效率，降低成本。在一个小范围内集中生产的产品可以覆盖大面积的需求地区，有时甚至可以覆盖一个国家乃至若干国家。通过物流将产品从集中生产的低价区转移到分散于各处的高价区，有时可以获得很高的利益。物流的场所价值也依此决定。

2）从分散生产场所流入集中需求场所创造价值

和上面相反的情况在现代社会中也不少见，例如，粮食是在不同地块分散生产出来的，而一个大城市的需求却相对集中；汽车的零配件生产往往分布广泛，但会集中在一个大厂中装配，这也形成了分散生产和集中需求，物流便依此取得了场所价值。

3）从低价值地生产流入高价值地需求创造场所价值

现代社会中供应与需求的空间差比比皆是，十分普遍。除了大生产的决定性作用之外，有不少是自然地理和社会发展因素决定的。例如，农村生产粮食、蔬菜而于异地城市消费，南方生产荔枝而于异地消费，北方生产高粱而于异地消费，等等。现代人每日消费的物品几乎都是在一定距离之外甚至十分遥远的地方生产的。这么复杂交错的供给与需求的空间差都是靠物流来弥合的，物流业从中取得了收益。

在经济全球化的浪潮中，国际分工和全球供应链的构筑，基本选择是在成本最低的地区进行生产。通过有效的物流系统和全球供应链，在价值最高的地区销售。信息技术和现代物流技术为此创造了条件，使物流得以创造价值，实现增值。

3. 物流对国民经济的作用

1）物流是国民经济的基础之一

我国在经济发展过程中经常提到的交通运输基础作用、先行作用和瓶颈问题，就是指物流或者物流的主要部分。物流是国民经济的基础之一，这是从物流对国民经济的动脉作用而言。物流通过不断输送各种物质产品，使生产者获得原材料等，以保证生产过程的正常进行，又不断将产品运送给不同需要者，以使这些需要者的生产、生活得以正常进行。这些互相依赖的存在，是靠物流来维系的，国民经济因此才得以成为一个有内在联系的整体。

称物流为动脉，并非说它是器官。这是因为，假如人体的一个器官坏了，也许还能生存下去；而动脉停止运输血液，则必然导致死亡。当然，从物流是国民经济基础这一点讲，动脉的作用不仅是生与死的问题，而且还是保证健康、促进国民经济发展的问题。

称物流是国民经济的基础之一，也是从物流对某种经济体制和实现这一经济体制的资源配置的作用而言的。经济体制的核心问题是资源配置，资源配置不仅解决生产关系问题，而且必须解决资源的实际运达问题。有时候，并不是某种体制不成功，而是物流不能保证资源配置的最终实现，这在发展中国家尤为突出。物流还以本身的宏观效益支持国民经济的运行，改善国民经济的运行方式和结构，促使其优化。

2）物流是国民经济的支柱

特定条件下，物流对国民经济起支柱作用，或者物流与其他生产活动一同起支柱作用。目前，这样的国家已有一定数量。这些国家处于特定的地理位置或特定的产业结构条件下，物流在国民经济和地区经济中能够发挥带动作用和支撑作用，能够成为国家或地区财政收入的主要来源，能创造主要就业机会，能成为科技进步的主要发源地和现代科技的应用领域。例如，欧洲的荷兰、亚洲的新加坡、美洲的巴拿马等。特别是日本以流通立国，物流的支柱作用显而易见。

3）物流现代化可以显著提升我国经济运行水平

我国经济虽然取得了持续、快速、健康的发展，但是经济运行质量不高，粗放式发展依然存在，尤其作为支撑国民经济运行的物流平台，问题较为突出。各种物流方式分立、物流基础设施不足、物流技术落后等问题凸显，这些问题如果能够得到全面、系统的改善，就可以使我国国民经济的运行水平得到很大提升。

4）新兴物流产业可以有效改善我国的产业结构

由于我国国土面积大，经济发展与物流的关系就显得更为密切，物流产业对我国而言，相对重要得多。物流产业过去没有受到我国经济界应有的重视，发展迟缓。这个问题如果仍然得不到解决，对于我国未来的经济发展是极为不利的，尤其是现在通信技术和计算机技术支持的电子商务普遍运行之后，物流落后对社会和经济发展形成制约。因此，重视建立新兴的物流产业，才能使我国国民经济更加合理、协调发展。

拓展资料 1-1

4.物流对企业的作用

1）物流是企业生产的前提保障

从企业这一微观实体来看，物流对企业的作用有三点：①物流为企业创造经营的外部环境。一个企业的正常运转，必须有这样一个外部条件：一方面要保证按企业生产计划和生产节奏提供和运达原材料、零部件；另一方面，要将产品和制成品不断运离企业，这个最基本的外部环境正是要依靠物流及有关的其他活动创造和提供保证。②物流是企业生产运行的保证。企业生产过程的连续性和衔接性，靠生产工艺中不断的物流活动，有时候生产过程本身便和物流活动结合在一起，物流的支持保障作用是不可或缺的。③物流是企业发展的重要支撑力量。企业的发展要靠质量、产品和效益，物流作为全面质量管理的一环，是接近用户阶段的质量保证手段。更重要的是，根据第三利润源理论，物流通过降低成本，间接增加企业利润，通过改进物流直接取得效益，这些都会有效地促进企业的发展。

2）物流的降低成本价值

物流合理化有大幅降低企业经营成本的作用，对改善我国经济运行环境、缓解和解决企业的困难有重要作用。我国当前许多企业经营困难的重要原因之一是成本过高。发展物流产业能够有效降低社会流通成本，从而降低企业供应及销售成本，起到改善企业外部环境的作用。企业生产过程的物流合理化，又能降低生产成本，这对于解决企业当前的困难非常有利。

3）物流的利润价值

物流活动的合理化可以通过降低生产经营成本，间接提高利润。这只是物流利润价值的一个表现。对于专门从事物流经营活动的企业而言，通过有效的经营，可以为生产企业创造第三利润源，也就是说，通过物流企业的有效服务可以为生产企业创造利润。

许多物流企业在为用户服务的同时，还可以起到利润中心的作用，可以成为企业和国民经济新的利润增长点。在国民经济中，过去把许多物流活动当作公益活动来办，投入没有回报，组织不合理，服务水平低，技术落后，这些领域采用现代物流的组织、管理和技术之后，成为国民经济新的利润源。企业的许多物流活动，例如，连锁配送、流通加工等，都可以直接成为企业利润的来源。

4）物流的服务价值

物流可以提供良好的服务，这种服务有利于参与市场竞争，树立企业和品牌的形象，并与服务对象结成长期、稳定、战略性的合作伙伴关系，这对企业长远发展具有非常重要的意义。物流的服务价值，实际上就是促进企业战略发展的价值。

四、现代物流的基本特征

现代物流与传统物流有着本质上的区别，现代物流以满足消费者的需求为目标，以第三方物流为基础，联合供应商和销售商，把战略、市场、研发、采购、生产、销售、运输、配送和服务等环节整合在一起，作为现代经济领域的新兴产业支撑国家和世界的发展。而传统物流则是一种后勤保障系统。

物流是社会经济发展的产物，随着社会经济发展，现代物流在运作上表现出以下特点。

1. 物流过程一体化

现代物流具有系统综合和总成本控制的理念，它将经济活动中所有的供应、生产、销售、运输、库存及相关的信息流动等活动视为一个动态的系统总体，强调的是整个系统的运行效能与成本。

物流一体化的一个重要表现是供应链概念的出现。供应链把物流系统从采购开始，经过生产过程和货物配送，到达用户的整个过程，看作是一条环环相扣的链。物流管理以整个供应链为基本单位，而不再是单个的功能部门。在采用供应链管理时，世界级的公司力图通过增加整个供应链供给，提供给消费者更多价值，减少整个供应链成本，来增强整个供应链的竞争力。其竞争不再仅仅是单个公司之间的竞争，而上升为供应链与供应链的竞争。

2. 物流技术专业化

物流技术专业化表现为现代技术在物流活动中得到的广泛应用，如条码技术、EDI 技术（电子数据交换技术）、自动化技术、网络技术、智能化和柔性化技术等。运输、装卸、仓储等也普遍采用专业化、标准化、智能化的物流设施设备。这些现代技术和设施设备的应用大大提高了物流活动的效率，扩大了物流活动的领域。

3. 物流管理信息化

物流信息化是整个社会信息化的必然需求。现代物流高度依赖于对大量数据和信息的采集、分析、处理、即时更新。在信息技术、网络技术高度发达的现代社会，从客户资料取得和订单处理的数据库化、代码化，物流信息处理的电子化和数字化，到信息传递的实时化和标准化，信息化渗透至物流的每一个领域。为数众多的无车船和固定物流设备的第三方物流企业，正是依赖其信息优势展开全球经营的。从某种意义上来说，现代物流竞争已成为物流信息的竞争。

4. 物流活动社会化

物流活动社会化突出表现为第三方物流与物流中心的迅猛发展。随着社会分工的深化和市场需求的日益复杂，生产经营对物流技术和物流管理的要求也越来越高。众多企业逐渐认识到依靠自身的力量不可能在每一个领域都获得竞争优势。它们更倾向于采用资源外取的方式，将本企业不擅长的物流环节交由专业物流公司，或者在企业内部设立相对独立的物流专业部门，而将有限的资源集中于其主营的优势领域。专业的物流部门由于具有人才优势、技术优势和信息优势，可以采用更为先进的物流技术和管理方式取得规模经济效益，从而达到物流合理化：在产品从供给方到需求方的全过程中，达到环节最少、时间最短、路程最短、费用最省。

5. 物流活动国际化

在经济全球化的浪潮中，跨国公司普遍采取全球战略，在世界范围内选择原材料、零部件，销售产品和服务。因此，物流的选择和配置也超出国界，着眼于全球大市场。大型跨国公司的普遍做法是选择一个适合全球配送的物流中心，以及关键供应物资的集散仓库。在获得原材料以及分配新产品时使用当地的物流网络，并且把这种先进的物流技术推广到新的地区或市场。例如耐克公司，通过全球招标采购原材料，然后在我国东南部地区生产，再将产品分别运送到欧洲、亚洲的几个中心仓库，然后就近销售。

五、现代物流系统的基本构成

物流系统的基本构成包括运输、仓储、包装、装卸搬运、配送、流通加工、物流信息处理。如果从物流活动的实际工作环节来考察，物流就是由上述 7 项具体工作构成，即物流具有上述功能，其中运输和仓储是主要功能，其他功能是伴随运输和仓储过程发生的辅助性功能。根据国家市场监督管理总局、中国国家标准化管理委员会于 2021 年 8 月 20 日发布并于 2021 年 12 月 1 日实施的新版《物流术语》（GB/T 18354—2021），可定义如下：

运输（transport）是指利用载运工具、设施设备及人力等运力资源，使货物在较大空间上产生位置移动的活动。

储存（storing）是指保护、管理、储藏物品。

装卸（loading and unloading）是指在运输工具间或运输工具与存放场地（仓库）间，以人力或机械方式对物品进行载上载入或卸下卸出的作业过程。

搬运（handling）是指在同一场所内，以人力或机械方式对物品进行空间移动的作业过程。

包装（package/packaging）是指为在流通过程中保护产品、方便储运、促进销售，按一定技术方法而采用的容器、材料及辅助物等的总体名称；也指为了达到上述目的而在采用容器、材料和辅助物的过程中施加一定技术方法等的操作活动。

配送（distribution）是根据客户要求，对物品进行分类、拣选、集货、包装、组配等作业，并按时送达指定地点的物流活动。

流通加工（distribution processing）是指根据顾客的需要，在流通过程中对产品实施的简单加工作业活动的总称。

物流信息（logistics information）是指反映物流各种活动内容的知识、资料、图像、数据、文件的总称。

第二节　物流的分类

按照物流系统的作用、属性及空间范围，可以从不同角度对物流进行分类，分类的目的是便于研究分析其活动规律。

一、按照物流系统的作用分类

1. 供应物流

为生产企业提供原材料、零部件或其他物料时所发生的物流活动称为供应物流，也就是物资生产者、持有者到需求者、使用者之间的物流。对于工厂而言，是指生产活动所需要的原材料、备品备件等物资的采购，供应活动所产生的物流；对于流通领域而言，是指在交易活动中，从买方角度出发的交易行为中所发生的物流。

企业的流动资金大部分是被购入的物资、材料及半成品等所占用。供应物流的严格管理及合理化对于企业的成本有重要影响。

2. 销售物流

企业在销售商品过程中所发生的物流活动称为销售物流。对于工厂是指售出产品，而对于流通领域是指交易活动中从卖方角度出发的交易行为中的物流。

通过销售物流，企业得以回收资金并进行再生产活动。销售物流的效果关系到企业的存在价值是否被社会承认。销售物流的成本在产品及商品的最终价格中占有一定比例。因此，在市场经济中为了增加企业的竞争力，销售物流的合理化是可以收到直接的效果。

3. 生产物流

生产企业内部进行的涉及原材料、在制品、半成品、产成品等的物流活动称为生产物流。生产物流是制造产品的工厂企业所特有的，它和生产流程同步。原材料、半成品等按照工艺流程在各个加工点之间连续移动、流转，形成了生产物流。如果生产物流中断，生产过程也将随之停顿。

生产物流合理化对工厂的生产秩序、生产成本有很大影响。生产物流均衡稳定，可以保证在制品的顺畅流转，缩短生产周期。在制品库存的压缩、设备负荷均衡化，也都和生产物流的管理和控制有关。

4.逆向物流

为恢复物品价值、循环利用或合理处置，对原材料、零部件、在制品及产成品从供应链下游节点向上游节点反向流动，或按特定的渠道或方式归集到指定地点所进行的物流活动称为逆向或回收物流。在生产及流通活动中有一些资材是要回收并加以利用的，如作为包装容器的纸箱、塑料筐、酒瓶等，建筑行业的脚手架也属于这一类物资。还有可用杂物的回收、分类和再加工，例如，旧报纸、书籍通过回收、分类可以再制成纸浆加以利用；特别是金属的废弃物，由于金属具有良好的再生性，可以回收并重新熔炼成有用的原材料。目前，我国冶金行业每年有 3000 万吨废钢铁作为炼钢原料使用，也就是说我国每年的钢产量中有 30% 以上是由回收的废钢铁重熔冶炼而成的。

回收物资品种繁多，流通渠道也不规范，且多有变化。因此，管理和控制的难度较大。

5.废弃物物流

将经济活动或居民生活中失去原有使用价值的物品，根据实际需要进行收集、分类、加工、包装、搬运、储存等，并分送到专门处理场所的物流活动称为废弃物物流。生产和流通过程中所产生的无用废弃物，如开采矿山时产生的土石、炼钢生产中的钢渣、工业废水及其他一些无机垃圾等。如果不妥善处理，不但没有再利用价值，还会造成环境污染；就地堆放也会占用场地，以致妨碍生产。对这类物资的处理过程产生了废弃物物流。废弃物物流没有直接经济效益，但是具有不可忽视的社会效益。为了减少消耗，提高效率，更好地保障生活和生产秩序的正常运行，对废弃物进行综合利用研究很有必要。

二、按照物流系统的空间范围分类

1.地区物流

地区物流有不同的划分原则。首先，按行政区域划分，如西南地区、河北地区等；其次是按经济圈划分，如苏（州）（无）锡常（州）经济区，黑龙江边境贸易区；还有按地理位置划分的地区，如长江三角洲地区、环渤海地区等。

地区物流系统对提高该地区企业物流活动的效率、保障当地居民的生活环境具有不可或缺的作用。研究地区物流应根据地区特点，从本地区的利益出发组织好物流活动。如某城市建设一个大型物流中心，显然这对于提高当地物流效率、降低物流成本、稳定物价很有作用，但是也会引起由于供应点集中、货车来往频繁而产生废气、噪声、交通事故等消极问题。因此，物流中心的建设不但是物流问题，还要从城市建设规划、地区开发计划出发，统一考虑，妥善安排。

2. 国内物流

国家是拥有自己领土和领空的政治经济实体，它所制定的法律政策、各项计划都为其自身的整体利益服务。物流作为国民经济的一个重要方面，应该纳入国家总体规划。我国的物流也是社会主义现代化事业的重要组成部分，全国物流系统的发展必须从全局着眼，对于部门分割、地区分割所造成的物流障碍应该清除。在物流系统的建设投资方面也要从全局考虑，促使一些大型物流项目能尽早建成，为社会主义经济服务。

3. 国际物流

当前经济全球化形势下，国家与国家之间的经济交流越来越频繁，任何国家不投身于国际经济大协作的交流之中，本国的经济就得不到良好的发展。工业生产也走向社会化和国际化，跨国公司在世界经济中的影响越来越大，一个企业的经济活动范围可以遍布各大洲。国家之间、洲际之间的原材料与产品的流通越来越发达。因此，有关国际物流的研究已成为物流研究的一个重要分支。

三、按照物流系统属性分类

1. 社会物流

社会物流一般指流通领域所发生的物流，是全社会物流的整体，所以又称为大物流或宏观物流。社会物流的一个标志是，它伴随着商业活动（贸易）发生，也就是说，物流过程和所有权的更迭是相关的。

就物流科学的整体而言，主要研究对象是社会物流。社会物资流通网络是国民经济的命脉，流通网络分布是否合理、渠道是否畅通至关重要。社会物流必须进行科学管理和有效控制，采用先进的技术手段，保证其高效、低成本运行，这样做可以带来巨大的经济效益和社会效益。物流科学对宏观国民经济的重大影响，是物流科学受到高度重视的主要原因。

2. 行业物流

同一行业中的企业是市场上的竞争对手，但是在物流领域中常常互相协作，共同促进行业物流系统的合理化。

例如，日本的建设机械行业物流系统化的具体内容有：各种运输手段的有效利用；建设共同的零部件仓库，实行共同采集配送；建立新旧设备及零部件的共同流通中心；建立技术中心，共同培训操作人员和维修人员；统一建设机械的规格等。

又如，在大量消费品方面采用统一传票、统一商品规格、统一托盘规格、陈列柜规格和包装模数等。

行业物流系统化的结果使参与的各个企业都得到了相应的利益。各个行业的协会或学会应该把行业物流作为重要的研究课题之一。

3. 企业物流

企业是为社会提供产品或服务的经济实体。一个工厂要购进原材料，经过若干道工序的加工，形成产品并销售出去。一个运输公司要按客户要求将货物运送到指定地点。在企业经营范围内，由生产或服务活动所形成的物流系统称为企业物流。

第三节　物流学的产生及发展

一、物流学的产生

1. 物流科学的萌芽时期

物流活动具有悠久的历史，从人类社会开始有产品的交换行为时就存在物流活动，而物流科学的历史却很短，是一门新学科。物流学可以从物流管理和物料搬运等方面去追溯它的历史渊源。但是以系统观点来研究物流活动是从第二次世界大战末期美国军方后勤部门的研究开始的。由于当时前方作战形势发展迅速，战线经常变动，如果前线的军需品供应不足将影响战争的顺利进行，而供应过量时又不能随部队转移，将造成巨大浪费。如何合理供给军需品，即军需品的供应基地、中间基地、前线供给点合理配置，各级供应基地合理库存量的确定，由后方向各级供应基地运输的路线和运输工具（飞机、轮船）的合理使用，这些形成了综合性的研究课题。美国军事部门运用运筹学与当时刚刚问世的电子计算机技术进行科学规划，较好地完成了研究任务。以系统的观念来解决军事后勤保障问题是物流科学的萌芽阶段。

2. 物流科学的产生

20 世纪 50 年代，由于生产机械化的发展，产品数量急剧上升，生产成本相对下降，从而刺激了消费，使得市场繁荣、商品丰富，流通领域出现了超级市场、商业街等大规模的物资集散场所。在这种背景下，流通成本相对于生产成本而言有上升的趋势，也就是说，流通费用在商品总销售价格中的比重逐渐上升，影响了商品的竞争能力。因而，人们不得不对各种物流活动的规律进行认真研究，试图找出降低流通费用的办法。由于着眼点是流通费用的整体而不是局部，这就必须确定考察对象的范围，并且对其结构进行分析。流通费用是在运输、保管、装卸搬运、包装等物流活动中产生的，这些活动具有共同的本质，都是为了实现物资的空间效果或时间效果，与"加工活动"是改变"物"的形状与性质的功能有根本区别。而且各个物流活动之间存在着相互联系、相互制约的关系，可以看成是一个大系统的子系统，这个大系统就是物流系统。在理论上，可以用时间维和空间维的物态变化来揭示这个系统的本质。物流系统的界定使其原来在社会经济活动中处于潜隐的状态显现出来，结束了各种物流活动处于孤立、分散、从属地位的历史，形成了现代物流科学，并且日臻完善。

3. 物流的后进性

物流活动作为客观存在的实体具有久远的历史，在人类社会的生产活动和交易行为形成的同期就有物流活动的发生，但是物流科学的形成却只有几十年的历史。物流技术的发展落后于生产技术，物流科学的产生也比加工科学的历史短暂。物流学家把这种现象称为物流的后进性，究其原因主要有两个方面。

第一方面，运输、仓储、搬运等是在生产活动和社会经济活动中产生的，它们被作为辅助环节来完成特定功能，彼此没有发生联系，只是相互孤立地处于从属地位。在漫长的历史时期中，随着生产水平的提高和科学技术的发展，物流技术也在不断地提高，逐步走向现代化，如运输技术由人力和畜力的运载工具变成汽车、火车等，但上述的从属地位并没有发生根本变化，这就在很大程度上限制了物流技术的发展和经济潜力的发挥。只有到了生产高度发展、产品较为丰富的

20 世纪 50 年代，流通成本相对上升的矛盾突出以后，物资流通科学的重要性才被人们所认识，从而促进了物流科学的研究和产生。也就是说，物流科学是在生产发展到一定水平之后，适应社会经济的需要才产生的，这是形成物流后进性的根本原因。

第二方面，物流科学是在融合了许多相邻学科的成果以后逐渐形成的，如运筹学、技术经济学、系统工程学等都是物流科学形成的重要基础。现代物流科学对实践的指导作用，对社会经济和生产发展的价值体现，也必须依赖于电子计算机技术才能得以实现。因此，物流科学只能在这些科学与技术之后得以诞生和发展，了解了这一点，能使人们更加客观地认识物流科学。

二、物流科学的发展过程

1. 以"P.D."命名物流科学的时代

P.D. 是 physical distribution 的简称。物流的概念是在发展中形成的。如前所述，物流科学是在世界经济进入大量生产、大量销售后，为了解决流通成本上升，在"二战"后期军事后勤保障研究的基础上形成的一门学科。新学科成立的标志是提出了物流系统概念，界定了物流系统范围，认为运输、仓储、装卸、搬运的物流活动具有共同的特性，即为了改变物资的空间状态和时间状态，它们都属于一个大系统的子系统，存在相互制约、相互关联的关系。降低物流成本可以看作是系统优化的目标。要在降低成本方面取得最佳效果，必须从整体出发，引进系统工程科学的理论、方法进行系统优化。

由于新科学是在流通领域面世的，当时就以概念相近的 P.D. 为新学科命名。美国全国物流管理协会（NCPDM）1960 年对 P.D. 的定义是：P.D. 是把完成品从生产线的终点有效地移动到消费者手里的广泛范围的活动，有时也包括从原材料的供给源到生产线的起始点的移动。根据这个定义，现在所说的"生产物流"是不包含在当时所定义的物流系统之内的。

20 世纪 60 年代，P.D. 的概念被引进日本并译为"物的流通"，日本学者平原直提出用"物流"一词代替"物的流通"更为简洁并且能够更深刻地表达其内涵。在此以后，"物流"一词迅速地被广泛使用，平原直也因此在日本被称作"物流之父"。

我国在 1980 年前后从日本引进物流概念并翻译了一些物流著作。日本汉字

"物流"非常符合中国汉语的直观性描述习惯，被直接引用为中国词语。因此，中国前期物流著作和文献中的"物流"都是按 P.D. 的概念来阐述的。

2. 以"Logistics"命名物流科学的时代

20 世纪 80 年代以后，物流科学逐步发展，企业通过加大物流投入和注重物流管理，不仅节省了成本、增加了利润、保证了服务质量，还增强了企业竞争力。同时，企业也认识到物流在企业经营中的重要作用，将其作为企业经营战略的重要组成部分。企业还认识到，只有将物流系统研究的覆盖面从流通领域扩展到供应、生产和流通的全过程，才能取得更大的战略效果。

此外，用流通领域的词汇 P.D. 来表述物流，无论是范围还是内容都已不适应时代的发展。从 20 世纪 80 年代中期开始，Logistics 逐渐取代 P.D. 成为物流科学的代名词，这是物流科学走向成熟的标志。Logistics 是军队的后勤保障系统用语，其含义是对军需物资的采购、运输、仓储、分发进行统筹安排和全面管理。

美国物流管理协会对 Logistics 的定义是：物流是对货物、服务及相关信息从供应地到消费地的有效率、有效益的流动和储存进行计划、执行和控制，以满足客户需求的过程；该过程包括进向、去向、内部和外部的移动，以及以环境保护为目的的物料回收。

1985 年前后，各国物流行业团体为了适应现代的变化也纷纷更名。美国全国物流管理协会（NCPDM）、英国物流管理协会（IPDM）都将自己名称中的 P.D. 改为 Logistics，其简称分别改为 CLM 和 ILDM。

在日本，由于有汉字"物流"一词的存在，情况较为复杂。因为"物流"已等同于 P.D.，Logistics 则以音译的外来语（片假名）表示。但是部分学者在著述中也开始用 Logistics 的内涵来描述"物流"的概念。

1989 年第八届国际 Logistics 大会在北京举行时，经专家讨论，会议名称定为"第八届国际物流大会"。此后，物流对应的英文词是 logistics，已普遍为物流界所接受。2000 年，我国国家标准《物流术语》又明确地规定"物流"的对应英文词是 logistics。

3. 供应链管理时代

互联网技术为供应链管理的成功提供了有力的支持。物流和资金流、信息流一起成为供应链的组成部分，但在供应链整合中，物流部分经常起着主导作用。人们进一步认识到，物流的作用在新经济环境中还应该继续发展扩大，要把物流与供应链联系在一起。物流系统的覆盖面不仅贯穿一个企业的供应、生产和销售过程，而且要覆盖供应链的上下游企业。

为了反映物流内涵的新变化，1998 年，美国物流管理协会又一次修改了 Logistics 定义：物流是供应链流程的一部分，是为了满足客户需求而对商品、服务及相关信息从原产地到消费地的高效率、高效益的正向和反向流动及储存进行的计划、实施与控制的过程。

加拿大的物流行业组织物流管理协会的名称一直紧随物流科学的发展变化。该协会从 1967 年起，名称中一直使用 P.D.，1992 年更名，把 P.D. 改为 Logistics，2000 年又进而改称"加拿大供应链与物流管理协会"。

4. 物流科学的诞生、发展及命名过程简表

由于物流的概念是随着时代的发展而变化的，物流的英语对应词又由 P.D. 改变为 Logistics，这往往成为物流概念描述产生混乱的原因。以下将物流、P.D. 以及 Logistics 与物流科学发展的关系列出简表（表 1-1），以供对照参考。

表 1-1　物流发展沿革

	P.D.	Logistics	物　流
物流科学产生以前	1935 年有作为分销的定义，未明确提及物流活动，未涉及物流作为独立的系统概念	该单词已有很长历史，用于表述军事后勤活动，有兵站含义	未出现"物流"词汇，但是作为物流活动的运输、仓储、搬运等存在
物流科学萌芽期		"二战"后期，美军应用运筹学、预测科学、计算技术，系统地研究后勤问题	
物流科学形成期	大批量生产，物流成本相对上升，形成物流系统概念，物流科学诞生。因主要解决流通问题，以 P.D. 作为新学科的代名词，和 P.D. 原意已不相同		日本引进 P.D. 概念，译为"物的流通"后简称为"物流"。1980 年前后"物流"（P.D.）用语及概念被中国引进
物流科学发展期	根据本来意义，P.D. 译为"分销"，和物流有所区别	进入个性化消费时代，物流系统范围不限于流通领域，包含生产和供应的全物流系统，重视服务水平。用 Logistics 代替 P.D. 作为物流科学的代名词	日本"物流"对应 P.D. 概念不变，Logistics 另用音译的外来语表达。中国于 1989 年决定将"物流"和 Logistics 对应
供应链管理时代		Logistics 新定义引进供应链概念，指出物流是供应链的一部分	中国在《物流术语》标准中，根据国情对"物流"进行了定义

三、我国物流业发展概况

1. 我国物流业发展简史

新中国成立以来，我国物流的发展历程大致分为四个阶段：

（1）物流初期发展阶段（1949—1965年）。随着社会商品物资的增多，流通部门相继在一些大中城市建立了储运公司、仓储公司、外运公司等"商物合一型"的专业化大中型物流企业以及小城市的一些小型物流企业，形成了覆盖全国的物流网络，出现了最早的物流企业。

（2）物流停滞阶段（1966—1976年）。1966年，受"文化大革命"的影响，经济出现停滞和倒退，物流业和其他行业一样，陷于停滞状态。

（3）物流较快发展阶段（1978—1992年）。我国实行改革开放政策，经济建设加快了步伐。随着国内商品流通和国际贸易的不断扩大，物流业取得了长足的发展。物流已逐步打破部门、地区的界限，向社会化、专业化、现代化方向发展。

（4）现代物流起步阶段（1993年至今）。1992年，我国正式确立建设社会主义市场经济的目标。在建设社会主义市场经济的大潮中，特别是进入21世纪，我国各级政府全力推进物流业的发展，出现一片欣欣向荣的景象。

2. 我国物流业发展现状

习近平总书记2013年11月在山东临沂考察时指出，物流业一头连着生产，一头连着消费，在市场经济中的地位越来越凸显。伴随着改革开放进程，我国现代物流业从探索起步到创新发展，取得了巨大成就。

（1）现代物流实现跨越式发展，产业地位不断提升。党的十八大以来，在习近平总书记关于现代物流与供应链一系列重要讲话、指示、批示指引下，我国现代物流业进入发展快车道，产业地位稳步提升，成为现代服务业的重要组成部分。我国社会物流总额由2012年的177.3万亿元增长到2021年的335.2万亿元，年均增长达到7.2%，我国已经成为全球最大物流市场。社会物流需求扩张与中国制造迈向价值链中高端和人民群众对美好生活的向往相适应，持续保持较快增长。工业品物流总额占社会物流总额的九成左右，总体保持平稳增长，支撑我国连续15年位居世界第一制造业大国。

（2）社会物流成本稳步降低，物流服务能力大幅增强。我国社会物流总费用与GDP的比率由2012年的18%下降到2021年的14.6%，十年累计下降3.4个百分点。在物流成本稳步下降的同时，物流服务能力逐步提升。我国铁路、公路、水运、民航货运量，港口货物吞吐量，邮政快递业务量等主要指标连续多年位居世界前列。我国在全球货物和集装箱吞吐量规模排名前十的港口中占据七席。铁路货运量占比不断提升，铁海联运等多式联运货运量保持 20% 以上的较高增速。高标仓、立体仓、前置仓快速发展，仓储结构逐步优化。物流区域发展不平衡状况有所改善，中西部地区物流规模增速超过全国平均水平。

（3）物流基础设施受到重视，"通道＋枢纽＋网络"运行体系初具规模。党的十九大报告首次将物流与公路、铁路等国家重大基础设施并列，确立了物流基础性和准公益性的地位。党的十八大以来，我国加大物流基础设施建设，搭建了以国家物流枢纽为核心，多种运输方式为通道，骨干冷链物流基地、示范物流园区、多式联运场站、城市配送中心、物流末端网点等为支撑的物流基础设施网络，初步形成了"通道＋枢纽＋网络"的物流运行体系。国家物流枢纽是物流体系的核心基础设施。我国综合运输体系初具规模，综合立体交通网已经突破 600 万公里。"八纵八横"高速铁路主通道、"71118"国家高速公路网主线、世界级港口群、世界级机场群加快建设。为推进多式联运发展，交通运输部联合国家发展改革委开展了多批共 100 多个多式联运示范工程，有力支持国内国际物流大通道建设。

（4）物流市场主体活力旺盛，现代物流企业群体加快涌现。党的十八大以来，我国物流市场营商环境持续改善，物流市场主体蓬勃发展。根据第四次经济普查数据，我国交通运输、仓储和邮政业法人单位近 60 万家，个体经营户 580 多万个，物流相关市场主体超过 600 万，就业人数超过 5000 万人。总体来看，我国物流相关法人单位中大部分为中小微企业，是吸纳就业的主要渠道。传统物流企业逐步从物流提供商向物流整合商和供应链服务商转变，物流企业竞争力显著增强。

（5）新技术、新模式、新业态不断涌现，智慧物流引领行业创新发展。党的十八大以来，国务院积极推进"互联网＋"行动，"互联网＋"高效物流纳入重点行动之一。物联网、云计算、大数据、人工智能、区块链等新一代信息技术与传统物流融合；无人仓、无人码头、无人配送、物流机器人、智能快件箱等技术装备加快应用；数字货运、数字园区、数字仓库等新基建推广建设；高铁快运动车组、大型货运无人机、无人驾驶卡车等装备设施起步发展；快递电子运单、铁路货票电子化、航运与道路货运电子订单得到普及。截至 2021 年底，我国安装北斗导航动态监控系统的重型货车已超 700 万辆，物流全流程全面拥抱互联网，万物互联的物流互联网逐步形成，新技术对物流产业升级的带动作用持续增强。

（6）"一带一路"倡议深化互联互通，国际物流加快拓展延伸。自 2013 年至 2021 年，我国与"一带一路"合作伙伴货物贸易额累计达 10.4 万亿美元，带动"一带一路"物流稳步发展。中欧班列通达欧洲 23 个国家 180 个城市。中欧班列开通 10 年来，累计开行 4.9 万列、运送货物 443.2 万标箱。随着我国在国际贸易中的占比持续提升，国际物流网络不断延伸拓展。我国国际航运、航空物流通达全球主要贸易合作伙伴。我国远洋航运与世界 100 多个国家 600 多个港口实现通航，拥有国际航线 100 多条。铁路国际合作深入推进，中老铁路、亚吉铁路、蒙内铁路开通运营，西部陆海新通道成效显著。班列目的地已覆盖新加坡、德国等 100 多个国家和地区的 300 多个港口，实现了与中欧班列的无缝对接。海外物流节点设施投入加大，海外仓、境外合作区加快布局，海外物流网络服务能力显著提升。

（7）物流基础性工作稳步推进，成为推动物流业高质量发展的重要支撑。党的十八大以来，物流标准、统计、培训、学术等行业基础性工作提档升级。物流标准化工作有了新进步，已形成社会物流统计、制造业采购经理指数（PMI）、物流业景气指数、公路运价指数、仓储指数、电商指数、快递指数、大宗商品指数等指数系列。其中，PMI 已成为国内知名、影响世界的观察中国经济走向的风向标。

3. 我国物流发展中存在的问题

（1）物流降本增效仍需深化。中国的物流成本相比美国、日本等发达国家，占比仍高。在美国，社会物流费用在 GDP 中的占比大概是 9%，2021 年，我国社会物流总费用为 16.7 万亿元，与 GDP 的比率为 14.6%。全国统一大市场尚不健全，物流资源要素配置不合理、利用不充分。多式联运体系不完善，跨运输方式、跨作业环节衔接转换效率较低，载运单元标准化程度不高，全链条运行效率低、成本高。

（2）结构性失衡问题亟待破局。存量物流基础设施网络存在"东强西弱""城强乡弱""内强外弱"等问题，对新发展格局下产业布局、内需消费的支撑引领能力不够。物流服务供给对需求的适配性不强，低端服务供给过剩、中高端服务供给不足。货物运输结构仍需优化，大宗货物公路中长距离运输比重仍然较高。

（3）部分领域短板较为突出。大宗商品储备设施以及农村物流、冷链物流、应急物流、航空物流等专业物流和民生保障领域物流存在短板。现代物流嵌入产业链的深度、广度不足，供应链服务保障能力不够，对畅通国民经济循环的支撑能力有待增强，行业协同治理水平仍需提升。

（4）物流信息化、标准化程度低。我国物流标准化滞后主要表现在以下几个方面：

一是各种运输方式之间装备标准不统一。海运与铁路集装箱存在差异，这在一定程度上影响我国海铁联运规模的扩展，对我国国际航运的扩展、港口作业效率的提高以及进出口贸易的发展都有一定的影响。

二是物流器具标准不配套。现有托盘标准虽列入了国际标准中的4种规格，但缺乏推行原则，标准没有起到实效。由于托盘标准和各种运输装备、装卸设备标准之间衔接关系不明确，这样就影响了托盘在整个物流过程中的有效使用。

三是产品包装标准与物流设施标准之间缺乏有效的衔接。虽然目前我国对商品包装已有初步的国家和行业标准，但这些标准在与托盘和各种运输工具的转载率、装卸设备的荷载率、仓储设施空间利用率方面的适配性较差，导致对这些方面的影响较大。

四是信息系统之间缺乏接口标准。工商企业内部物流信息系统与第三方信息系统之间缺乏有效衔接，运输信息系统、仓储信息系统、物流作业管理信息系统之间互不沟通。由于没有公共物流信息交流平台，以EDI（电子数据交换）、互联网等为基础的物流信息系统难以得到实际应用。

（5）我国物流业管理体制和机制方面的障碍。政府部门在物流业的管理方面，行业之间、部门之间管理体系分割现象严重。物流产业的发展涉及基础设施、物流技术设备、产业政策、投资融资、税收、海关、服务与运输标准等多个方面，而这些问题的管理分属于不同的政府部门，各职能部门对现代物流认识不足且缺乏统一协调的战略思想，成为物流产业发展的主要"瓶颈"之一。

4.加快发展我国现代物流的措施

总体来看，我国传统物流低价格、低效率、低效益的问题制约了全社会物流成本的有效降低，已经无法适应实体经济高质量发展和人民群众对美好生活的需要。面对物流市场增速放缓和降本压力难以传导的局面，亟待打造现代物流发展新模式，探寻新时期发展战略路径。

1）打造现代物流发展新模式

（1）激发物流需求侧变革动力。充分发掘大型制造企业、流通企业物流改造升级潜力，引导物流需求侧以高质量发展为引领，深度整合资源，切实优化流程，主动对接供给。培育现代物流发展新模式，由重在降低物流成本转向重在提升综合竞争力，通过物流服务创造新价值，在服务中挖掘企业新的利润源。

（2）再造物流全链条组织方式。引领物流企业从单一环节竞争向综合物流竞争转变，强化服务补链、延链、强链，提供供应链一体化物流解决方案。壮大现代物流发展新模式，增强专业化、集约化、网络化物流服务能力，逐步从低附加值服务转向高附加值服务，形成物流企业新的增长点。

（3）用好物流新质生产力。充分发挥新一代信息技术，特别是人工智能、自动导航等前沿技术在物流与供应链领域的应用，大力发展自动化、数字化、智能化物流，构建数字共享、协同共生的智慧物流生态体系。创新与现代技术相结合的物流新模式，推动物流以新技术、新模式实现弯道超车，以新业态实现换道超车。

（4）发力现代化基础设施。推进国家物流枢纽、国家骨干冷链物流基地、示范物流园区等重大物流基础设施和骨干物流通道布局建设与调整优化，推动传统物流基础设施数字化转型、智能化改造、生态化赋能，更好支撑区域经济发展和转型，深化完善"通道＋枢纽＋网络"运行体系。夯实现代物流发展新模式，打造内外联通、智慧绿色的物流网络，构建区域经济转型的战略支点。

2）发展区域物流，促进物流业均衡发展

加快国家物流枢纽布局建设，重点补齐中西部地区短板，构建全国骨干物流设施网络。完善大中型城市的物流业，加强农村物流业的建设，发展农产品的物流体系，缩小城乡差距，逐步形成城市与乡村互相促进、互相支持的局面，促进物流业的均衡发展。

3）拓展物流服务新领域、新模式

（1）加快发展多种形式铁路快运。开展高铁多样化、大批量快件运输试点，逐步构建多点覆盖、灵活组织的铁路（高铁）快运服务网络。推进高铁快运与电商快递等衔接融合，加强铁路干线对接公路及完善疏运国际航空运输网络，提高铁路（高铁）快运组织化水平。

（2）推进物流与相关产业融合创新发展。加强物流基础设施与工业园区、商品交易市场等统筹布局、联动发展，推进国家物流枢纽经济示范区建设，培育壮大枢纽经济。推广集约智慧绿色物流发展新模式。拓展物流信息平台功能，优化车、船、仓等分散物流资源供需对接，提升物流规模化组织水平。

4）培育充满活力的现代物流企业

提升物流企业网络化经营能力。支持骨干物流企业通过兼并重组、联盟合作等方式加强资源整合，优化网络布局，引导企业集约化、规模化经营。引导水运、航空货运、铁路货运、邮政快递等领域龙头企业，对接国内外物流通道，加快境内外节点设施布局，构建网络化运营体系。提高物流企业专业化服务水平。

5）提升多元化国际物流竞争力

（1）加强国际航空物流能力建设。面向产业发展和消费升级等需要，完善提升综合性机场货运设施能力和服务品质，稳妥有序推进专业性货运枢纽机场建设，鼓励航空物流企业与机场共同打造航空物流枢纽，发展轴辐式航空货运组织模式，构建畅通周边国家、辐射全球的航空物流网络。

（2）拓展内陆国际联运通道。巩固提升中欧班列良好发展态势，进一步优化班列开行方案，打造班列信息平台，加快集结中心示范工程建设，提升境内外节点对接水平，促进进出口均衡和稳定发展，确保安全开行。

（3）提升国际海运服务水平。拓展沿海港口国际航线网络，加强上海港、大连港、天津港、青岛港、连云港港、宁波舟山港、厦门港、深圳港、广州港、北部湾港、洋浦港等国际枢纽海港建设，提升中转辐射组织能力，完善航运交易、国际贸易、金融保险等综合服务功能。

拓展资料 1-2

本章小结

本章从物流概念的起源与发展介绍引出了物流内涵，进而介绍了物流的价值和作用，分析了现代物流的基本特征；然后从不同角度介绍了物流的分类；最后总结了物流科学的产生与发展过程，并介绍了我国物流业发展的现状、问题及发展策略。

即测即练

🔍 **复习思考题**

1. 现代物流的内涵是什么？

2. 请对物流管理在企业中的作用进行论述。

3. 举例说明物流的时间价值与场所价值。

4. 简述供应物流在企业中的作用。

5. 为什么说物流是经济领域的"第三利润源"？

6. 现代物流系统由哪些子系统构成？

7. 我国物流业十年的高速发展是如何取得的？

第二章 物流系统

思维导图

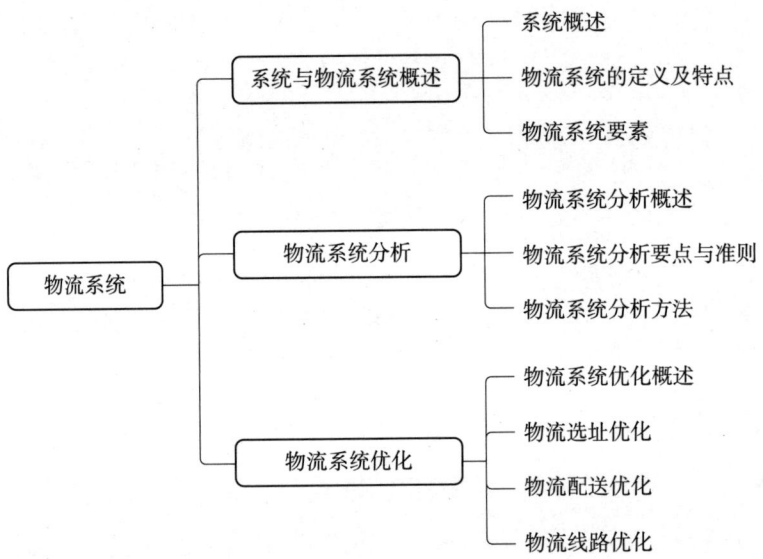

物流系统
- 系统与物流系统概述
  - 系统概述
  - 物流系统的定义及特点
  - 物流系统要素
- 物流系统分析
  - 物流系统分析概述
  - 物流系统分析要点与准则
  - 物流系统分析方法
- 物流系统优化
  - 物流系统优化概述
  - 物流选址优化
  - 物流配送优化
  - 物流线路优化

学习目标

1. 了解物流系统的相关概念、特点及要素。

2. 熟悉物流系统分析的相关内容。

3. 掌握物流系统优化及相关理论和方法。

能力目标

1. 了解物流系统的要素构成，能自主查阅相关资料拓展知识。
2. 熟悉物流系统分析的方法与步骤，培养系统分析能力。
3. 掌握物流系统优化的研究方法，学会在实践中解决相关问题。

导入案例

第一节　系统与物流系统概述

一、系统概述

系统思想古已有之，但是将系统作为一个重要的科学概念予以研究，则是由生物学家冯·贝塔朗菲（Ludwig von Bertalanffy）于 1957 年首次提出来的。他认为系统是"相互作用的诸要素的综合体"。

系统的确切定义依照学科不同、使用方法不同和解决的问题不同而有所区别，国外关于系统的定义有数十个。美国罗素·艾可夫（Russell Ackoff）认为"系统是由两个或两个以上相互联系的任何类的要素所构成的集合"。美国韦氏（Webster）给系统的定义："系统是有组织的或被组织化的整体，结合整体所形成的各种概念和原理的综合；由有规则的相互作用、相互依存的形式组成的诸要素集合等"。日本 JIS（工业标准）给系统的定义："系统是许多要素保持有机的秩序，向着同一目的行动的东西"。

中国系统科学与工程界对系统的常用定义：系统是由相互作用和相互依赖的若干组成部分结合而成的、具有特定功能的有机整体，而且这个整体又是它从属的更大系统的组成部分。换句话说，系统是同类或相关事物按一定的内在联系组成的整体。相对于环境而言，系统具有一定目的和一定功能，并且相对独立。

在日常生活中，人们对"系统"这个词并不陌生，自然界和人类社会中的很多事物都可以被看成系统，如电力系统、铁路系统、物流系统等。例如，铁路系统主要由线路、车站、机车车辆、通信信号等部分组成的一个复杂运输系统；一个供应链可以看作是由原材料商、生产制造商、销售商、客户构成的系统。系统是有层次的，大系统中包含着小系统。例如，在自然界中，宇宙是一个系统，银河系是一个从属于宇宙的子系统，太阳系又是从属于银河系的一个子系统，地球又是太阳系的一个子系统等。大系统有大系统的特定规律，小系统不仅从属于大系统，服从大系统的规律，其本身又有自己的特定规律性。这是自然科学、社会科学普遍存在的带有规律性的现象。具体到物流系统又是指的什么？其具备哪些特点？基本模式如何表征？

二、物流系统的定义及特点

1. 物流系统的定义

物流系统是指在一定的时间和空间里，由所需位移的物资、包装设备、装卸搬运机械、运输工具、仓储设施、人员和通信联系等若干相互制约的动态要素所构成的具有特定功能的有机整体。从物流的概念可以看出，物流既包括生产过程中的物流活动，又包括流通过程中的物流活动。所以，物流系统的范围很广阔，它始于生产企业的原材料采购，经过生产过程形成可供销售的产成品，并运送至成品库，经过包装后分送到各流通中心，再转销给消费者；或从成品库直接运送给消费者，止于生活消费或生产消费。可见，物流系统的范围跨越了生产、流通和消费三个领域。

随着计算机科学和自动化技术的发展，物流管理系统也从简单的人工方式迅速向自动化管理演变，其主要标志是自动物流设备，如自动导引车（automated guided vehicle，AGV）、自动存储 / 提取系统（automated storage and retrieval system，AS/RS）、空中单轨自动车（sky rail automated vehicle，SKY-RAV）、堆垛机（stacker crane）等，及物流信息管理与控制系统的出现。物流系统的主要目标在于追求时间和空间效益。

2. 物流系统的特点

物流系统具有一般系统所共有的特点，包括整体性、相关性、目的性、环境适应性等。同时，物流系统作为现代科技和现代概念的产物，还具有一些自身的特点。

1）物流系统是一个"人机系统"

物流系统是由人、设备、工具组成，包括物流劳动者使用运输设备、装卸搬运机械，利用仓库、港口、车站等设施，进行的一系列生产活动。研究问题时，必须把人和物有机结合起来，作为一个不可分割的整体进行考察和分析，并始终把如何发挥人的主观能动性放在首位。

2）物流系统是一个大跨度系统

这体现在两个方面：一是地域跨度大；二是时间跨度大。在现代经济社会中，企业间的物流经常会跨越不同的地域，国际物流的地域跨度更大。物流系统通常采用存储的方式解决产需之间的时间矛盾，并缩短其时间跨度。物流系统的跨度越大，其管理难度就越大，对信息的依赖程度也越高。

3）物流系统是一个可分系统

物流系统属于中间层次系统范围，本身具有可分性，可以分解成若干个子系统。它既承接了上游的供应商和生产商的输出，又为下游的销售和消费环节提供支持。物流系统可分为运输、仓储、装卸搬运、包装、配送等多个子系统。物流子系统间相互协作，共同构成了完整的物流系统。每个子系统都有其特定的功能和作用，但又相互影响、相互制约。值得注意的是，这些子系统的数量和层次是随着人们对物流系统的认识和研究的深入而不断增加、不断扩充的。

4）物流系统是一个动态系统

物流系统一般涉及多个生产企业和用户，随着需求、供应、渠道、价格的变化，系统内部的要素及系统的运行也经常发生变化。物流系统是一个具有满足社会需要、适应环境能力的动态系统，受社会生产和社会需求的广泛制约。为适应经常变化的社会环境，必须对物流系统的各组成部分经常不断地进行修改、完善，要求物流系统具有足够的灵活性和可变性。可见，物流系统的稳定性较差而动态性较强。

5）物流系统是一个复杂系统

物流系统的运行对象——物，品种繁多，数量庞大；物流经营网点极广，从事物流活动的人员队伍庞大，整个物流活动占用着大量的流动资金。这些人力、物力、财力资源的组织和合理利用是一个非常复杂的问题。物流活动始终贯穿着大量的物流信息，如何把信息收集全面，处理得出正确结果，并使之指导物流活动，也是非常复杂的事情。物流系统边界广阔，范围横跨生产、流通、消费三大领域，也给物流系统的组织带来很大的困难。

6）物流系统是一个多目标函数系统

物流系统的总目标是实现宏观和微观的经济效益。但是，物流系统的复杂性使系统结构要素间往往相互矛盾，存在非常强的"交替损益"或"效益背反"现象，处理时稍有不慎就会出现系统总体恶化的后果。因此，要使物流系统的诸方面满足人们的要求，需建立多目标函数，并在多目标中求得物流的最佳效果。

3. 物流系统的模式

一般而言，物流系统具有输入、处理（转化）、输出、限制（制约）和反馈等功能，其具体内容因物流系统的性质不同而有所区别，如图 2-1 所示。

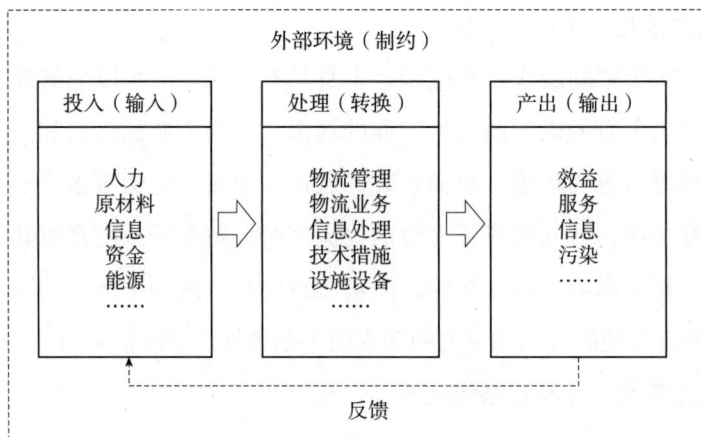

图 2-1　物流系统的模式

1）输入

物流系统的输入是通过提供人力、原材料、信息、资金、能源等，对某一物流系统发生作用，统称为外部环境对物流系统的输入。

2）转换

转换是指物流本身的转换过程。输入到输出之间通过物流管理、物流业务、信息处理、技术措施、设施设备管理等进行的物流活动，称为物流系统的转换。其具体内容有：物流设施设备的建设；物流业务活动，如运输、储存、装卸搬运、包装等；信息处理及管理工作。

3）输出

物流系统对环境的输入进行各种转换后，对社会提供的各类物流效益、服务、信息以及产生的污染等称为物流系统的输出。其具体内容有产品的位移与停滞、各类物流服务、信息等。

4）制约

外部环境对物流系统施加一定的制约，即外部环境对物流系统的限制和干扰。其具体内容有：资源条件、能源限制、资金与生产力的限制，价格影响、需求变化，仓库容量，装卸与运输能力，政策变化等。

5）反馈

物流系统在把输入转换为输出的过程中，由于受系统内外各种因素的制约，需要不断把输出后的结果返回到输入进行修正；即便按原计划实现，也要把信息返回，以对工作做出评价，这称为系统信息反馈。其具体内容有各种物流活动的分析报告、各种统计数据报告、典型调查以及国内外物流市场信息动态等。

三、物流系统要素

1. 物流系统资源要素

物流系统和一般的管理系统一样，都是由人、财、物、设备、信息和任务目标等要素组成的有机整体。从物流系统的资源构成来看，物流系统主要包括以下资源要素：

1）人

人是物流系统的主体，是保障物流得以顺利进行和提高管理水平的最关键因素。提高人的素质，是建立合理化的物流系统并使它有效运转的根本。

2）财

财是物流活动中不可缺少的要素。交换是以货币为媒介，实现商品或服务的交换过程，实际上也是资金流动的过程，同时物流服务本身也需要以货币为媒介。物流系统建设是资本投入的一大领域，离开资金这一要素，物流不可能实现。

3）物

物是物流中的物质条件，包括实物、基础设施、物流手段、各类工具设备等。①物流系统的劳动对象，即各种实物。②物流的基础设施。它是组织物流系统运行的基础物质条件，包括货场、配送中心、物流中心、仓库、物流路线、公路、铁路、港口等。③物流手段，包括货架、搬运机械、加工设备、运输设备、装卸机械等。④其他，包括包装工具、维护保养工具、办公设备等。

4）信息技术及网络

它是掌握和传递物流信息的手段。根据所需信息水平的不同，包括通信设备及路线、传真设备、计算机及网络设备等。

5）组织及管理

它是物流网络的"软件"，起着连接、调运、运筹、协调、指挥各要素的作用，以保障物流系统目的的实现。

2. 物流系统功能要素

从物流系统的功能来看，物流系统主要包括运输功能要素、仓储功能要素、包装功能要素、装卸搬运功能要素、流通加工功能要素、配送功能要素、物流信息功能要素。如图 2-2 所示，运输、仓储是物流系统的核心功能要素，分别负责货物的空间转移和时间调配，确保了物流的连续性和稳定性；包装作为物流过程的起点，保护商品免受损害，以方便后续的物流操作；装卸搬运在各个物流环节之间架起桥梁，确保物流活动的顺畅衔接；流通加工指在物流过程中对商品进行必要的辅助加工，完善商品的使用功能，提高其市场适应性和附加价值；配送是直接面向最终用户提供的物流服务功能，完成资源配置的最后环节。而物流信息功能要素贯穿整个物流系统，提供实时数据和信息支持，使运输、仓储、包装、装卸搬运、流通加工和配送等各个环节能够高效协同，优化决策，提高整个物流系统的服务效果和客户满意度。

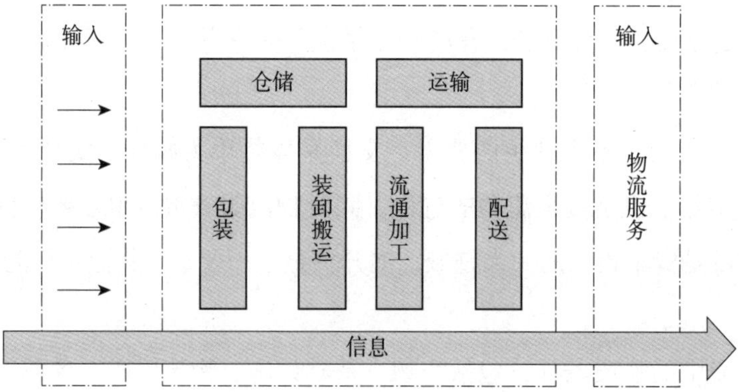

图 2-2 物流系统中的功能要素

3. 物流系统要素的冲突

物流系统是由各个部分组成的，各部分之间存在一定的联系。所谓联系，就是冲突、相持和协同。物流系统要素之间的联系也是冲突、相持和协同的综合表现。物流系统的要素之间、要素内部、要素外部都存在目标的冲突，这些冲突又可称为"效益背反"或"二律背反"。

效益背反是物流领域中很普遍的现象，是其内部矛盾的反映和表现。《物流术语》（GB/T 18354—2021）中将物流效益背反（logistics trade off）定义为：一种物流活动的高成本，会因另一种物流活动成本的降低或者效益的提高而抵消的相互作用关系。也就是说，物流的若干功能要素之间存在着损益的矛盾，即某一功能要素的优化和利益发生的同时，必然会存在另一个或几个功能要素的利益损失，反之亦然。这是一种此长彼消、此盈彼亏的现象，往往导致整个物流系统效率的低下，最终会损害物流系统功能要素的利益。

1）要素之间的目标冲突

要素之间的目标冲突即物流各功能活动的效益背反。物流的各项活动处于这样一个相互矛盾的系统中，想要达到某个方面的目的，必然会使另一方面的目的受到一定程度的损失，这便是物流各功能活动的效益背反。例如：

（1）运输目标（从降低运输成本的角度考虑）与储存目标（从降低储存成本的角度考虑）是冲突的。减少物流网络中仓库的数量并减少库存，必然会使库存补充变得频繁，从而增加运输的次数。但运输和储存是企业物流系统整体的两个重要组成部分，运输和储存的冲突是运输要素与储存要素之间的一种联系。在物流系统还没有形成的时候，它们都在追求着各自的目标，且彼此的目标一直在发生冲突。显然，它们的目标是无法简单地达到的，必须在建立物流系统时通过系统集成来调和。

（2）包装和运输这两个物流系统要素之间也存在目标冲突。物流包装的目标是保护商品在物流过程中免于损坏，同时也要降低包装成本。因此，在包装材料的强度、内装容量的大小等方面就会考虑以能够确保商品安全为第一目标。但这常常会导致过度包装，结果不仅增加了商品物流包装的成本，还由于物流包装过大、过重，增加了无效运输的比重。并且，在包装回收系统不健全的情况下，当商品抵达收货人手中时，收货人往往还要专门处理这些沉重、庞大的物流包装。相反，简化包装虽可降低包装成本，但却由于包装强度的降低，其在运输和装卸的过程中破损率增加，且在仓库中摆放时亦不可堆放过高，降低了保管效率。可见，如果能够将物流包装要素的目标与运输要素的目标进行协调，就可以既实现包装的目标又实现运输的目标，从而达到这两个要素目标的协同。

2）要素内部的目标冲突

物流系统的要素也可以作为系统来分析，以物流系统的功能要素为例，物流系统的运输、储存、包装等功能要素都是物流系统中的子系统。如果将物流系统内部功能要素之间的目标冲突应用于任何一个功能要素的话，这种分析也是成立的。物流系统功能要素内部也存在着类似的目标冲突，如在运输子系统中选择运输方式时，将铁路运输改为航空运输，虽然增加了运费，但提高了运输速度。这样不但可以减少库存，还可以降低库存费用。

3）要素外部的目标冲突

当物流系统本身也是一个更大系统的低一层次的子系统时，物流系统就要与外部系统发生联系，这就是物流系统与环境的联系，而构成物流系统环境的就是这些与物流系统处在同一层级的子系统。任何一个系统都有自己的目标，物流系统有其特定的目标，环境中其他系统也与物流系统一样有着特定的目标，这些目标之间的冲突也是普遍存在的，物流系统以这种方式与环境中的其他系统发生联系。

就制造企业来说，物流系统是与生产系统、销售系统等系统并列的，它们都是公司在经营系统中的要素或子系统。生产系统、销售系统和物流系统都有其各自的目标，这些目标也充满了冲突，生产系统的目标和销售系统的目标还可能会形成对物流系统目标的夹击。日本的制造企业从 20 世纪 70 年代初引入物流管理部门，便将物流与生产、销售和财务的目标冲突集中起来，放在整个公司利益的高度去进行协调和权衡，从而找到对整个公司有利而不仅仅是对物流或生产、销售、财务有利的解决方案。到 20 世纪末，世界上的跨国制造公司基本上都有物流部门，负责解决物流和其他部门的目标冲突。需要注意的是，物流子系统与其他子系统的目标冲突不能在物流或生产、销售、财务这一层级解决，必须在整个公司的层级才能解决。同样，物流系统要素之间的目标冲突不能在要素这个层级得到协调，必须在比要素高一个层级的系统才能解决。

第二节　物流系统分析

系统分析也称系统方法，是以系统的整体最优为目标，对系统的各个方面进行定性和定量分析。系统分析是一个有目的、有步骤的探索和分析过程，为决策者提供直接判断和决定最优系统方案所需的信息和资料。系统分析的应用范围已从早期的武器系统扩展到企业经营管理系统中，被企业用作经营管理的决策工具。特别是随着应用数学的发展与深化，以及大数据、大模型的出现，系统分析发展到一个新的水平，其应用范围仍在继续扩大。用系统观点来研究物流活动是现代物流学的核心问题。物流系统分析就是要用系统的观点和方法去研究物流活动，具体应了解什么是物流系统分析、物流系统分析的要点和准则、物流系统分析的方法与步骤。

一、物流系统分析概述

1. 物流系统分析的概念

物流系统分析是指在一定的时间和空间里，对其所从事的物流活动和过程作为一个整体来处理，以系统的观点、系统工程的理论和方法进行分析研究，以实现其空间和时间的经济效益。其更为详细的描述是指从对象系统整体最优出发，在优先考虑系统目标、确定系统准则的基础上，根据物流系统的目标要求，分析构成系统各级子系统的功能和相互关系，以及系统同环境的相互影响，寻求实现系统目标的最佳途径。

进行物流系统分析时要运用科学的分析工具和计算方法，对系统的目的、功能、结构、环境、费用和效益等，进行充分、细致的调查研究，收集、比较、分析和处理有关数据，建立若干个拟定方案，比较和评价物流结果，寻求系统中整体效益最佳和有限资源配置最佳的方案，为决策者最后抉择提供科学依据。

物流系统分析的实质在于以系统的整体最优化为工作目标，并力求建立数量化的目标函数，为决策者提供直接判断和决定最优方案的信息和资料。物流系统分析强调科学的推理步骤，应用数学的基本知识和优化理论，充分挖掘待开发物流系统的潜力，做到人尽其才、物尽其用。物流系统分析的目的就是要使输入（资源）最少，而输出的物流服务效果最佳。

2. 物流系统分析的内容

一个物流系统由许多要素组成，要素之间相互作用，物流系统既受外部环境的影响，也受内部因素的制约。物流系统分析一般来说根据系统要解决的问题或系统分析的目的而定。物流系统分析可以是针对一个微观的物流环节，如对仓库接收货物时的卸货时间和

资料拓展 2-1

入库安排的研究；也可以是一个宏观的物流策略，如"十四五"现代物流发展规划的编制。

物流系统分析内容可以分为物流系统主体分析与环境分析两个方面，具体内容见表 2-1 所示。

表 2-1　物流系统分析的内容

物流系统主体分析						物流系统环境分析	
	供应商	企业	客户	合作伙伴	主要竞争对手	环境因素	主要内容
战略与战术分析	企业物流战略与战术、竞争力、优势、劣势、竞争策略；采用第三方的比例与态度					政治	国家政体、政局、对外关系
组织与人事分析	决策层、管理层、运作层；组织结构、人员结构；薪酬体系、业绩评估；企业制度、企业文化					行政	宏观管理；行业管理、行政规章、地区封锁与区域合作状况、道路交通管理制度；地区物流发展差距

二、物流系统分析要点与准则

1. 物流系统分析要点

物流系统分析是一种仍在不断发展中的现代科学方法，虽然已在很多领域采用并取得了显著成效，但是实际上，并不是任何物流系统都可用系统分析的方法来研究，因为要考虑到经济与时效等因素。为此，在采用物流系统分析前，要注意以下几个方面：

（1）物流系统分析是一个长期的工作，它贯穿于物流系统规划、运行评价、优化改善的全过程。因为物流系统分析的总目标就是寻找物流系统的最优途径，而在物流系统运行过程中，它所处的外界环境及其内部构成都不断地变化和运动，系统分析就要抓住这些信息，总结和归纳出特征，找到系统达到效益最优的途径和方法。可以说，只要有物流系统在运行，物流系统分析工作就时时刻刻地进行。总之，物流系统分析需要有能力胜任的分析人员辛勤而长期的工作。

（2）物流系统分析虽然对制定决策有很大的帮助，但是它不能完全代替想象力、经验和判断力。物流系统分析是将研究问题运用数学方法或模型等手段进行全面分析，进而推导出相对优化的备选方案。在将现实问题归纳成数学模型的过程中，必然舍去一些无法运用数学方法进行分析的因素，而这些因素可能对系统的实际运行产生影响。因此，当管理者进行选择或决策时，必然要运用自己的经验、想象力或直觉进行综合判断。

（3）物流系统分析基本上是考虑经济、效益等目标，或者说以经济学的方法来解决问题。对任何问题，通常均有不同的解决方案，应用物流系统分析研究问题，应对各种解决问题的方案，计算出全部费用，然后再进行比较。但在决策时又要注意，费用最少的方案不一定是最佳选择，因为选择最佳方案的着眼点不在省钱，而是在于有效。

2. 物流系统分析准则

一个物流系统由许多要素组成，要素之间相互作用，物流系统与环境互相影响，这些问题涉及面广而又错综复杂，因此进行物流系统分析时，应认真考虑以下一些准则：

（1）物流系统内部与物流系统环境相结合。一个企业的经营管理物流系统，不仅受到企业内部各种因素如企业生产规模、产品技术特征、职工素质、管理制度与管理组织等的作用，而且还受到社会经济动向及市场状况等环境因素的影响。

（2）局部效益与整体效益的结合。在分析物流系统时常常会出现这种情况：局部效益与物流系统整体效益并不一致。其原因就在于物流系统的"效益背反"规律，即某一局部效益的增长可能带来另一局部效益的减少。因此，在选择方案的时候，我们不仅要考虑物流系统的局部效益，更重要的是物流系统的整体效益。如果从局部效益来看是经济的，但整体效益并不理想，则这种方案不可取；反之，局部效益并不经济，但整体效益是好的，这种方案则可取。

（3）当前利益与长远利益相结合。在进行方案优选时，既要考虑当前利益，又要考虑长远利益。如果所采用的方案对当前和长远都有利，当然最为理想。但如果方案对当前不利，而对长远有利，此时要通过全面分析后再作结论。一般来说，只有兼顾当前利益和长远利益的物流系统才是好的物流系统。

（4）定量分析与定性分析相结合。物流系统分析不仅要进行定量分析，而且要进行定性分析。物流系统分析总是遵循"定性—定量—定性"这一循环往复的过程，不了解物流系统各个方面的性质，就不可能建立起探讨物流系统定量关系的数学模型。定性和定量二者结合起来进行综合分析，才能达到优化的目的。

三、物流系统分析方法

物流系统分析注重逻辑思维推理，其常用的方法包括：数学规划法、统筹法、系统优化法、系统仿真法。此外，随着物流的高速发展，物流系统分析方法也在不断扩展，如层次分析法（AHP）、主因素分析法、聚类分析法、遗传算法、退火算法等方法成为近年来的流行方法。下面主要介绍常用方法与层次分析法。

1. 数学规划法

这是一种对系统进行统筹规划，寻求最优方案的数学方法。其具体理论与方法包括线性规划、整数规划、动态规划等。

（1）线性规划（linear programming）用于解决目标函数和约束条件都是线性关系的优化问题。例如，在物流配送中，要确定从多个仓库向多个客户配送货物的最优数量和路线，既使运输成本最小化，同时也满足仓库库存和客户需求等约束条件。

（2）整数规划（integer programming）用于当决策变量要求为整数时。比如在车辆调度问题中，车辆的数量必须是整数，通过整数规划来确定派出的车辆数量和具体安排。假设一家企业有一定数量的货车，每辆车的载货量和行驶路线有限制，要满足多个客户的货物运输需求，通过整数规划来决定派出哪些车辆，并规划它们的行驶路线。

（3）动态规划（dynamic programming）适用于多阶段决策过程的优化问题。在物流网络规划中，分阶段建设物流设施，通过动态规划来确定每个阶段的最优决策。比如，要在未来几年逐步扩展物流网络，每年有不同的投资预算和市场需求，便可通过动态规划来决定每年建设哪些物流节点和设施。

数学规划法的优点包括：能够提供精确的最优解或接近最优解；基于严格的数学理论，结果具有可靠性。但该方法也存在一些局限性：模型的建立和求解可能比较复杂，需要较高的数学知识和计算能力；对数据的准确性和完整性要求较高。

在实际的物流系统分析中，通常需要根据具体问题的特点和数据情况，选择合适的数学规划方法，并结合其他分析方法来获得更有效的解决方案。

2. 统筹法（网络计划技术）

统筹法，是指运用网络来统筹安排，合理规划系统的各个环节。它用网络图来描述活动流程的线路，把事件作为节点，在保证关键线路的前提下安排其他活动，调整相互关系，以保证按期完成整个计划。在物流系统分析中，统筹法是一种重要的工具，可用于物流作业的合理安排，其主要包括关键路径法（CPM）和计划评审技术（PERT）。

（1）关键路径法（CPM）是通过分析项目中各项活动的时间和逻辑关系，确定项目的关键路径，即完成项目所需时间最长的路径。例如，在一个物流配送项目中，包括货物装卸、运输、分拣等活动。通过 CPM 分析，可以确定从货物出发到送达目的地的关键路径，从而重点关注关键活动，确保项目按时完成。

（2）计划评审技术（PERT）采用三点估计法（最乐观时间、最可能时间、最悲观时间）来计算活动的期望时间，可对活动时间不确定的项目进行计划和控制。比如，在一个新产品的物流配送规划中，由于市场需求的不确定性，某些环节的时间难以精确估计。通过 PERT，可以帮助评估项目提高按时完成的可能性。

网络计划技术方法的优点：清晰展示项目中各项活动的关系和进度；有助于识别关键活动，合理分配资源；能够提前预测项目完成时间，便于进行有效的进度控制。该方法也存在一些局限性：对于复杂的物流系统，建立准确的网络图和时间估计可能具有一定难度；当项目发生变化时，需要重新调整网络图和计算。总之，网络计划技术方法在物流系统分析中对于项目规划、进度控制和资源优化具有重要的作用。

3. 系统优化法

在一定的约束条件下，求出使目标函数最优的解。物流系统包括许多参数，这些参数相互制约，互为条件，同时受外界环境的影响。在物流系统分析中，系统优化法是用于提升物流系统整体性能和效率的重要手段，常见的有以下几方面：

（1）运输问题优化。目的是在满足供应和需求的约束条件下，确定货物从多个供应地到多个需求地的最优运输方案，以使运输成本最小化。例如，一家企业由多个生产工厂向多个销售点配送产品，需要考虑运输距离、运输方式、运输量等因素，通过线性规划或其他优化算法来确定最优的运输路线和运输量。

（2）库存优化。旨在确定合理的库存水平，以平衡库存持有成本和缺货成本。比如，对于具有不确定需求的商品，需要通过建立库存模型（如经济订货批量模型 EOQ）来确定最佳的订货时间和订货量，从而降低库存总成本。

（3）设施选址优化。选择合适的物流设施（如仓库、配送中心）位置，以使运输成本、运营成本和服务水平损失最小化。假设一家电商企业要在全国范围内建立几个仓库，需要考虑各地的市场需求、土地成本、交通条件等因素，运用重心法、层次分析法等方法来确定最佳的仓库位置。

（4）配送路径优化。为配送车辆规划最优的行驶路线，以使行驶距离、时间或成本最小化。常见的算法如蚁群算法、遗传算法等，均可以用于求解复杂的配送路径问题。例如，一个城市中有多个客户需要送货，要规划出最短的配送路线，使车辆能够在最短时间内完成所有送货任务。

系统优化法的优点包括：显著提高物流系统的效率和效益，降低成本；能够更有效地利用资源，如运输车辆、仓库空间等。然而，该方法也存在一些局限性：问题的复杂性可能导致求解困难，需要强大的计算能力和优化算法；实际情况中的不确定性和动态变化可能使优化结果不够准确或难以实时应用。总之，系统优化法为物流系统的设计和运营提供了科学的决策依据，但在应用时需要充分考虑实际情况的特点和限制。

4. 系统仿真法

所谓系统仿真（system simulation），就是根据系统分析的目的，在分析系统各要素性质及其相互关系的基础上，建立能描述系统结构或行为过程且具有一定逻辑关系或数量关系的仿真模型，据此进行实验或定量分析，以获得正确决策所需的各种信息。物流系统仿真是一种非常有用的方法，主要是利用计算机软件建立物流系统的仿真模型，模拟不同条件下系统的运行情况。常见的应用场景有仓库管理、生产物流、配送中心规划。其中，仓库管理主要体现在优化仓库布局、存储策略和拣选路径上，例如，通过仿真不同货架布局下的货物存取效率，以确定最佳布局方案。生产物流主要是协调生产过程中的物料供应和产品运输，例如，模拟不同生产节拍下物料配送的及时性和准确性。配送中心规划则主要评估配送中心的处理能力和资源配置，分析不同订单的处理流程和设备配置对配送效率的影响。

物流系统仿真的优点：

（1）能处理复杂的物流系统：可以涵盖多个相互关联的元素和复杂的流程。例如，一个包含多个仓库、运输方式和客户需求的物流网络。

（2）考虑不确定性：能够模拟随机因素，如需求的波动、运输时间的变化、设备故障等。比如，模拟不同季节中货物需求的不确定性对库存和配送的影响。

（3）风险评估：在实施实际方案之前，评估不同策略的潜在风险和效果。假设要引入新的物流技术或改变仓库布局，通过仿真法可以预测可能出现的问题。

（4）可视化展示：以直观的方式展现系统的运行情况，便于理解和分析。例如，通过动画展示货物在物流网络中的流动过程。

物流系统仿真法的局限性：

（1）模型验证和校准的难度：需要准确的输入数据和合理的模型假设，否则可能导致结果偏差。

（2）计算资源需求：复杂的仿真模型可能需要大量的计算时间和内存。

总之，系统仿真法在物流系统分析中是一种强大的工具，但在应用时需要谨慎处理模型的建立和结果的解读。

例如，分析一个新的配送中心的布局效果，可以通过仿真模拟不同的货物流量和操作流程，评估其效率和成本。

5. *层次分析法*

将复杂的物流问题分解为多个层次和因素，进行定性和定量分析。层次分析法（AHP）在物流方案选择、供应商评估等方面有着广泛的应用。例如，在选择物流供应商时，综合考虑价格、服务质量、运输能力等因素的重要性。其主要步骤包括：

（1）建立层次结构模型：将问题分解为目标层、准则层和方案层。目标层是要解决的问题的总体目标；准则层是影响目标实现的各种因素；方案层是实现目标的具体方案。例如，对于物流配送中心的选址问题，目标层是选择最优的配送中心地址，准则层可能包括交通便利性、土地成本、劳动力成本等，方案层则是几个候选的地址。

（2）构造判断矩阵：对于同一层次的各因素，两两比较其相对重要性，并用数值表示。通常使用 1~9 标度法，1 表示两个因素同等重要，9 表示一个因素极其重要于另一个因素。例如，在上述配送中心选址的例子中，对于交通便利性和土地成本，若认为交通便利性稍微重要于土地成本，就可以给交通便利性相对于土地成本的重要性赋值为 3。

（3）层次单排序及一致性检验：计算判断矩阵的特征向量和最大特征值，得到各因素对于上一层因素的相对权重，并进行一致性检验。一致性指标（CI）和一致性比率（CR）用于判断判断矩阵的一致性是否可以接受。若 CR < 0.1，则一致性可以接受。假设计算得到交通便利性的权重为 0.6，土地成本的权重为 0.4，便通过了一致性检验。

（4）层次总排序及一致性检验：计算各方案对总目标的权重，并进行一致性检验。综合各准则层因素的权重和方案层对准则层各因素的权重，计算出各方案对总目标的最终权重，从而选择最优方案。

层次分析法的优点包括：系统性强，能够将复杂的问题条理化、层次化，便于分析和理解；简洁实用，所需数据量相对较少，决策过程直观易懂。同时，该方法也存在一定的局限性：受主观因素影响较大；判断矩阵的构建依赖于专家的主观判断。

上述方法各有特点，在实际中都得到了广泛应用，其中系统仿真法近年来应用最为普遍。系统仿真法的发展及应用依赖于计算机软件技术的飞速发展；系统仿真法的研究仍将不断完善，应用范围不断扩大。

第三节　物流系统优化

一、物流系统优化概述

物流系统优化是指通过科学的方法和策略，对物流运作的各个方面进行改进和完善，以实现物流效率的提升、成本的降低以及服务质量的增强，从而提高企业的市场竞争力和经济效益。

物流系统涵盖从原材料采购到产品交付给客户的全过程，包括采购、生产、仓储、运输、配送等多个环节。在这个复杂的系统中，存在着诸多影响效率和效益的因素，如不合理的设施布局、低效的配送策略、不经济的运输线路等。为了应对这些挑战，物流系统优化运用先进的技术和管理理念，对物流流程进行深入分析，识别潜在的问题和改进空间。其中，物流选址优化着眼于确定最佳的仓库、配送中心等设施的位置，以减少运输成本和提高响应速度；物流配送优化侧重于优化货物的配送方案，提高配送的准确性和及时性；物流线路优化则致力于规划出最合理的运输路线，降低运输里程和能耗。通过对这些关键环节的优化，物流系统能够实现资源的合理配置，提高运行效率，满足客户日益增长的需求，为企业的可持续发展提供有力支持。

本节将分别从物流选址优化、物流配送优化和物流线路优化这三个方面深入探讨。

二、物流选址优化

物流选址优化是指在规划物流设施（如仓库、配送中心、中转站等）的位置时，通过综合考虑各种因素，以达到降低物流成本、提高物流效率和服务质量的目的。

根据物流设施的数量和布局需求，物流选址优化可以进一步细分为单设施选址优化和多设施选址优化两大类别。单设施选址优化主要关注单个物流设施的最佳位置选择，例如，单个仓库或配送中心的选址。而多设施选址优化则需要综合考虑多个物流设施之间的协同关系和布局，以达到整体物流系统的最优性能。以下将通过相应实例对单设施选址优化和多设施选址优化的模型和方法具体说明。

1. 单设施选址模型

单设施选址模型是物流选址分析中最简单的一种模型。由于它的简单性和易操作性，单设施选址模型应用较广。同时，它也是其他复杂选址分析模型中的重要组成部分。因此，掌握单设施选址模型具有重要意义。

1）单设施选址模型分析及求解算法

设有 n 个零售店，它们各自的坐标是 (x_j, y_j) $(j = 1, 2, \cdots, n)$，配送中心的坐标为 (x_0, y_0)。设配送中心到零售店的 j 的发送费用为 F_j，总发送费用为 T，则有

$$T = \sum_{j=1}^{n} F_j \tag{2-1}$$

其中，F_j 可用下列式子表示

$$F_j = k_j W_j d_j \tag{2-2}$$

式中，k_j——从配送中心到零售点 j 的发送费率（单位吨公里的发送费）；

　　　W_j——向零售点 j 的货物发送量；

　　　d_j——从配送中心到零售点 j 的直线距离。

其中，d_j 可写成如下形式：

$$d_j = \sqrt{(x_0 - x_j)^2 + (y_0 - y_j)^2} \tag{2-3}$$

把式（2-2）代入式（2-1）得：

$$T = \sum_{j=1}^{n} k_j W_j d_j \tag{2-4}$$

联立式（2-3）和式（2-4）中可求出使 T 为最小的 x_0, y_0，求解方法如下，令：

$$\frac{\partial T}{\partial x_0} = \sum_{j=1}^{n} k_j W_j (x_0 - x_j) / d_j = 0 \tag{2-5}$$

$$\frac{\partial T}{\partial y_0} = \sum_{j=1}^{n} k_j W_j (y_0 - y_j) / d_j = 0 \qquad (2\text{-}6)$$

联立式（2-5）和式（2-6）可求得最合适的 x_0^*，y_0^*，即

$$x_0^* = \frac{\sum_{j=1}^{n} k_j W_j x_j / d_j}{\sum_{j=1}^{n} k_j W_j / d_j} \qquad (2\text{-}7)$$

$$y_0^* = \frac{\sum_{j=1}^{n} k_j W_j y_j / d_j}{\sum_{j=1}^{n} k_j W_j / d_j} \qquad (2\text{-}8)$$

由于式（2-7）和式（2-8）右边还含有 d_j，即含有所求的 x_0，y_0，可以采用迭代法来进行计算。

迭代法的计算步骤如下：

（1）给出配送中心的初始地点 (x_0^0, y_0^0)；

（2）通过式（2-3）和式（2-4），计算与 (x_0^0, y_0^0) 相应的总发送费用 T^0；

（3）把 (x_0^0, y_0^0) 代入式（2-3）、式（2-7）和式（2-8）中，计算配送中心的改善地点 (x_0^1, y_0^1)；

（4）通过式（2-3）和式（2-4），计算与 (x_0^1, y_0^1) 相应的总发送费用 T^1；

（5）把 T^1 和 T^0 进行比较，如果 $T^1 < T^0$，则返回（3）进行计算，再把 (x_0^1, y_0^1) 代入式（2-3）、式（2-7）和式（2-8）中，计算配送中心的再改善地点 (x_0^2, y_0^2)。如果 $T^1 \geqslant T^0$，则说明 (x_0^0, y_0^0) 就是最优解。

这样反复计算，直到 $T^{k+1} < T^k$，求得最优解 (x_0^k, y_0^k) 为止。

由上述可知，应用迭代法的一个关键是给出配送中心的初始地点 (x_0^0, y_0^0)。一般的做法是将各零售店之间的重心点作为初始地点（故称重心法）；也可采用任选初始地点的方法；还可以根据各零售店的位置和物资需求量的分布情况选取初始地点。初始地点的确定方法可以不同，还没有统一的确定初始地点的规则。

下面列举一个用迭代法计算求解的例子。四个零售店的坐标和商品需求量见表 2-2。

表 2-2　各零售店的位置和商品需求量

零售店	商品需求量 /t	发送费率 / (元 /t · km)	零售店位置	
			X 坐标 /km	Y 坐标 /km
零售店一	10	1	10	20
零售店二	8	1	20	10
零售店三	9	1	40	30
零售店四	7	1	50	20

运用迭代算法，结果见表 2-3。

表 2-3　迭代结果

迭代次数	选定配送中心位置	选定位置坐标 /km	总配送费用 / 元
0	四个零售点的重心	(28.5, 20.3)	578
1	改善地点 1	(27.9, 20.0)	577
2	改善地点 2	(27.4, 19.7)	576
3	改善地点 3	(27.0, 19.5)	576
4	改善地点 4	(26.7, 19.4)	576
5	改善地点 5	(26.4, 19.2)	575
6	改善地点 6	(26.2, 19.1)	575
7	改善地点 7	(26.0, 19.0)	575

由表 2-3 可知，配送中心的最佳地点为（26.4，19.2）。

2）对单设施选址问题的评述

解决单设施选址问题的方法很多，除重心模型外，还有图表法、近似法、搜索法等。

这些方法对现实情况的模拟程度、最优解的收敛快慢程度等都各不相同。显然，没有任何模型具备某一选址问题所期待的所有特性，也不可能仅凭模型的解直接得出最终决策。在具体的选址分析中，需要将定性分析和定量分析相结合。

单设施选址模型一般具有一些简化的假设条件：

（1）模型常常假设需求集中在某一点，而实际需求来自分散的多个消费点。市场的重心通常被当作需求的聚集地，这会导致某些计算误差，因为计算出的运输成本是基于需求聚集地而非某个消费点。

（2）模型主要根据可变成本来进行选址，没有区分在不同地点建设仓库所需的资金成本，以及在不同地点经营有关的其他成本（如劳动力成本、库存持有成本）之间的差别。

（3）总运输成本通常假设运价随运距成比例增加，然而，大多数运价是由不随运距变化的固定部分和随运距变化的可变部分组成。

（4）模型中仓库与其他网络节点之间的路线通常假定为直线。实际上这样的情况很少，因为运输总是在一定的公路网络、铁路网络或城市街道网络内进行的。我们可以在模型中引入一个比例因子把直线距离转化为近似的公路、铁路或其他运输网络的里程。例如，计算出的直线距离加上20%得到公路直达线路里程，加上25%得到铁路短程里程。如果是城市街道，则使用40%的比例因子。

2. 多设施选址模型

1）问题描述

从实际应用来讲，多设施选址更具有意义。因为，影响设施选址的因素不只是运输费用，还应包括仓库数量、容量、库存成本等。如果产品由自己的工厂生产，则约束条件将会更多。多设施选址问题是一类复杂的优化问题，也是研究的热点。用于选址问题的方法很多，常见的包括目标规划法、树形搜索法、动态规划法等，其中常用的是混合整数线性规划法。

下面先通过一个实例来描述多设施选址的问题。

某城市计划筹建包括生产基地在内的绿色食品专卖超市连锁网络，计划如下：

（1）受现有条件的限制，生产基地的数量限制在1~2个；

（2）出于人口分布的考虑，计划建立3个大型专卖超市，受各种条件的约束，专卖超市的地址选择基本确定，没有再选择的余地；

（3）受专卖超市数量和位置的约束及可供选址的土地因素约束，考虑在市内建设1~2个大型中转仓库；

（4）产品分为A、B两大类。

现在，需要对以下几个问题进行决策：

（1）建设几个中转仓库？

（2）如果建立1个中转仓库，应建哪一个？

（3）如果建立2个中转仓库，如何分配超市卖场？

（4）建立几个生产基地？

（5）如果建立2个生产基地，怎样分配生产数量？怎样为中转仓库供货（在建立 2 个中转仓库的情况下）？

要进行上述问题的决策，首先必须经过严密的市场调查和可行性分析，提出初步的可选方案。在此基础上，提出图 2-3 所示的多设施选址决策网络模型。

经过初步分析，提出两个工厂 P_1 和 P_2 可作为备选的生产基地，两个仓库 W_1 和 W_2 可作为备选的周转仓库。其中，工厂 P_1 的生产能力有限制，可生产 A 产品 60000 件，或生产 B 产品 50000 件，工厂 P_2 生产任何一种产品都没有生产能力的限制。仓库 W_1 的搬运成本为 16 元 / 件，周转能力为每年 110000 件，仓库建设固定成本 800000 元；仓库 W_2 的搬运成本为 8 元 / 件，周转能力没有限制，但仓库建设的固定成本为 4000000 元。图中线条上列出的数据是产品从生产基地到仓库、从仓库到客户需求地的单位运输费用。这样，选址规划决策就转变成从两个备选的生产基地和两个备选仓库进行选择，并分配各自的生产量和运输量，因此，可用混合整数规划模型来解决。

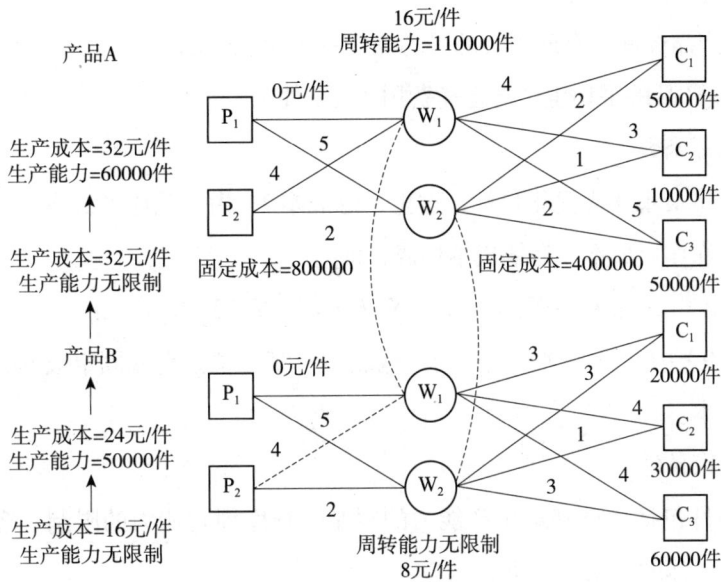

图 2-3 连锁超市选址决策网络模型

2）混合整数线性规划模型

根据上面的分析，可建立上述问题的混合整数规划模型。

（1）变量说明

①下标：

i——产品类别，1，2；

j——生产基地编号，1，2；

k——中转仓库编号，1，2；

l——超市卖场编号，1，2，3。

②决策变量：

S_{ij}——产品在生产基地的生产量；

D_{il}——超市卖场对产品的需求量；

X_{ijkl}——由生产基地 j 生产、经周转库 k 周转、提供给超市卖场 l 的产品 i 的数量；

y_{kl}——0–1变量，当周转仓库 k 向超市卖场 l 供货时取值1，否则取值0；

z_k——0–1变量，当确定使用周转仓库 k 时取值1，否则取值0。

③参数：

$\underline{V_k}$，$\overline{V_k}$——周转仓库的周转总量上下限；

f_k——周转仓库年固定成本；

u_k——产品经周转仓库周转的平均操作费（元/件）；

C_{ijkl}——产品的平均生产与运输费用（元/件）。

（2）目标函数

以总成本最小作为优化目标，这里，总成本 TC 由产品生产成本、仓库固定建设成本、仓库作业成本、运输成本构成，即

$$\min \text{TC} = \sum_{ijkl} C_{ijkl} X_{ijkl} + \sum_k f_k z_k + \sum_k \sum_l \left(\sum_i D_{ij} \right) y_{kl} u_k \qquad (2\text{--}9)$$

式（2–9）中，第一项是生产与运输成本；第二项是仓库固定成本；第三项是仓库作业成本。

（3）约束条件

约束条件包括生产基地生产能力的限制、仓库周转能力的限制、客户供货要求的约束，具体的约束式如下：

①生产能力限制：

$$\sum_{kl} X_{ijkl} \leqslant S_{ij} \qquad (2\text{--}10)$$

②满足卖场对产品的需求量：

$$\sum_j X_{ijkl} = D_{ij} y_{kl} \qquad (2\text{--}11)$$

③一个客户只能由一家仓库供货：

$$\sum_k y_{kl} = 1 \qquad (2\text{-}12)$$

④仓库周转总量限制：

$$\underline{V}_k z_k \leqslant \sum_l \left(\sum_i D_{il} \right) y_{kl} \leqslant \overline{V}_k z_k \qquad (2\text{-}13)$$

上述混合整数规划模型可以利用合适的优化算法并借助优化工具软件来求解。常用的优化算法有一般线性规划方法、遗传算法等；常用的优化工具软件包括MATLAB、LINGO、LINDO 等。

对上述例子进行求解得到的一个方案如下：

（1）建设一个生产基地 P_2。

（2）由 P_2 生产所需的全部产品。

（3）建设一个周转仓库 W_2 向 3 个超市卖场供货。

（4）运输总成本 =122 万元 / 年。

（5）周转仓库维持成本 =248 万元 / 年。

（6）周转仓库固定成本 =200 万元 / 年。

（7）生产成本 =816 万元 / 年。

（8）周转及运输总成本 =570 万元 / 年。

（9）总成本 =1386 万元 / 年。

3）启发式方法

启发式方法以直觉、经验为基础，针对具体的问题，在求解问题之前设计好一套指导问题求解的经验法则。在对网络资源进行优化的过程中，如果发生资源冲突，就依据事先确立的经验法则进行调整。启发式方法通常得到的是满意解，无法保证获得最优解。在物流网络规划过程中，常见的典型启发式法则如下：

（1）仓库的最佳选址通常在那些需求最大的地区或临近这些最大需求的地方。

（2）购买量巨大的客户（其购买量超过正常的运输批量）应该由供应点直接供货，不必通过中转仓库二次运输。

（3）对需求量及需求提前期波动很小的产品，应当实行准时制管理，尽量减少库存。

（4）在现有配送网络中增加新设施（如仓库）的前提条件是，新增加的设施能最大程度地节约物流总成本。

（5）从分拨角度看，成本最高的客户是那些以小批量购买且位于运输线末端的客户。

（6）所谓经济运输批量，是将配送网络中从运输起点到最偏远客户之间的运输线路上的小批量需求累积起来而实现的满载运量。

如图 2-4 所示的配送系统：某企业计划建 P_1、P_2 两个工厂，经过备选仓库 W_1、W_2 向客户市场 C_1、C_2 和 C_3 供应某类产品。工厂 P_1 的产能不限，工厂 P_2 实际产能为 60000 件。仓库 W_1、W_2 具有相同的搬运作业成本。三个市场 C_1、C_2 和 C_3 的产品需求分别为 50000 件、100000 件和 50000 件。各设施点之间的单位运输费用如图 2-4 所示。现在要求确定合适的配送策略，即选择合适的工厂及配送中心方案，在满足各市场需求的同时又不超过工厂的产能约束，并使总成本最低。

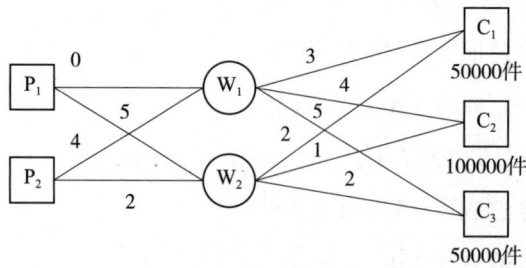

图 2-4　某企业的配送网络示意图

这是一个简单的设施选址决策问题。通过分配设施产能决定是否选择某设施点，如果某设施点没有产能，没有分配物流量，则该设施没有被选中。

通常可应用多种启发式法则来解决某一问题。例如，下面将应用两种不同的启发式法则求解该例题的问题。

（1）启发式法则一：对每个市场，选择最便宜的仓库来满足需求。

根据这一经验法则，市场 C_1、C_2 和 C_3 都将使用仓库 W_2 来供货，仓库 W_1 未被选中。然后，再为仓库 W_2 选择配送成本最低的工厂供货，即工厂 P_2。由于 P_2 的产能有限，余下的需求将由 P_1 来满足。这样，将首先从 P_2 配送 60000 件，剩下的 140000 件由 P_1 供应。计算如下：

该网络总配送成本 $=2 \times 50000 + 1 \times 100000 + 2 \times 50000 + 2 \times 60000 + 5 \times 140000$

$$=1120000（元）$$

（2）启发式法则二：对每个市场，选择总配送成本最低的仓库来满足需求。

　　经过某仓库的总配送成本等于入库成本和出库成本之和。利用该法则，将某市场所有可行的配送路径列举出来，再分别求出各可行路径的总配送成本，然后比较选择出总配送成本最低的配送方案。完成所有市场的分析后，选择出最合适的工厂和仓库方案。

　　对于市场 C_1，有四种可行方案或配送路径，即：$P_1 \rightarrow W_1 \rightarrow C_1$，$P_1 \rightarrow W_2 \rightarrow C_1$，$P_2 \rightarrow W_1 \rightarrow C_1$，$P_2 \rightarrow W_2 \rightarrow C_1$。在这些配送方案中，总配送成本最低的是 $P_1 \rightarrow W_1 \rightarrow C_1$。因此为市场 C_1 选择仓库 W_1。通过同样的分析，对于客户 C_2，总配送成本最低的是 $P_2 \rightarrow W_2 \rightarrow C_2$；对于客户 C_3，总配送成本最低的是 $P_2 \rightarrow W_2 \rightarrow C_3$。

　　因此，仓库 W_1 需要向客户 C_1 配送 50000 件产品，仓库 W_2 需要向客户 C_2 和 C_3 供应 150000 件产品。最好的入库配送模式是由工厂 P_1 向仓库 W_1 供应 50000 件产品，向仓库 W_2 供应 90000 件产品，工厂 P_2 向仓库 W_2 供应 60000 件产品。计算如下：

$$该网络总配送成本 =5 \times 90000+2 \times 60000+3 \times 50000+2 \times 100000+2 \times 50000$$
$$=1020000（元）$$

　　显然，对上述例题来说，启发式法则二得到的方案更好。但是，这两种启发式算法都没有实现成本最低的策略。

　　由于启发式方法较多地依赖主观经验和直觉，通用性和泛化性较差，并且在对复杂的网络进行规划求解时，时间较长，优化结果精度不高，通常得到的是满意解。

三、物流配送优化

　　在当今竞争激烈的商业环境中，高效的物流配送对企业的生存和发展至关重要。物流配送优化综合考虑货物的种类、数量、客户的分布、运输工具的能力、道路状况、时间限制以及成本约束等众多因素，对车辆配送路径、货物装载等方面进行精心设计和安排，以实现资源的最优配置，减少运输成本，提高货物的准时交付率，增强客户满意度，从而提升企业的市场竞争力。现阶段能源与环境问题已经成为世界各国关注的焦点。物流是能源消耗的主要产业之一，也是碳排放大户，因此低碳物流已成为国内外理论研究的新热点。通过对车辆路径进行优化，减少运输过程中的迂回、对流等不合理的运输，能够极大地减少物流过程中的能源消耗和碳排放。因此，本小节聚焦于低碳物流背景下的车辆路径优化问题及其优化模型的构建。

1. 背景

车辆路径优化问题是一类求解较复杂的组合优化问题。研究的目标主要包括行驶路径最短、运费最低、时间最短、使用的车辆数最少等。随着能源短缺和环境污染等问题日趋严重，减少碳排放成为研究配送车辆路线优化问题的新视角。

本例从碳排放最小的角度研究车辆路径问题，实现降低车辆配送能耗、减少车辆排放的目的，将物流业可持续发展与节能减排和建设节约型社会的全新理念有效衔接。

2. 模型构建

1）问题描述

本例研究的碳排放最小的车辆路径优化问题可以描述为：一个物流配送中心，有装载量为 w 的车辆若干，负责对 n 个客户进行配送，客户的需求量为 g，求使用最少的车辆，并满足 CO_2 排放量最低的车辆行驶路径。

2）假设前提

（1）只有一个物流配送中心。

（2）物流配送中心和每个客户的位置已知。

（3）每个客户的需求量已知。

（4）车辆在对客户进行配送时不得超过其装载量。

（5）每个客户的需求必须得到满足。

（6）车辆为一种车型，且装载量已知。

（7）每个客户只能且必须访问一次。

（8）CO_2 排放量与车辆的燃油消耗量成正比，车辆燃油消耗量与车辆行驶距离和载货量有关，随着载货量的变化，单位吨位的货物燃油消耗也不同。

3）参数变量

m：物流配送中心车辆数量；

n：物流配送中心服务的客户数量；

w：车辆的装载量；

g_i：第 i 个客户的需求量；

d_{ij}：从客户 i 到客户 j 的配送距离；

t_{ij}：车辆由客户 i 驶向客户 j 过程中单位公里的 CO_2 排放量；

y_{ijk}：0–1 变量，车辆 k 经过客户 i 驶向 j 时取值 1，否则取值 0；

x_{ik}：0–1 变量，客户 i 需求由车辆 k 满足时取值 1，否则取值 0。

4）优化模型

将物流配送中心编号为 0，将客户依次编号为 i（$i=1$，2，…，n），则该优化问题的数学模型如下：

$$\min z = \sum_{i=0}^{n} \sum_{j=0}^{n} \sum_{k=1}^{m} d_{ij} y_{ijk} t_{ij} \tag{2-14}$$

$$\text{s.t.} \quad \sum_{i=1}^{n} g_i x_{ik} \leqslant w, \quad k=1,2,\cdots,m \tag{2-15}$$

$$\sum_{k=1}^{m} x_{ik} = 1, \quad i=1,2,\cdots,n \tag{2-16}$$

$$\sum_{i=1}^{n} y_{ijk} = x_{jk}, \quad j=0,1,\cdots,n；\ k=1,2,\cdots,m \tag{2-17}$$

$$\sum_{i=0}^{n} y_{ijk} = x_{ik}, \quad i=0,1,\cdots,n；\ k=1,2,\cdots,m \tag{2-18}$$

$$\sum_{i=0}^{n} \sum_{k=1}^{m} y_{0ik} = \sum_{j=0}^{n} \sum_{k=1}^{m} y_{j0k}, \quad k=1,2,\cdots,m \tag{2-19}$$

$$y_{ijk} = 0\text{或}1, \quad i=0,1,\cdots,n；\ j=0,1,\cdots,n；\ k=1,2,\cdots,m \tag{2-20}$$

$$x_{ik} = 0\text{或}1, \quad i=0,1,\cdots,n；\ k=1,2,\cdots,m \tag{2-21}$$

在模型中，式（2-14）为目标函数，式（2-15）为车辆载重量约束，式（2-16）限制每个客户只能且必须访问一次，式（2-17）和式（2-18）表示到达和离开每个客户的车辆只有一辆，式（2-19）表示每一辆车都是从物流配送中心出发，最后回到物流配送中心。式（2-20）和式（2-21）为整数约束。

四、物流线路优化

运输线路优化主要是选择起点到终点的最短路径，最短路径的度量单位可能是时间最短、距离最短或费用最低等。运输路线合理与否，直接影响着物流的速度和成本。因此，采用科学的方法进行线路优化设计是物流网络规划中非常重要的工作。在优化工作进行之前，需明确运输路线的类型、运输路线选择的目标等，从而确定运输路线优化的模型，从而得出最优方案。

1. 运输路线的类型

1) 往复式运输路线

往复式运输路线是指车辆在两个装卸作业点之间的路线上，作一次或多次重复运行的运输路线。这种运输路线的几何形状近似为直线型，可分为单程有载往复式、回程部分有载往复式和双程有载往复式三种。这三种路线类型中，双程有载往复式路线的里程利用率最高，而单程有载往复式的里程利用率最低，在实际的运输组织工作中应尽量避免选择单程有载往复式运输路线。

2) 环行式运输路线

环行式运输路线是指车辆在若干个装卸作业点组成的封闭回路上，作连续单向运行的运输路线。在环行式运输路线的选择中，以里程利用率最高为原则。

3) 汇集式运输路线

汇集式运输路线是指车辆沿分布于运行路线上各装卸作业点，依次完成相应的装卸作业，且每次货物装卸量均小于该车额定载重，直到整个车辆装满（或卸空）后返回出发点的行驶路线。这种形式的运输路线组织工作较为复杂，但有利于做到"取货上门，送货到家"，可有效满足客户需求，故在配送运输中被广泛应用。在汇集式运输路线的选择中，以运输费用最低为原则。

2. 运输路线选择的目标

运输路线选择的目标就是运输路线的合理化。所谓运输路线合理化就是按照货物流通规律组织货物运输，力求用最少的劳动消耗获得最高的经济效益，即在完成货运任务、满足客户需求的前提下，使货物运输经过最短的里程，用最少的环节，花费最少的时间和最低的成本。运输路线合理化是物流企业运输管理的最基本要求，合理化的运输路线可以节省运力、缩短运输时间，最终表现为节约运输成本和提高运输质量，增强物流企业的竞争力。在确定运输路线选择目标时，可根据物流企业情况，选择如下具体目标。

1) 以效益最大或成本最小为目标

即以利润最大化或成本最小化为目标，此目标是运输路线选择时常用的一个目标。

2) 以里程最短为目标

当运输成本与运输里程相关性较强，与其他因素相关性较弱时，运输里程最短的实质是运输成本最低，则可考虑以运输里程最短为目标；当运输成本不能通过运输里程来反映时，如道路收费和运行条件严重影响成本，单以最短里程作为目标就不适宜。

3）以配送服务水平最优为目标

当准时配送要求成为第一位或需要牺牲成本来确保服务水平时，则需要以服务水平作为首选目标。这种成本的损失可以从其他方面弥补回来，如优质服务可采用较高的价格策略等。

4）以运输周转量最小为目标

在完成运输任务的前提下，运输周转量越小，运输费用有可能越低。实际上，企业物流配送的运输路线选择常常不是以实现上述一个目标来操作的，而是多个目标的综合，涉及多目标决策问题。例如，某商业流通型企业物流配送中心为城区众多零售企业配送，送货司机选择的配送线路常常不是路径最短的线路，而是配送时间最短、红绿灯数量最少、街道最不拥挤的线路，其次才考虑配送距离远近的问题。

3. 运输路线选择的优化模型

要实现运输路线的优化，必须使用系统分析等科学方法，合理制定运输方案，防止对流、过远等不合理运输的发生，实现满意的运输活动。所谓系统分析方法即把运输活动视为一个由多种因素组成的相互影响、相互制约的整体，把影响系统功能的各种因素，模拟成约束条件，在客观因素定量化的前提下，加以系统组合，形成严密的数学模型，运用运筹学、人工智能等方法进行定量分析，从中选择最优方案。

运输问题的一般提法：某种物资有若干产地和销地，现在需要把这种物资从各个产地运到各个销地，产量总数等于销量总数。已知各产地的产量和各销地的销量以及各产地到各销地的单位运价（或运距），问应如何组织调运，才能使总运费（或总运输量）最低（或最大）？模型如下：

$$\min z = \sum_{i=1}^{m}\sum_{j=1}^{n} c_{ij} x_{ij}$$

$$\sum_{i=1}^{m} x_{ij} = b_j, \quad j = 1, 2 \cdots, n$$

$$\sum_{j=1}^{n} x_{ij} = a_i, \quad i = 1, 2 \cdots, m \tag{2-22}$$

$$x_{ij} \geq 0$$

产销平衡的条件：

$$\sum_{i=1}^{m} a_i = \sum_{j=1}^{n} b_j \qquad （2-23）$$

例 2-1　某汽车零件制造商，在不同地方开设了 3 个工厂，从这些工厂将汽车零件运至设在全国各地的 4 个仓库，并希望运费最低。表 2-4 列出了运价以及 3 个厂的供应量和 4 个仓库的需求量。试求出运费最低的运输方案。

表 2-4　某汽车零件制造商供需图

工厂	仓库				供应量 / 件
	1	2	3	4	
1	2	1	3	4	50
2	2	2	4	1	30
3	1	4	3	2	70
需求量 / 件	40	50	25	35	150

解：（1）用最小元素法给出初始运输方案，见表 2-5。

表 2-5　初始运输方案

工厂	仓库				供应量 / 件
	1	2	3	4	
1	2	**50** 1	3	4	50
2	2	2	4	**30** 1	30
3	**40** 1	4	**25** 3	**5** 2	70
需求量 / 件	40	50	25	35	150

表 2-5 中加粗的数字表示运输量。

（2）用位势法求空格检验数。

①对基格，令 $u_i + v_j = c_{ij}$，得

$$\begin{cases} u_1 + v_2 = c_{12} = 2 \\ u_1 + v_3 = c_{13} = 3 \\ u_2 + v_4 = c_{24} = 1 \\ u_3 + v_1 = c_{31} = 1 \\ u_3 + v_3 = c_{33} = 3 \\ u_3 + v_4 = c_{34} = 2 \end{cases} \Rightarrow u_1 = 0 \begin{cases} u_1 = 0 \\ u_2 = -1 \\ u_3 = 0 \\ v_1 = 1 \\ v_2 = 2 \\ v_3 = 3 \\ v_4 = 2 \end{cases}$$

②对空格，令 $\sigma_{ij} = c_{ij} - \left(u_i + v_j \right)$ 得

$$\begin{cases} \sigma_{11} = c_{11} - \left(u_1 + v_1 \right) = 2 - \left(0 + 1 \right) = 1 \\ \sigma_{14} = c_{14} - \left(u_1 + v_4 \right) = 5 - \left(0 + 2 \right) = 3 \\ \sigma_{21} = c_{21} - \left(u_2 + v_1 \right) = 2 - \left(-1 + 1 \right) = 2 \\ \sigma_{22} = c_{22} - \left(u_2 + v_2 \right) = 2 - \left(-1 + 2 \right) = 1 \\ \sigma_{23} = c_{23} - \left(u_2 + v_3 \right) = 4 - \left(-1 + 3 \right) = 2 \\ \sigma_{32} = c_{32} - \left(u_3 + v_2 \right) = 4 - \left(0 + 2 \right) = 2 \end{cases}$$

检验数均为非负，故当前方案为最优方案，运费计算如下：

$x_{12}^* = 50, x_{24}^* = 30, x_{31}^* = 40, x_{33}^* = 25, x_{34}^* = 5$，其余全为 0。

$z^* = 50 \times 1 + 30 \times 1 + 40 \times 1 + 25 \times 3 + 5 \times 2 = 205$（元）。

本章小结

本章首先从物流的概念出发引出物流系统的定义，分析了物流系统的特点和要素构成；进而介绍了物流系统分析的概念、要点与准则以及常见的系统分析方法；最后，从优化物流系统的角度介绍了包括物流选址优化、物流配送优化、物流线路优化等内容，以提升物流效率、降低物流成本以及增强物流服务质量。

即测即练

复习思考题

1. 论述物流系统功能要素之间的目标冲突。

2. 简述物流系统分析的步骤。

3. 简述单设施选址模型及其求解算法。

4. 简述运输路线选择的目标及优化模型。

第三章　运输管理

思维导图

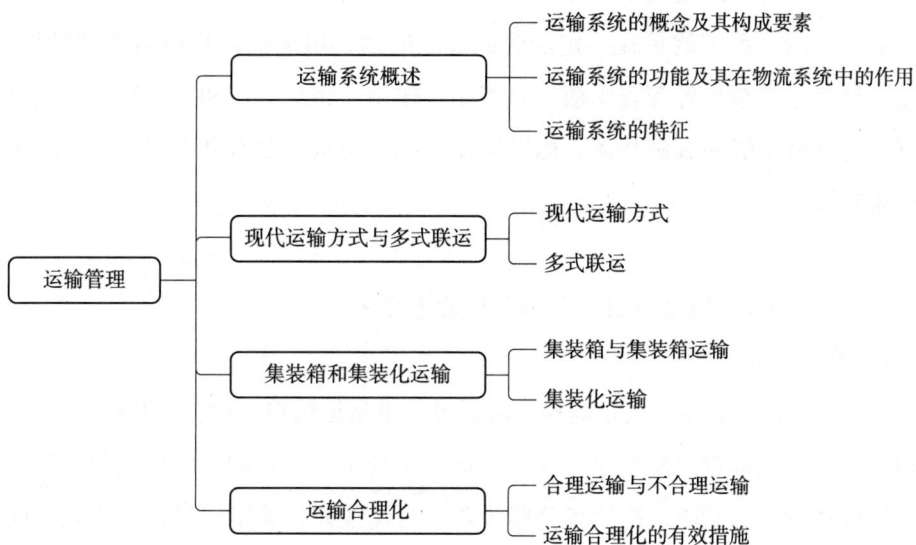

运输管理
- 运输系统概述
  - 运输系统的概念及其构成要素
  - 运输系统的功能及其在物流系统中的作用
  - 运输系统的特征
- 现代运输方式与多式联运
  - 现代运输方式
  - 多式联运
- 集装箱和集装化运输
  - 集装箱与集装箱运输
  - 集装化运输
- 运输合理化
  - 合理运输与不合理运输
  - 运输合理化的有效措施

学习目标

1. 了解运输系统的相关概念和理论。

2. 熟悉现代运输方式的特性和发展。

3. 掌握运输合理化的措施。

能力目标

1. 了解现代运输发展趋势，提高文献检索和数据分析能力。

2. 熟悉现代运输方式之间的差异，提高归纳分析的能力。

3. 掌握运输合理化的逻辑，提高系统优化分析的能力。

导入案例

第一节　运输系统概述

一、运输系统的概念及其构成要素

运输系统是由运输诸要素组成的，各要素间相互联系并使运输功能合理化。换句话说，运输系统就是在一定的时间和空间内，由运输过程所需的基础设施、运输工具和运输参与者等若干动态要素相互作用、相互依赖和相互制约所构成的具有特定运输功能的有机整体。构成运输系统的要素主要有基础设施、运输工具和运输参与者。

1. 基础设施

基础设施又分为运输线路与运输节点两个要素。

1）运输线路

运输线路是供运输工具定向移动的通道，也是运输赖以运行的基础设施之一，是构成运输系统最重要的要素。在现代运输系统中，主要的运输线路有公路、铁路、航线和管道。其中，铁路和公路为陆上运输线路，除了引导运输工具定向行驶外，还须承载运输工具、货物或人的重量。航线有水运航线和空运航线，主要起引导运输工具定位、定向行驶的作用，运输工具、货物或人的重量由水或空气的浮力支撑。管道是一种相对特殊的运输线路，由于其严密的封闭性，所以既充当了运输工具，又起到了引导货物流动的作用。

2）运输节点

所谓运输节点，是指以连接不同运输方式为主要职能，处于运输线路上的承担货物集散、运输业务办理、运输工具保养和维修的基地与场所。运输节点是物流节点中的一种类型，属于转运型节点。公路运输线路上的停车场（库）、货运站，铁路运输线路上的中间站、编组站、一区段站、货运站，水运线路上的港口、码头，空运线路上的空港，管道运输线路上的管道站等，都属于运输节点范畴。一般而言，由于运输节点处于运输线路上，又以转运为主，所以货物在运输节点上停滞的时间较短。

2. 运输工具

运输工具是指在运输线路上用于装载货物并使其发生位移的各种设备和装置，它们是运输能够进行的基础设备，也是运输得以完成的主要手段。运输工具根据从事运送活动的独立程度可以分为3类：①仅提供动力，不具有装载货物容器的运输工具，如铁路机车、牵引车、拖船等。②没有动力，但具有装载货物容器的从动运输工具，如车皮、挂车、驳船、集装箱等。③既提供动力，又具有装载货物容器的独立运输工具，如轮船、汽车、飞机等。

管道运输是一种独特的运输方式，其动力设备与载货容器的组合较为相似，但载货容器为干管，动力装置为泵（热）站。因此，设备总是固定在特定的空间内，不能像其他运输工具那样可以凭借自身的移动带动货物移动，故可将泵（热）站视为运输工具，甚至可以连同干管一起视为运输工具。

3. 运输参与者

运输活动的主体是运输参与者，运输活动作用的对象（运输活动的客体）是货物。货物的所有者是物主或货主。运输必须由物主和运输参与者共同参与才能进行。

1）物主

物主包括托运人（或称委托人）和收货人，有时托运人与收货人是同一主体，有时不是。不管是托运人托运货物，还是收货人收到货物，他们都希望在规定的时间内，以最低的成本、最小的损耗和最方便的业务操作，将货物从起始地转移到指定的地点。

2）承运人

承运人是指运输活动的承担者，其可能是铁路货运公司、航运公司、民航货运公司、储运公司、物流公司或个体运输业者等。承运人是受托运人或收货人的委托，按委托人的意愿以最低成本完成委托人委托的运输任务，同时获得运输收入。承运人根据委托人的要求或在不影响委托人要求的前提下合理地组织运输和配送，包括选择运输方式、确定运输线路、进行货物配载等。

3）货运代理人

货运代理人是根据用户的指示，为获得代理费用而招揽货物、组织运输的人员，其本人不是承运人。他们负责把来自各用户的小批量货物合理组织起来，以大批量装载，然后交由承运人进行运输。待货物到达目的地后，货运代理人再把该大批量装载拆分成原先较小的装运量，送往收货人。货运代理人的主要优势在于大批量装载可以实现较低的费率，并从中获取利润。

4）运输经纪人

运输经纪人是替托运人、收货人和承运人协调运输安排的中间商，其协调的内容包括装运装载、费率谈判、结账和货物跟踪管理等。经纪人也属于非作业中间商。

二、运输系统的功能及其在物流系统中的作用

1. 运输系统的功能

一般来说，物质产品的生产地与消费地是不一致的，即存在位置背离，只有消除这种位置背离，物质产品的使用价值才能实现。也就是说，物质产品只有通过运输，才可能进入消费领域，从而实现物质产品的使用价值，满足社会的各种需求。从这个意义上说，运输有如下两大功能：

1）产品转移

运输系统的主要功能就是使产品在价值链中移动，即通过改变产品的地点与位置，消除产品的生产与消费之间在空间位置上的背离，或将产品从效用价值低的地方转移到效用价值高的地方，创造出产品的"空间效用"。另外，因为运输的主要目的是以最短的时间完成产品从原产地到规定地点的转移，所以运输能使产品在要求的时间内到达目的地，创造出产品的"时间效用"。

2）产品储存

如果转移中的产品需要储存，且又将在短时间内重新转移，而卸货和装货的成本费用也许会超过储存在运输工具中的费用，这时可将运输工具作为暂时的储存场所。这样，运输也具有临时的储存功能。

通常以下几种情况需要将运输工具作为临时储存场所：一是货物处于转移中，

运输的目的地发生改变，产品需要临时储存；二是起始地或目的地的仓库储存能力有限，将货物装在运输工具内临时储存。

当然，用运输工具储存货物可能比较昂贵，但如果综合考虑物流总成本，包括运输途中的装卸成本、储存能力的限制、装卸的损耗或延长的时间等，那么，选择运输工具对货物进行短时储存往往是合理甚至必要的。

2. 运输在物流系统中的作用

1）运输是物流系统功能要素的核心

一般来说，运输功能创造了产品的空间效用，储存功能创造了物品的时间效用，流通加工功能则创造了物品的形态效用，而物流系统的其他功能都围绕这三大功能展开。但是，三者在物流中的地位是不同的。

在社会化大生产的条件下，产品生产和消费在位置空间上的背离矛盾不但不会消除，而且会呈现出扩大的趋势。这种趋势带来的直接影响就是对物流业，特别是对运输业务产生越来越大的需求，这在客观上突出了运输功能的主导作用。与此同时，随着生产技术的发展和管理水平、信息化程度的提高，生产企业可以做到柔性化和定制化，以此缩短产品生产与消费在时间上的差距，而流通和消费企业通过计划采购或计划订货，也可以实现这一目标。企业根据流通和消费企业的订货计划和要求，将企业用户需要的原材料、零部件或商品按品种和数量，及时准确地运送到生产线或消费地，进入消耗或消费领域，使生产、流通和消费之间做到无缝连接。这些变化强化了运输和其他物流功能的作用，降低或消除了储存功能的作用，使得通过储存保管实现物品的时间效用呈现出弱化趋势。虽然流通加工可以更好地满足用户的要求，如蔬菜的洗切加工、玻璃的套裁加工等可以促进销售，但这些加工后的物品要借助于运输或配送的紧密配合才能使用户的消费得以最终实现。也就是说，流通加工只有借助运输或配送才能实现物品的形态效用。

综合上述分析，在物流系统的三大效用功能要素中，运输功能的主导地位和核心要素作用日益凸显，是物流系统最核心的功能要素。

2）运输是实现物流合理化的关键

物流的合理化是指在各物流子系统合理化基础上形成最优的物流系统整体功能，即系统以尽可能低的成本创造更大的空间效用、时间效用和形态效用，或者说以最低成本为用户提供更好的物流服务。物流系统由7个功能要素的子系统构成，其整体的合理化是在各物流子系统合理化的基础之上，通过物流各子系统之间的有机结合来实现的。不过物流各功能要素在物流整体功能合理化的过程中所发挥的作用有所不同，其中，运输是实现物流合理化的关键，这是因为：①在科学技术不断进步、生产社会化和专业化程度不断提高的今天，一切物质产品的生产和消费均离不开运输，它作为物流系统中的动脉系统，是物流创造空间效用的主要功能要素，在物流系统整体功能合理化的过程中发挥着中心环节的作用。②运输与物流活动中的其他环节有着较为密切的关系，运输活动的合理与否能直接或间接影响到其他物流活动的合理化程度。③运输费用在全部物流费用中占有较大比重，是影响物流成本的一个重要因素。

3）运输体系的完善是实现物流社会化的基础

目前，物流运输业正在不断发展与完善，大力发展公路、铁路、水运和航空的联合运输，鼓励货物运输的高速化与集装箱化，建立集约化的物流中心，实行物资的及时与共同配送，正在成为交通运输业的主要发展方向。在运输体系不断完善的过程中，交通运输业的内部也形成了自己的专业化分工。行业的基础层是公路、铁路、水运和航空运输公司，它们主要保障运输线路的畅通并及时进行运输工具的调度，以确保运输时间与运输质量满足客户对行业的要求；另一层面是那些直接承接运输业务的综合性物流公司，它们根据客户的具体要求，为其设计出完整的运输方案，并综合运用多种运输方式，及时完成物品在交易主体之间的转移。这样一个立体的运输网络就形成了，每个企业都能够通过这个网络以较低的成本构建自己的供应链，实现自己的物流计划，从而为物流社会化的实现提供基础条件。

三、运输系统的特征

物流运输系统不仅具有一般系统所共有的特征，即整体性、目的性、相关性、层次性、动态性和环境适应性，而且还具有其自身显著的特征。

1.运输服务可以通过多种运输方式实现

各种运输方式对应于各自的技术特性，有不同的运输单位、运输时间和运输成本，因而各运输方式的服务质量也有所不同。也就是说，运输服务的使用者，可以根据货物的性质、大小、所要求的运输时间、所能负担的运输成本等条件来选择相适应的运输方式或多种运输方式的合理组合，实行联合运输。

2.运输服务可分为自用型和营业型两种形态

自用型运输多见于公路运输，水路运输中也有少量。而航空、铁路等需要巨大投资的运输方式，自用型运输难以开展。营业型运输在公路、铁路、水路、航空等运输业者中广泛开展。对于一般企业来讲，可以在自用型和营业型运输之间进行选择。最新的趋势是运输业者逐渐从自用型向营业型运输方式转变。

3.运输存在实际运输和利用运输两种形式

实际运输是实际利用运输手段进行运输，完成商品在空间上的移动。利用运输是指运输业者自己不直接从事商品运输，而是将运输服务委托给实际运输商。这种利用运输的代表就是代理型运输业者。

4.运输服务业竞争激烈

运输服务业者不仅在各自的行业内开展相互竞争，而且还与运输方式不同的其他运输企业开展竞争。虽然各运输方式都存在着一些与其特性相适应的不同运输对象，但是，也存在着多种运输方式都适合承运的货物，这类货物的运输就形成了不同运输手段、不同运输业者之间的相互竞争关系。

5.运输系统的现代化趋势

铁路、公路、水运、航空和管道五种现代化运输方式的特点也不尽相同，各有其不同的适用范围。合理地选择运输方式不仅能提高运输效率，降低运输成本，而且还会对整个物流系统的合理化产生积极的影响。因此，掌握各种运输方式的特点，了解现代交通运输的发展方向，对优化物流系统和合理组织物流活动十分重要。

第二节　现代运输方式与多式联运

一、现代运输方式

1.五种运输方式概述

运输方式是指在生产生活中将货物从一个地方运输到另一个地方时选择不同的路线，使用不同的工具形成的不同的运输方式。现代运输方式包括铁路运输、公路运输、水路运输、航空运输和管道运输五种方式。

1）铁路运输

铁路运输是使用在轨道上运行的列车载运旅客和货物的运输方式。它是一种现代陆地运输方式，以机车或动车牵引车列，沿着两条平行的钢轨运送旅客和货物。铁路运输在现代运输系统中占有重要地位。

2）水路运输

水路运输是以船舶、排筏等作为交通工具，在海洋、江河、湖泊、水库等水域沿航线载运旅客和货物的一种运输方式。

3）公路运输

公路运输一般指汽车运输。汽车运输既在城市间、城市和乡镇之间的公路上进行，也在城市内的道路上进行，因此，汽车运输包括城市间公路运输和城市内汽车运输。公路和城市道路的划分主要出于行政管理上的需要，两者在运输组织方式上没有本质的区别。

4）航空运输

航空运输是使用飞机、直升机及其他航空器运送人员、货物的一种运输方式。它具有快速、机动的特点，是现代旅客运输，尤其是远程旅客运输的重要方式。是国际贸易中贵重物品、鲜活货物和精密仪器运输所不可或缺的方式。

5）管道运输

管道运输是用管道作为运输工具的一种长距离输送液体和气体物资的运输方式，是一种专门由生产地向市场输送天然气、石油、煤浆和化学工业液体产品的运输方式，是统一运输网中干线运输的特殊组成部分。有时气动管（pneumatic tube）也可以做到类似工作。

五种运输方式特点不尽相同，各有其不同的适用范围，见表3-1。合理地选择运输方式不仅能提高运输效率、降低运输成本，而且还会对整个物流系统的合理化产生积极的影响。

表3-1　五种运输方式

特点及适用性	运输方式				
	铁路运输	公路运输	水路运输	航空运输	管道运输
优点	①运行速度快；②运输能力强；③受自然条件限制小；④通用性能好；⑤到达时间准确性高；⑥运行平稳安全可靠；⑦平均运距长于公路、管道运输，短于水路和航空运输	①机动灵活，货损少，速度快，可门到门；②投资少	①运输能力大；②在条件好的航道通过能力几乎不受限制；③通用性能良	①运行速度快；②机动性能好	①运量大；②工程量小且占地少；③能耗小；④安全可靠无污染；⑤成本低；⑥不受气候影响；⑦封闭运输、损耗小

续表

特点及适用性	运输方式				
	铁路运输	公路运输	水路运输	航空运输	管道运输
缺点	①投资高；②建设周期长	①能力弱；②能耗高；③成本高，劳动生产率低	①受自然条件影响大；②运送速度慢	①飞机造价高；②能耗大；③能力弱；④成本很高；⑤技术复杂	①专用性强；②起运量与最高运输量间幅度小
适用等	内陆地区运送中长距离、大运量、时间性强、可靠性高的货物	内陆地区短途货运，与其他方式联运，以及在远离铁路的区域从事干线运输	运距长、运量大、时间性不强的各种大宗物资运输	体积小且价值高的物资、鲜活物品、邮件等货运	只运输石油、天然气、固体料浆等

2. 现代运输方式的"现代"性

现代运输方式的"现代"主要体现在技术先进性、高效与快捷性、多元化与综合性、环保与可持续性、高质量性等五个方面。

1）技术先进性

现代运输广泛采用先进的科技。例如：

（1）交通工具科技含量高：飞机采用先进的航空材料和发动机技术，确保高效、安全的长途运输。高铁采用高速动车组技术，实现快速、平稳的客运和一定量的货运。各种运输工具都配备了精密的导航系统、通信系统和安全监测设备，如全球定位系统（GPS）、自动驾驶辅助系统等，提高运输的准确性和安全性。

（2）物流管理信息化：通过物联网、大数据、人工智能等技术，实现货物的实时跟踪、库存管理优化和运输路线规划。企业可以利用物流信息平台，整合供应链各环节的数据，提高物流效率，降低成本。

2）高效与便捷性

现代运输追求更高的效率和速度。例如：

（1）速度提升：航空运输可以在短时间内跨越长距离，大大缩短了全球各地之间的时空距离。高铁的速度远高于传统铁路，使城市之间的往来更加便捷。

（2）运输流程优化：现代港口采用自动化装卸设备和高效的物流管理系统，减少货物装卸时间和船舶停留时间。公路运输通过高速公路网络和智能交通系统，提高车辆行驶速度和道路通行能力。

3）多元化与综合性

现代运输方式呈现出多元化和综合性的特点。具体表现为：

（1）多种运输方式协同发展：不同的运输方式相互配合，形成综合运输体系。如"公铁联运""海铁联运"等，充分发挥各种运输方式的优势，实现货物的无缝衔接运输。

（2）满足不同需求：既可以满足大规模货物运输的需求，如海运集装箱运输，也可以提供个性化的运输服务，如快递、同城配送等，满足消费者对小批量、高时效货物的需求。

4）环保与可持续性

现代社会对环境保护的要求越来越高，运输业也在朝着环保和可持续的方向发展。具体包括：

（1）节能减排：运输工具不断改进发动机技术，提高燃油效率，减少废气排放。同时，新能源运输工具如电动汽车、混合动力汽车、电动船舶、氢燃料电池飞机等逐渐得到推广应用。

（2）绿色物流：采用环保包装材料、优化运输路线、推广共同配送等方式，降低物流对环境的影响。

5）高质量性

现代运输注重提供高质量的服务。例如：

（1）客户体验优化：运输企业通过提供在线预订、实时查询、货物保险等服务，方便客户使用运输服务，并提高客户满意度。在客运方面，提供舒适的乘坐环境、优质的餐饮服务等，提升旅客的出行体验。

（2）专业化服务：针对不同行业的特殊需求，提供专业化的运输解决方案。冷链物流服务于生鲜食品行业，危险品运输服务于化工行业等，确保货物在运输过程中的安全和质量。

二、多式联运

1. 多式联运的定义及其特征

多式联运是一种以实现货物整体运输的最优化效益为目标的运输组织形式。它通常以集装箱为运输单元，将不同的运输方式有机地组合在一起，构成连续的、综合性的一体化货物运输。通过一次托运、一次计费、一份单证、一次保险，由各运输区段的承运人共同完成货物的全程运输，即将货物的全程运输作为一个完整的单一运输过程来安排。

多式联运按照是否跨越国界分为国内多式联运和国际多式联运。一般未指明的多式联运为国际多式联运，它必须具备以下特征或称基本条件：

（1）必须具有一份多式联运合同。该运输合同确定了多式联运经营人与托运人之间权利、义务、责任与豁免的合同关系和运输性质，也是区别多式联运与一般货物运输方式的主要依据。

（2）必须使用一份全程多式联运单证。该单证应满足不同运输方式的需要，并按单一运费率计收全程运费。

（3）必须是至少两种不同运输方式的连续运输。

（4）必须是国际货物运输。这不仅是区别于国内货物运输，主要还涉及国际运输法规的适用问题。

（5）必须由一个多式联运经营人对货物运输全程负责。该多式联运经营人不仅是订立多式联运合同的当事人，也是多式联运单证的签发人。当然，在多式联运经营人履行合同所规定的运输责任的同时，可将全部或部分运输委托他人（分承运人）完成，并订立分运合同。但分运合同的承运人与托运人之间不存在任何合同关系。

2. 多式联运的优越性

多式联运是一种比区段运输更高级的运输组织形式，与区段运输方式相比，多式联运具备以下优势：

1）责任统一，手续简便

在多式联运方式下，不论全程运输距离多远，需要使用多少种不同的运输工具，途中需要经过多少次转换，一切运输事宜统一由一个多式联运经营人负责办理，而货主只要办理一次托运、签订一个合同、支付一笔全程单一运费并取得一份联运单据。由于责任统一，一旦发生问题，也只要找多式联运经营人便可解决问题。与单一运输方式的分段托运、多头负责相比，不仅手续简便，而且责任更加明确。

2）减少中间环节，缩短货运时间

多式联运通常是以集装箱为媒介的直达连贯运输，货物从发货人仓库装箱验关铅封后直接运至收货人仓库交货，中途无须拆箱卸载，减少很多中间环节，即使经多次换装，也都是使用机械装卸，不触及箱内货物，货损货差和丢失事故大为减少，从而保证货物安全和货运质量。此外，由于是连贯运输，各个运输环节和各种运输工具之间配合密切，衔接紧凑，货物所到之处中转迅速及时，减少在途停留时间，故能较好地保证货物安全、迅速、准确、及时地运抵目的地。

3）降低运输成本，节省运输杂费

多式联运是实现"门到门"运输的有效方法。对货方来说，货物装箱或装上第一程运输工具后就可取得联运单据进行结汇，结汇时间提早，有利于加速货物资金周转，减少利息支出。采用集装箱运输，还可以节省货物包装费用和保险费用。此外，多式联运全程使用一份联运单据和单一运费，大大简化了制单和结算手续，节省大量人力物力，尤其是便于货方事先核算运输成本，选择合理运输路线，为开展贸易提供了有利条件。

4）实现"门到门"运输的有效途径

多式联运综合了各种运输方式，优势互补，组成直达连贯运输，不仅缩短运输里程，降低运输成本，而且加速货运周转，提高货运质量，是组织合理运输、取得最佳经济效果的有效途径。采用多式联运，可以把货物从发货人的仓库直运至收货人的仓库，为实现"门到门"的直达连贯运输奠定了有利基础，类似于工业自动化生产线，多式联运可以说是运输大生产的自动化生产线。

3. 多式联运的组织形式

多式联运的运输形式包括国内多式联运和国际多式联运。

1）国内多式联运的主要形式

（1）水水联运。水水联运涉及两种或多种水上运输方式，如海运与内河航运的结合。

（2）陆陆联运。陆陆联运涉及陆地运输方式的转换，如公路与铁路的结合。公铁联运模式通过整合公路和铁路的运输资源，一方面可抵御道路封控、极端天气带来的不可控风险，有效提升市场响应速度和能力，确保产品及时满足市场需求；另一方面，公铁联运全程使用集装箱作为载运单元，运输过程实现"一箱到底"，减少中间装卸搬运环节，降低货物损伤的风险。

（3）水陆联运。水陆联运结合水上运输与陆地运输，如水上运输与公路运输的结合、水上运输与铁路运输的结合。其中，铁水联运是多式联运中的重要一种。铁路和水路均有运量大、成本低、绿色低碳的特点，也分别拥有自己的优势。铁水联运可以将二者的优点结合，进一步发挥水路、铁路运输的比较优势和综合运输的组合效率，推动沿海和内河港口集装箱、大宗货物等运输高质量发展。2023

年，全国港口集装箱铁水联运量累计完成超 1170 万标箱，同比增长 11.7%。其中沿海港口集装箱铁水联运量完成约 1100 万标箱，长江、珠江等内河港口铁水联运量约 72 万标箱。

2）国际多式联运的主要形式

（1）海陆联运。海陆联运是多式联运的主要组织形式，也是远东—欧洲多式联运的主要组织形式之一。组织和经营远东—欧洲海陆联运业务的公司，如班轮公会的丹麦马士基等，以及非班轮公会的中国远洋运输公司等。这种组织形式以航运公司为主体，签发联运提单，与航线两端的内陆运输部门开展联运业务，与陆桥运输展开竞争。三条主要集装箱航线是：远东—北美航线（太平洋航线），远东—欧洲、地中海航线，北美—欧洲、地中海航线（大西洋航线）。

（2）陆桥运输。在多式联运中，陆桥运输（land bridge service）起着非常重要的作用。它是远东—欧洲国际多式联运的主要形式。所谓陆桥运输是指采用集装箱专用列车或卡车，把横贯大陆的铁路或公路作为中间"桥梁"，使大陆两端的集装箱海运航线与专用列车或卡车连接起来的一种连贯运输方式。严格地讲，陆桥运输也是一种海陆联运形式。只是因为其在国际多式联运中的独特地位，故在此将其单独作为一种运输组织形式。目前，陆桥运输线路有亚欧大陆桥和北美陆桥系统。其中亚欧大陆桥包括：西伯利亚大陆桥（或称第一亚欧大陆桥）和新亚欧大陆桥（或称第二亚欧大陆桥），而北美陆桥包括北美大陆桥、北美微陆桥。

（3）海空联运。海空联运又称空桥运输（air bridge service）。在运输组织方式上，空桥运输与陆桥运输有所不同：陆桥运输在整个货运过程中使用的是同一个集装箱，不用换装，而空桥运输的货物通常要在航空港换入航空集装箱。两者的目标是一致的，即以低费率提供快捷、可靠的运输服务。

4. 多式联运的标准化与规范化

2023 年 12 月 1 日，交通运输部组织编制的《多式联运货物分类与代码》（GB/T 42820—2023）和《多式联运运载单元标识》（GB/T 42933—2023）两项国家标准实施。两项国家标准的发布实施将为多式联运规范发展提供指导，对于加快推进多式联运"一单制""一箱制"发展，构建支撑国内国际双循环的现代物流服务体系具有重要意义。

《多式联运货物分类与代码》给出了多式联运货物的分类原则和方法，规定了代码结构和编码方法，以及 19 个大类、116 个中类的货物分类，并规定代码适用于多式联运货物信息的统计、处理与交换。该标准与现行公路水路运输领域行业标准《运输货物分类和代码》（JT/T 19—2001）、铁路运输领域行业标准《铁路货物运输品名分类与代码》（TB/T 2690—1996）保持兼容，从国家层面系统推进我国运输货物分类标准化、规范化建设。

多式联运运载单元（简称"运载单元"）是多式联运运作的基础，必须做到标准通用、装备衔接，才能更好地实现一箱到底、一单到底。《多式联运运载单元标识》统一了多式联运运载单元的标识及标记要求，有利于保证运载单元标识的唯一性，使运载单元的状态、箱主和注册等信息可以被实时监控。同时，为企业生产集装箱、半挂车和交换箱体提供装备"身份证号"，为物流企业运营提供信息化管理手段，对促进国家多式联运发展具有重要意义。

第三节　集装箱和集装化运输

一、集装箱与集装箱运输

1.集装箱

集装箱（freight container），从英文词义上解释是一种货运容器，指具有一定容积，适合于在各种不同运输方式中转运，具有一定强度和刚度、能反复使用的金属箱。集装箱是现代物流的重要工具，它加速了货物在全球范围内的周转，也加快了全球范围内的产业结构调整。

关于集装箱的定义，不同国家、地区和组织的表述有所不同。现以国际标准化组织（ISO）对集装箱的定义作以下介绍，ISO定义集装箱为一种运输设备，应满足以下要求：

（1）具有足够的强度，在有效使用期内能反复使用。

（2）适用于一种或多种运输方式运送货物，途中无须倒装。

（3）设有供快速装卸的装置，便于从一种运输方式转到另一种运输方式。

（4）便于箱内货物装满和卸空。

（5）内容积大于或等于 $1m^3$（$35.3ft^3$）。

注：集装箱不包括车辆，也不包括一般包装。

集装箱按主体材料分类包括：钢制集装箱、铝制集装箱、不锈钢制集装箱、玻璃钢制集装箱；按结构分类包括：内柱式和外柱式集装箱、折叠式和固定式集装箱、预制骨架式集装箱和薄壳式集装箱；按用途分类包括：通用干货集装箱、保温集装箱、罐式集装箱、散货集装箱、台架式集装箱、平台集装箱、敞顶集装箱、汽车集装箱等。

为了有效地开展国际集装箱多式联运，必须强化集装箱标准化，应进一步做好集装箱标准化工作。集装箱标准按使用范围分，有国际标准、国家标准、地区标准和公司标准四种。

1）国际标准集装箱

1961 年 6 月，ISO 建立了集装箱技术委员会（ISO/TC104），启动了国际集装箱标准制修订工作。在 ISO/TC104 的组织下，一系列国际集装箱标准得以制定，并得到全世界主要国家的支持和认同。2020 年，最新标准 ISO 668：2020 "Series 1 freight containers–Classification，dimensions and ratings" 发布。

ISO 668：2020 标准规定了集装箱的外形尺寸、重量限制、主体材料等方面的要求。根据这个标准，集装箱的长度通常为 20ft（约 6.1m）、40ft（约 12.2m）或 45ft（约 13.7m），货物的宽度一般为 8ft（约 2.44m），高度为 8.5ft（约 2.59m）。此外，标准还规定了集装箱的构造要求，如底部强度、顶部强度、侧壁强度等。集装箱还需要具备适应各种气候条件和运输环境的能力，保证货物的安全。

目前在世界上流通使用的第一系列集装箱中，通用的是 20ft 和 40ft 集装箱，即第一系列中的 1C 和 1A 型集装箱。其他型号规格的集装箱在实际运输中使用。

为了便于统计集装箱的吞吐量、集装箱码头的通过能力以及机械的装卸效率，国际上通常以一个 20ft 集装箱作为一个当量箱（用 TEU 表示）来进行换算。因此，20ft 集装箱又称标准箱，其换算方法如下：

40ft 集装箱 = 2TEU；30ft 集装箱 = 1.5TEU；20ft 集装箱 = 1TEU；10ft 集装箱 = 0.5TEU。

2）国家标准集装箱

各国政府参照国际标准并考虑本国的具体情况，制定本国的集装箱标准。1980 年 3 月，我国国家标准化管理委员会（原质检技术监督局标准化司）建立了集装箱技术委员会（SAC/TC6），启动了我国集装箱标准制修订工作。2001 年以来，集装箱标委会由国家标准化管理委员会统一领导，并受国家标准化管理委员会委托由交通运输部进行行业归口管理。在 SAC/TC6 的组织下，我国集装箱标准化工作全面展开。2023 年 3 月，国家市场监督管理总局、国家标准化管理委员会发布最新的国家标准《系列 1 集装箱 分类、尺寸和额定质量》（GB/T 1413—2023），该标准等同采用 ISO 668：2020，旨在适应集装箱运输的需求，并考虑了集装箱运输船舶和箱型的大型化趋势。具体的集装箱标准规格，见表 3-2 所示。

表 3-2　我国国内集装箱标准与规格（GB/T 1413—2023）

集装箱型号	长度（L）				宽度（W）				高度（H）						额定重量（R^a）（总质量）	
		公差		公差		公差		公差		公差				公差		
	mm	0~10	ft 和 in	in	mm		ft	in	mm		ft 和 in		in		kg	lb
1EEE	13716	0~10	45′	0~3/8	2438	0~5	8	0~3/16	2896[b]	0~5	9′6″		0~3/16		30480	67200[a]
1EE									2591[b]	0~5	8′6″		0~3/16		30480	67200[a]
1AAA	12192	0~10	40′	0~3/8	2438	0~5	8	0~3/16	2896[b]	0~5	9′6″		0~3/16		30480[a]	67200[a]
1AA									2591[b]	0~5	8′6″		0~3/16			
1A									2438	0~5	8′		0~3/16			
1AX									<2438		<8′					
1BBB	9125	0~10	29′11 1/4″	0~3/8	2438	0~5	8	0~3/16	2896[b]	0~5	9′6″		0~3/16		30480[a]	67200[a]
1BB									2591[b]	0~5	8′6″		0~3/16			
1B									2438	0~5	8′		0~3/16			
1BX									<2438		<8′					
1CCC	6058	0~6	19′10 1/2″	0~1/4	2438	0~5	8	0~3/16	2896[b]	0~5	9′6″		0~3/16		30480[a]	67200[a]
1CC									2591[b]	0~5	8′6″		0~3/16			
1C									2438	0~5	8′		0~3/16			
1CX									<2438		<8′					
1D	2991	0~5	9′9 3/4″	0~3/16	2438	0~5	8	0~3/16	2438	0~5	8′		0~3/16		10160	22400
1DX									<2438		<8′					

a 在某些条件下，其可取更高的值。
b 某些国家对车辆的高度和装载货物的总负荷有法律限制（如铁路和公路部门）。

3）地区标准集装箱

此类集装箱标准，是地区组织根据该地区的特殊情况制定的，此类集装箱仅适用于该地区。如根据欧洲国际铁路联盟（UIC）所制定的集装箱标准而建造的集装箱。

4）公司标准集装箱

某些大型集装箱船公司，根据本公司的具体情况和条件而制定的集装箱船公司标准，这类箱主要在该公司的运输范围内使用。如美国海陆公司的 35ft 集装箱。

此外，目前世界还有不少非标准集装箱。如非标准长度集装箱有 35ft、45ft 及 48ft 集装箱；非标准高度集装箱，主要有 9ft 和 9.5ft 两种高度集装箱；非标准宽度集装箱有 8.2ft 宽度集装箱等。受经济效益的驱动，目前 20ft 集装箱总重达 24ft 的越来越多，而且普遍受到欢迎。

2. 集装箱运输的特点

集装箱运输是以集装箱作为运输单位，通过一种或几种运输工具进行货物运输的现代化运输方式。它具有以下特点。

1）高效益的运输方式

集装箱运输经济效益高，主要体现在以下几方面：

（1）简化包装，大量节约包装费用。为避免货物在运输途中受到损坏，必须有坚固的包装，而集装箱具有坚固、密封的特点，其本身就是一种极好的包装。

（2）减少货损货差，提高货运质量。货物装箱并铅封后，中途无须拆箱倒载，一票到底，即使经过长途运输或多次换装，也不易损坏箱内货物。集装箱运输可减少被盗、潮湿、污损等引起的货损货差，深受货主和船公司的欢迎，并且由于货损货差率的降低，减少了社会财富的浪费，也具有很大的社会效益。

（3）减少营运费用，降低运输成本。由于集装箱的装卸基本上不受恶劣气候的影响，船舶非生产性停泊时间缩短；又由于装卸效率高，装卸时间缩短，对船公司而言，可提高航行率，降低船舶运输成本；对港口而言，可以提高泊位通过能力，从而提高吞吐量，增加收入。

2）高效率的运输方式

传统的运输方式具有装卸环节多、劳动强度大、装卸效率低、船舶周转慢等缺点。而集装箱运输完全改变了这种状况。

首先，普通货船装卸，一般每小时为 35t 左右，而集装箱装卸，每小时可达 400t 左右，装卸效率大幅提高。同时，由于集装箱装卸机械化程度高，因而每班组所需装卸工人数少，平均每个工人的劳动生产率大大提高。

此外，由于集装箱装卸效率高，受气候影响小，船舶在港停留时间大大缩短，因而船舶航次时间缩短，周转加快，航行率大大提高，船舶生产效率随之提高。从而，提高了船舶运输能力，固定的艘数可完成更多的运量，增加船公司收入，这样，高效率导致高效益。

3）高投资的运输方式

集装箱运输虽然是一种高效率的运输方式，但它同时又是一种资本高度密集的行业。

（1）船公司必须对船舶和集装箱进行巨额投资。有关资料表明，集装箱船每立方米的造价为普通货船的3.7~4倍。

（2）集装箱运输中的港口投资也相当大。专用集装箱泊位的码头设施包括码头岸线和前沿、货场、货运站、维修车间、控制塔、门房，以及集装箱装卸机械等，耗资巨大。

（3）为开展集装箱多式联运，还须有相应的内陆设施及内陆货运站等。为了配套建设，这就需要兴建、扩建、改造、更新现有的公路、铁路、桥梁、涵洞等，这方面的投资巨大。可见，没有足够的资金开展集装箱运输，实现集装箱化是困难的，必须根据国力量力而行。

4）高协作的运输方式

集装箱运输涉及面广、环节多、影响大，是一个复杂的运输系统工程。集装箱运输系统包括海运、陆运、空运、港口、货运站以及与集装箱运输有关的海关、商检、船舶代理公司、货运代理公司等单位和部门。如果互相配合不当，就会影响整个运输系统功能的发挥；如果某一环节失误，必将影响全局，甚至导致运输生产停顿和中断。因此，要求整个运输系统各环节、各部门之间的高度协作。

5）适于组织多式联运

由于集装箱运输在不同运输方式之间换装时，无须搬运箱内货物而只需换装集装箱，这就提高了换装作业的效率，适于不同运输方式之间的联合运输。在换装转运时，海关及有关监管单位只需加封或验封转关放行，从而提高了运输效率。

3. 集装箱运输系统的基本构成

1）适箱货源

并不是所有的货物都适合集装箱运输。从是否适合集装箱运输的角度，货物可分成四类，见表3-3。集装箱运输所指的适箱货源，主要是前两类货物。对于适箱货源，采用集装箱方式运输是有利的。

表 3-3　货物分类

适合程度	自然属性	货物价值	货物种类
最适合	物理与化学属性适合于通过集装箱进行运输	价值较高	医药品、小型电器、金银饰品、服装、香烟、白酒、食品等
较适合		价值中等	纸张、电线、金属制品等
一般适合	物理与化学属性可以装箱	价值较低	钢管、原木、金属锭、价值较高的矿产品等
不适合	物理与化学属性不适于装箱	对运费的承受能力很差	卡车、煤炭等

2）标准集装箱

除了国际标准集装箱外，各国还有一些国内和地区标准集装箱，如我国国家标准中，就有两种适于国内使用的标准集装箱（5D 与 10D）。

3）集装箱船舶

集装箱船舶经历了一个由非专业到专业的转变过程。早期的集装箱船舶是件杂货与集装箱混装，没有专门的装载集装箱的结构。现在，国际海上集装箱运输使用的集装箱船舶，均已专业化，而且船型越来越大。内河运输的集装箱船，大多是由原来的驳船改造而来。

4）集装箱码头

与集装箱水路运输密切相关的是集装箱港口码头。集装箱水路运输的两端必须有码头，以便装船与卸船。早期的集装箱码头也与件杂货码头交叉使用，是在件杂货码头的原有基础上配备少量用于装卸集装箱的机械，用于处理混装的件杂货船舶上的少量集装箱。这类码头目前在我国一些中小型的沿海港口和内河港口还经常可以看到。现代化的集装箱码头已高度专业化，码头前沿岸机配置、场地机械配置、堆场结构与装卸工艺配置均完全与装卸集装箱配套。

5）集装箱货运站

集装箱货运站（CFS）在整个集装箱运输系统中发挥了承上启下的重要作用，是一个必不可少的基本要素。集装箱货运站按其所处的地理位置和不同的职能，可分为设在集装箱码头内的货运站、设在集装箱码头附近的货运站和内陆货运站三种。集装箱货运站的主要职能与任务是集装箱货物承运、验收、保管与交付；拼箱货的装箱和拆箱作业；整箱货的中转；实箱和空箱的堆存和保管；票据单证的处理；运费、堆存费的结算等。

6）集装箱卡车

集装箱卡车主要用于集装箱公路长途运输，陆上各节点（如码头与码头之间、码头与集装箱货运站之间、码头与铁路办理站之间）之间的短驳以及集装箱的末端运输（将集装箱交至客户手中）。

7）集装箱铁路专用车

铁路集装箱专用车主要用于集装箱的陆上中、长距离运输和所谓的"陆桥运输"。

二、集装化运输

1. 集装化运输的定义

集装化运输是指以各类集装器具和捆扎索夹具为载体，把成件包装货物和散裸装货物组合成集装单元进行运输的一种货物运输方式。集装化运输是一种现代的运输方式。它因货制宜地利用一些特制的用具，把货物集零为整、化繁为简，达到便于装卸、搬运、储存和计件，提高运输效率的目的。从广义上讲，集装箱也是集装化的一种形式，集装化运输比集装箱运输具有更大的灵活性。在集装化运输中，组织货物集装件的方法可分为两种不同的基本形式：一种是借助集装器具形成货物运输集装件；另一种则是借助捆扎索夹具或捆扎材料形成货物运输集装件。

2. 集装化运输的优点

（1）促使装卸合理化。促使装卸合理化主要体现在：①大大缩短装卸时间，这是由于多次装卸转为集装一次装卸而带来的效果。②装卸作业劳动强度降低，将工人从繁重的体力劳动中解脱出来。过去，大量中小件需要装卸，工人劳动强度极大，工作时极易出差错，造成货物损坏。采用单元化后不但减轻了装卸劳动强度，而且增强了单元化货物的保护作用，可以更有效地防止装卸时的碰撞损坏及散失丢失。

（2）促使包装合理化。采用单元化后，物品的单体包装及小包装要求可降低，甚至可以去掉小包装，从而在包装材料上有很大节约；包装强度由于集装的大型化和防护能力的增强，有利于保护货物。

（3）由于集装整体进行运输和保管，在设计上强调可堆垛性与合理的尺寸链，就能充分利用运输工具和保管场地的空间。

（4）单元化系统的效果是将原来分立的物流各环节有效地联合为一个整体，使整个物流系统实现合理化成为可能。可以说，单元化是物流现代化的基础。

（5）单元化技术使得单元集装器具成为物流和信息流的节点。在现代物料搬运系统中，单元器具不仅是物料的载体（比如说一托盘上有多少件物料），而且成为信息流的载体。在使用条码的系统中，通常箱子上的条码或看板就载有该物料的相关信息，该物料被取走后，则相应的信息就会更新。

（6）集装器具从材质与结构上保证了可重复使用，从长期来看可以降低物流成本。

3. 集装器具的基本类型

1）托盘

托盘是指用于集装、堆放、搬运和运输货物和制品，并作为单元负荷的水平平台装置。在该平台上集装一定数量的单件货物，并按要求捆扎加固，组成一个运输单位，达到便于在运输过程中使用机械进行装卸、搬运和堆存的目的。托盘既有搬运器具的作用又有集装容器的功能，现已广泛应用于生产、运输、仓储和流通等领域，被认为是 20 世纪物流产业中两大关键性创新之一。

2）集装笼

根据集装货物的不同，集装笼有矿建材料集装笼、杂货集装笼和鲜货集装笼等形式。

3）集装架

它具有和托盘功能相似的底座，并有向空间延伸的框架结构物，主要用于集装平板玻璃。

4）集装袋

集装袋是一种使用韧性材料缝制或胶压而成的圆筒形、矩形或圆锥形软质袋形容器，主要用于集装易于流动的粒状、粉状和块状货物。

5）集装网

集装网包括使用尼龙绳、涤纶绳、丙纶绳等合成纤维材料编织成的韧性集装网和使用钢丝绳等金属丝状材料编织成的刚性集装网。

6）集装箱

它是指除标准集装箱以外的各种箱型集装器具，一般为钢制封闭式结构，具有强度高、刚度大，经久耐用，可防雨、防潮、防撒漏、防丢失等优点，适于集装贵重、易碎、怕湿货物以及粉状、颗粒状货物。

7）集装夹

它是一种用角钢框架、木制条板等制成的夹具，主要用来集装板材、片材类货物。钢制夹板、夹具还可用于集装气瓶类货物及钢板条、钢管等货物。

4. 集装化运输应注意的问题

为了有效地组织集装化运输，应注意以下几个方面：

1）选择合适的集装器具

应根据待运货物的形态、形状、体积、重量等特点，选用相应的集装器具。要求集装器具自重轻、强度高、易回送，所形成的集装单元有利于货物安全、便于堆码、能充分利用车船容积、便于机械化作业等。

2）加强对集装单元的防护

由集装器具装载货物所形成的集装单元不同于集装箱，除集装袋外均无防护功能。因此，在运输和储存过程中，应采取有效的防护措施，加强苫垫或入库保管，以避免货物受损。

3）集装单元应有适宜的尺寸

为了便于装卸和运输，集装单元应有适宜的尺寸。各种运输方式对集装单元的尺寸和重量要求不同。如铁路运输要求每个集装单元的体积不小于 0.5m^3，或重量不小于 500kg。棚车装运的集装货物，每件重量不得超过 1t，长度不得超过 1.5m，体积不得超过 2m^3。

4）加快集装器具的回送

大部分集装器具是周转使用的。收到货物后应尽快返回生产厂或物资部门，收货人应按运输部门的有关规定办理集装器具的回送。

第四节　运输合理化

一、合理运输与不合理运输

1. 合理运输的重要指标

广义来讲，合理运输应从三个层面衡量：一是运输子系统自身的合理性；二是运输对物流系统的合理性，即运输对其他物流环节影响呈现的合理性；三是运输对社会影响的合理性，如节约运力、降低能耗、减少污染等。运输系统自身合理化主要通过四个指标表征。

1）运输成本

运输成本是指在两个地理位置间（"门到门"）运输货物所支付的费用以及行政管理费用、维护运输中存货的有关费用和提供额外服务的附加费。对外包运输服务，运输成本包括在起讫点之间运输收取的运费和各种附加费，如起点的取货费、终点的送货费、保险费用等。如果是自有运输，运输成本包括燃油成本、人工成本、维修成本、设备折旧和管理成本等。一般来说，航空运输成本最高，公路运输次之，然后是铁路运输，管道运输和水路运输成本最低。

2）运输时间

运输时间也称运输周期，是指完成某起讫点之间特定运输任务所需耗费的时间，包括在途时间和两端点的装卸作业时间。五种基本运输方式中，有的运输方式能够提供门到门的直达运输服务，有的则不能。不能提供门到门直达运输的运输方式，需要由其他方式进行转运，转运时需要换乘转装，转运和换装所花的时间均应包含在运输时间内。例如，航空运输只能在机场之间进行，水路运输只能在港口之间进行，它们要实现门到门运输，都需要由公路运输方式进行转运，公路运输和转装汽车的时间都应计算在航空运输或水路运输时间内。因此，速度快的运输方式并不一定运输时间短。

3）运输一致性

运输一致性是指在若干次相同运输中，履行某一特定运次所耗费的时间与计划运输时间或前几次运输的平均运输时间相比较的差异性。运输一致性可用运输时间变化率来衡量，运输时间变化率是指起讫点之间一定运次的运输时间中的波动幅度与平均运输时间的比值。一致性是运输可靠性的反映，是高质量运输的重要特征。如果给定的一项运输服务第一次花费两天，而第二次花费了六天，这种意想不到的变化就会产生严重的物流作业混乱，增加物流成本。为了预防一致性差造成的运输时间的波动，需要增加安全库存，这还会影响买卖双方承担的存货义务和有关风险。

4）运输安全

这里运输安全是指货物安全，即运输过程中货物的灭失与损坏。虽然承运人有义务审慎避免货物的灭失和损坏，但由于自然原因、设施设备或承运人无法控制的其他原因，仍可能造成一定的货物灭失与损坏。不同运输方式的这种灭失与损坏的可能程度是不一样的。对这类灭失与损坏，托运人除了承担灭失与损坏的直接成本以外，还可能承担对客户服务的损失，因为托运人托运的货物可能是为了对自己客户的服务。因此，托运人或货主在选择运输方式时还会从货物安全的角度去考虑。

当然，从物流系统的角度衡量运输的合理性，仅用上述四个指标是不够的。例如，大批量的运输方式具有规模效益，运输成本低，但如果满足小批量的需求，大批量运输会使收货地的库存增大，对存储成本的影响不利，从而影响整个物流系统的成本。因此，仅考虑运输活动或运输活动中的某个环节的合理性是不够的，应从物流系统整体考虑。

2. 不合理运输的表现形式

不合理运输是针对合理运输而言的。不合理运输是违反客观经济规律，违反商品合理流向和各种运力的合理分工，不充分利用运输工具的装载能力。环节过多的运输，是导致运力紧张、流通不畅和运费增加的重要原因。不合理的运输，一般有以下几个方面：

1）对流运输

对流运输是指同一种物资或两种能够相互代用的物资，在同一运输线或平行线上做相对方向的运输，与相对方向路线的全部或一部分发生对流。对流运输又分为明显对流和隐蔽对流。其中，明显对流如图3-1（a）所示，货物由甲地经过乙地运往丙地，同时同一种物资从丁地经过丙地运往乙地，这样在乙地和丙地之间形成明显对流现象；隐蔽对流如图3-1（b）所示，显然从周转量的角度来看，甲地到乙地、丁地到丙地方案要劣于甲地到丙地、丁地到乙地方案，这是一种隐蔽对流的现象。

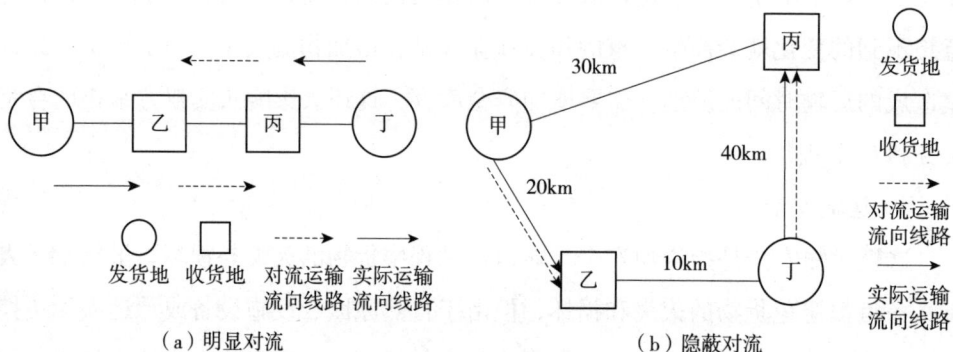

（a）明显对流　　　　　　　　　　　（b）隐蔽对流

图3-1　对流运输

2）倒流运输

倒流运输是指物资从发货地运往收货地，然后又从收货地运回发货地的一种回流运输现象。倒流运输有两种形式：一是同一物资由收货地运回发货地或转运地；二是由乙地将甲地能够生产且已消费的同种物资运往甲地，而甲地的同种物资又运往丙地。具体如图 3-2 所示。

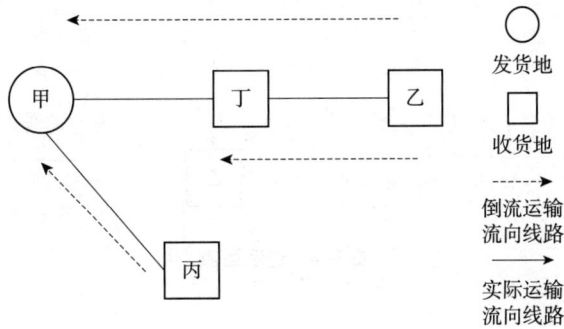

图 3-2　倒流运输

3）迂回运输

迂回运输是指物资运输舍近求远、绕道而行的现象。物流过程中的计划不同、组织不善或调运差错都容易出现迂回现象。如图 3-3 所示，甲地到乙地再到丙地再到丁地的运输方案，相对于甲地到戊地再到丁地的运输方案就是一种迂回运输。

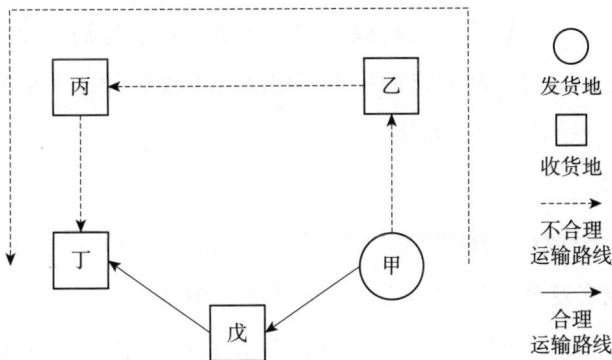

图 3-3　迂回运输

4）过远运输

过远运输是指舍近求远的运输现象。即收货地本可以由距离较近的发货地供应物资,却从远地采购进来;产品不是就近供应消费地,却调给较远的其他消费地,违反了近产近销的原则。如图 3-4 所示,甲地到乙地、丙地到丁地的运输方案,相对于甲地到丁地、丙地到乙地的运输方案就是一种过远运输。

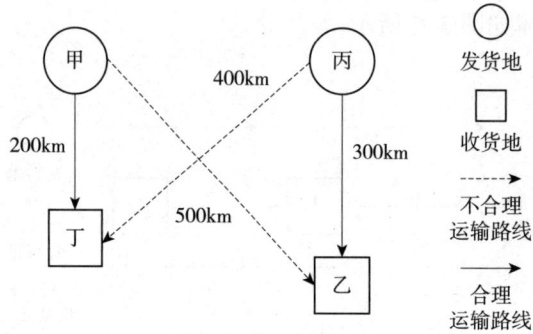

图 3-4　过远运输

5)重复运输

重复运输是指某种物资本来可以从起运地一次直运到达目的地,但由于批发机构或商业仓库设置不当或计划不周,人为地运到中途地点(例如中转仓库)卸下后,又进行二次装运的不合理现象。重复运输增加了一道中间装卸环节,增加了装卸搬运费用,延长了商品在途时间。

6)亏吨或超载运输

车船载货量未达载货量标准的运输称为亏吨运输,超过载货量标准的运输称为超载运输。无论亏吨运输还是超载运输,均属不合理运输。亏吨运输不仅运输效率低,而且浪费运力。超载运输一方面损坏运力设施设备,更严重的是容易造成运输安全事故,给社会带来损失。

7)无效运输

无效运输是指被运输的货物杂质较多,如煤炭中的矸石、原油中的水分等,直接运输含有较多这些杂质的物资,使运输能力浪费。我国每年有大批圆木进行远距离的调运,但圆木的使用率一般只有 70% 左右,致使有 30% 的边角废料的运输基本上是无效的。原木锯割加工、煤炭除矸加工、钢材剪切加工等都有利于减少无效运输。通过流通加工,不仅能减少无效运输,还能提高物资的利用率。

8)启程或返程空驶

组织运输活动中,因货源计划不周、调运不当或不恰当的自营运输等,造成只有单程有货，起程或返程空驶。空驶既增加了运输成本，也浪费了运力。不合理运输的表现形式中，空驶是最典型的。

9）运力选择不当

选择运输工具时，未能运用其优势，如弃水走陆（增加成本），铁路和大型船舶的过近运输，运输中承载能力不当等。

10）托运方式选择不当

如可以选择整车运输却选择了零担，应当直达却选择了中转运输，应当中转却选择了直达等，没有选择最佳的托运方式。

二、运输合理化的有效措施

运输合理化是一个系统分析过程，常采用定性与定量相结合的方法，对运输的各个环节和总体进行分析研究。研究的主要内容和方法有以下几方面：

1. 提高运输工具的实载率

实载率的含义有两个：一是单车实际载重与运距乘积和标定载重与行驶里程乘积的比率，在安排单车、单船运输时它是判断装载合理与否的重要指标；二是车船的统计指标，即在一定时期内实际完成的货物周转量（吨公里）占载重吨位与行驶公里乘积的百分比。

提高实载率，如进行配载运输等，可以充分利用运输工具的额定能力，减少空驶和不满载行驶的时间，减少浪费，从而求得运输的合理化。

2. 减少劳动力投入，增加运输能力

运输的投入主要是能耗和基础设施的建设，在运输设施固定的情况下，尽量减少能源动力投入，从而大大节约运费，降低单位货物的运输成本，达到合理化的目的。如在铁路运输中，在机车能力允许的情况下，多加挂车皮；在内河运输中，将驳船编成队形，由机运船顶推前进；在公路运输中，实行汽车挂车运输，以增加运输能力。

3. 发展社会化的运输体系

运输社会化的含义是发挥运输的大生产优势，实行专业化分工，打破物流企业自成运输体系的状况。单个物流公司车辆自有，自我服务，逐渐形成规模，且运量需求有限，难以自我调剂，因而经常容易出现空驶、运力选择不当、不能满载等浪费现象，且配套的接发货设施、装卸搬运设施也很难有效地运行，所以浪费很大。实行运输社会化，可以统一安排运输工具，避免迂回、倒流、空驶、运力选择不当等多种不合理形式，不但可以追求组织效益，而且可以追求规模效益。所以发展社会化的运输体系是运输合理化的非常重要的措施。

4. 充分应用公路运输

这种运输合理化的表现主要有两点：一是对于比较紧张的铁路运输，用公路分流后，可以得到一定程度的缓解，从而加大这一区段的运输通过能力；二是充分利用公路"门到门"和在中途运输中速度快且灵活机动的优势，实现铁路运输难以达到的效果。目前在杂货、日用百货及煤炭等货物运输中较为普遍地运用公路运输。一般认为，目前的公路经济里程为 200~500km，随着高速公路的发展，高速公路网的形成，新型与特殊货车的出现，公路的经济里程有时可达 1000km 以上。

5. 尽量发展直达运输

直达运输就是在组织货物运输过程中，越过商业、物资仓库环节或交通中转环节，把货物从产地或起运地直接运到销地或用户，以减少中间环节。直达的优势，尤其是在一次运输批量和用户一次需求量达到一整车时表现最为突出。此外，在生产资料、生活资料运输中，通过直达建立稳定的产销关系和运输系统，有利于提高运输的计划水平。

近年来，直达运输的比重逐步增加，它为减少物流中间环节创造了条件。特别需要一提的是，如同其他合理化运输一样，直达运输的合理性也是在一定条件下才会有所表现。如果从用户需求来看，批量大到一定程度时，直达是合理的；批量较小时，中转是合理的。

6. 配载运输

配载运输是充分利用运输工具的载重量和容积，合理安排装载的货物及方法以求合理化的一种运输方式。配载运输往往是轻重商品的合理配载。在以重质货物运输为主的情况下，同时搭载一些轻泡货物，如海运矿石、黄沙等重质货物，在上面捎运木材、毛竹等，在基本不增加运力、不减少重质货物量的情况下，解决了轻泡货的搭运，因而效果显著。

7. "四就" 直拨运输

"四就"直拨是减少中转运输环节，力求以最少的中转次数完成运输任务的一种形式。一般批量到站或到港的货物，首先要进入分配部门或批发部门的仓库，然后再按程序分拨或销售给用户。这样一来，往往出现不合理的运输。"四就"直拨，首先是由管理机构预先筹划，然后就厂或就站（码头）、就库、就车（船）将货物分送给用户，而无须再入库。

8.提高技术装载量

依靠科技进步是运输合理化的重要途径。它一方面是最大限度地利用运输工具的载重吨位，另一方面是充分使用车船的装载容量。比如，专用散装及罐车，解决了粉状、液体物运输损耗大，安全性差等问题；袋鼠式车皮、大型拖挂车解决了大型设备整体运输问题；集装箱船比一般船能容纳更多的箱体，集装箱高速直达加快了运输速度等。

9.进行必要的流通加工

有不少产品因产品本身形态及特性，很难实现运输的合理化。如果针对货物本身的特性进行适当的加工，就能够有效解决合理运输的问题，例如将造纸材在产地先加工成纸浆，后压缩体积再进行运输。

本章小结

本章首先基于系统理论及思想，阐述了运输系统的概念、构成、功能、特征等；其次，对于现代运输方式的技术经济特性进行对比分析，并进一步对多式联运的特征和优越性进行了分析；再次，在集装箱及其标准规格的基础上，探讨了集装箱运输的特点，集装箱运输系统的构成，同时对集装化运输进行了阐述；最后，结合运输系统合理化的指标界定和不合理运输方式的分析，提出了运输合理化的有效措施。

即测即练

复习思考题

1.运输系统的构成要素有哪些？

2.简述运输在物流系统中的作用。

3. 简述公路运输的特点。

4. 多式联运的优越性表现在哪些方面?

5. 简述集装箱运输的特点。

6. 分析集装化运输的优点。

7. 不合理运输的表现形式有哪些?

8. 简述运输合理化的措施。

第四章　仓储与库存管理

思维导图

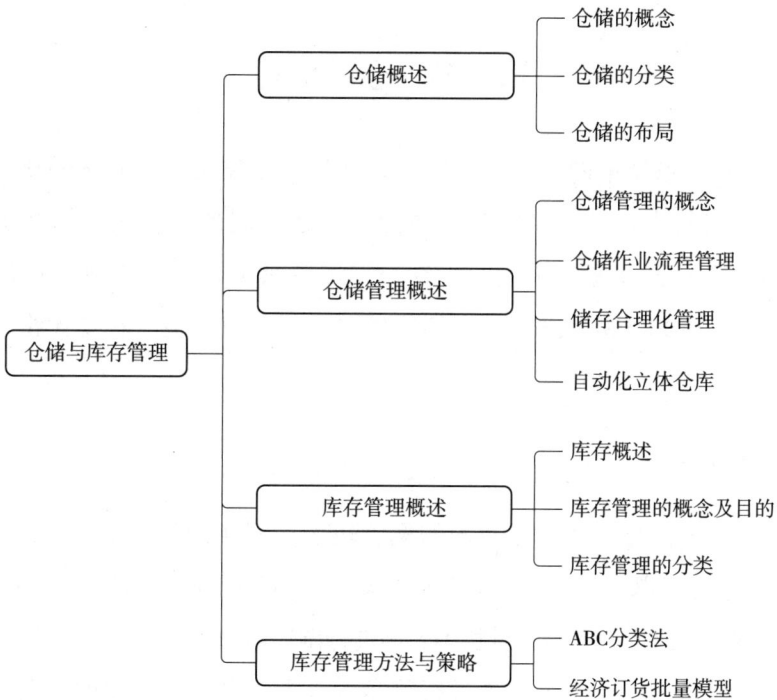

仓储与库存管理
- 仓储概述
  - 仓储的概念
  - 仓储的分类
  - 仓储的布局
- 仓储管理概述
  - 仓储管理的概念
  - 仓储作业流程管理
  - 储存合理化管理
  - 自动化立体仓库
- 库存管理概述
  - 库存概述
  - 库存管理的概念及目的
  - 库存管理的分类
- 库存管理方法与策略
  - ABC分类法
  - 经济订货批量模型

🔍 学习目标

1. 了解仓储与库存管理的相关概念和分类。

2. 熟悉仓储作业流程、库存管理任务。

3. 掌握研究库存管理的方法与策略。

🔍 能力目标

1. 了解储存合理化管理的基本内容，能自主查阅相关资料拓展知识。

2. 熟悉自动化立体仓库的构成，培养理论与实践相结合的能力。

3. 掌握库存管理的分析方法，学会在实践中解决相关问题。

🔍 导入案例

（二维码）

第一节　仓储概述

仓储是物流系统中的一个重要环节，如果说运输是物流系统的核心，仓储就是物流系统的支柱。仓储的基本功能是创造时间效用。无论何种企业都离不开仓储，其是否合理对企业的生存与发展有重大影响。本节将探讨仓储的基本概念、仓储的类型，并重点介绍仓库的布局，以凸显其在现代物流中的重要性。

一、仓储的概念

在物流学中，与仓储相近相关的概念较多，例如储存、保管、仓库、库存等。这些概念之间既存在关联，又存在差异。本小节以我国国家标准《物流术语》（GB/T 18354—2021）为依据，对相关名词进行阐述与分析。

仓储指利用仓库及相关设施进行物品的入库、储存、出库的活动。仓储在物流系统中起着缓冲、调节和平衡的作用，其目的是克服产品生产与消费在时间上的差异，使物资产生时间效应，实现其使用价值。利用仓储这种"蓄水池"

和"调节阀"的作用，调节生产和消费的失衡，消除生产过剩和消费不足的矛盾。

由仓储的概念可以看出，仓储活动包括储存。储存是指储藏、保护、管理物品。储存是物资在一定地点、一定场所、一定时间的停滞，侧重于强调物品存放的行为和动作。在储存过程中，可以实现对物品的检验、保管、流通加工、集散、转换运输方式等多种作业。与储存相近的另一概念为保管。保管是指对物品进行储存，并对其进行保护和管理的活动。其更强调对物品的保护、照看和管理，以确保物品的安全、完整和质量。

仓储活动离不开仓库。仓库是储存、保管物品的建筑物和场所的总称。库房与仓库意思相近，是指用于储存、保管物品的封闭式建筑物。

表4-1描述了仓储、储存、保管、仓库、库房的概念、区别及联系。

表 4-1　仓储及相关名词含义对照表

名词	概念	区别	联系
仓储（warehousing）	利用仓库及相关设施设备进行物品的入库、储存、出库的活动	仓储是一个综合性的概念	①仓储活动离不开仓库或库房作为存放物品的物理空间；②储存和保管是仓储过程中的重要环节和操作；③仓库和库房为储存和保管物品提供具体的地点
储存（storing）	储藏、保护、管理物品	重点在于将物品放置并留存一段时间	
保管（stock keeping）	对物品进行储存，并对其进行保护和管理的活动	更强调对物品的保护、照看和管理	
仓库（warehouse）	用于储存、保管物品的建筑物和场所的总称	具有一定的空间和结构	
库房（storehouse）	在仓库中，用于储存、保管物品的封闭式建筑物	更侧重于指存放物品的房间或较小的存储区域	

二、仓储的分类

1. 按经营主体分类

仓储按照经营主体的不同，可以分为合同仓储、自备仓库仓储、公共仓库仓储。

1）合同仓储

合同仓储（亦称第三方仓储）是指企业将物流仓储活动转包给外部公司，由外部公司为企业提供综合物流仓储服务。在物流发达的国家，越来越多的企业转向合同仓储。合同仓储公司能够提供高效、经济和准确的专业化分销服务。因为合同仓储的设计水平更高，并且符合特殊商品的高标准、专业化搬运要求。但是如果企业只需要一般水平的搬运服务，则应利用公共仓储。

2）自备仓库仓储

自备仓库是指附属于企业、机关、团体，专门为这些单位储存自用物资的仓库，即各生产或流通企业，为了本企业物流业务的需要而修建的附属仓库。这类仓库只储存本企业的原材料、燃料、产品或货物，一般工厂企业、商店的仓库以及部队的后勤仓库，多属于这一类。

3）公共仓库仓储

公共仓库即面向社会提供物品储存服务，并收取费用，如火车站仓库、港口仓库等，其本身不单纯进行经营，而是其他事业的一环或附属。

为方便理解与区分，三种仓储类型的优缺点见表4-2。

表4-2　三种仓储类型优缺点

特性	仓储类型		
	合同仓储	自备仓库仓储	公共仓库仓储
优点	①专业化服务，能够提供高质量的仓储服务； ②成本灵活性，根据业务需求灵活调整仓储空间和服务水平，避免自建仓库高成本投入； ③规模经济，可为多个客户提供服务，实现资源共享和规模效应，降低成本； ④集中精力于核心业务	①更大程度地控制仓储，使企业易于将仓储的功能与企业的整个分销系统进行协调； ②自备仓储具有灵活性、专业性，可以按照企业要求和产品的特点对仓库进行设计与布局； ③长期充分利用时，仓储成本将低于公共仓储的成本	①不需要资本投资，只需支付相对较少的租金即可得到仓储服务； ②满足企业在不同情况下对仓储空间的需求； ③避免管理上的困难； ④公共仓库仓储的规模效益可以使货主仓储成本降低； ⑤企业的经营活动更加灵活
缺点	①因涉及与第三方共享业务数据信息，存在信息安全风险； ②服务质量完全依赖于合同仓储提供商的表现； ③失去直接控制，无法及时响应一些特殊需求或紧急情况； ④合同约束，即合同期内可能难以灵活调整服务内容或更换提供商	①仓容、位置、结构固定，不能根据市场需求调整变化； ②投资风险大，建设成本高、专业性强、难以出售	①难以控制公共仓库中的库存； ②使用公共仓库仓储时必须对货物进行保护性包装，从而增加包装成本

2. 按仓储对象进行分类

根据仓储对象的不同，仓储可以分为普通仓储、恒温仓储、特种仓储、水上仓储、露天仓储、储藏仓储、简易仓储。表4-3列出了上述几种仓储的定义、要求及其适宜存放的物品举例。

表4-3　七种仓储类型描述、特点及储存物资举例

序号	仓储类型	描述	要求	储存物资举例
1	普通仓储	常温下的一般仓库，存放一般性货物	具有一般通用的库房和堆场	储存货物种类繁杂，如金属材料、机电产品等
2	恒温仓储	能够调节温度、湿度的仓库，包括恒温、恒湿和冷藏库（一般在10℃以下）等	这类仓库需要隔热、防寒、密封，并配备空调、制冷机等设备	储存对湿度、温度等有特殊要求的货物，如粮食、水果、肉类等
3	特种仓储	专门用于存储具有特殊性质、特殊要求或特殊价值货物的仓储方式	根据存储物品的特殊性，需要设置严格的保管条件	危险化学品、易燃易爆品、有毒物品、医疗用品、精密仪器、文物和艺术品等
4	水上仓储	利用水上设施，在水域上进行货物的存储和保管	结构稳固，能抵御水流、风浪和其他水上环境因素的影响；配备完善的消防和救生设备；具备通风、防潮、照明等设施	液体货物，如石油、成品油；散装货物，如煤炭、矿石；水产及渔业产品，大型设备及建筑材料等
5	露天仓储	在户外开放空间存储货物的仓储方式	地势较高且平坦，地质条件稳定；设立围栏或围墙；配备消防设备；安装监控摄像头	适用于体积大、价格低、不易变质的货物，如大型机械设备、建筑材料、木材、废旧物资等
6	储藏仓储	用于长期存放货物，以应对未来需求或战略储备的仓储方式	良好的仓库条件；适宜的环境控制；安全保障；规划管理	战略物资，如粮食、石油；季节性商品；耐用消费品；以及具有保值或升值潜力的物品
7	简易仓储	采用相对简单、低成本的设施和方法来存储货物的方式	结构相对稳定，具有基本的防护功能，以及一定的空间规划	通常用于存放临时货物；也可存放低值易耗品、农业生产资料等

三、仓库的布局

仓库是储存、保管物品的建筑物和场所的总称。仓储活动离不开仓库。为了提升仓库的作业效率，使利用空间最大化，科学合理地布局仓库非常重要。仓库布局是根据仓库的功能和存储需求，对仓库内部空间进行合理的规划和安排。本小节主要从仓库总平面布置的要求、总体构成以及内部布局进行描述。

1. 仓库总平面布置的要求

仓库总平面布置要适应仓储企业生产流程，有利于仓储企业生产正常进行。

（1）单一的物流方向。仓库内商品的卸车、验收、存放地点之间的安排，必须适应仓储生产流程，按一个方向流动。

（2）最短的运距。应尽量减少迂回运输，专运线的布置应在库区中部，并根据作业方式、仓储商品品种、地理条件等，合理安排库房、专运线与主干道的相对位置。

（3）最少的装卸环节。减少在库商品的装卸搬运次数和环节，商品的卸车、验收、堆码作业最好一次完成。

（4）最大的利用空间。仓库总面积布置是立体设计，应有利于商品的合理储存并充分利用库容。

2. 仓库的总体构成

一个仓库通常由生产作业区、辅助生产区和行政生活区三大部分组成，如图 4-1 所示。

1）生产作业区

它是仓库的主体部分，是商品储运活动的场所。主要包括储货区、铁路专运线、道路、装卸站台等。储货区是储存保管的场所，具体分为库房、货棚、货场。货场不仅可存放商品，同时还起着货位的周转和调剂作业的作用。铁路专运线、道路是库内外商品的运输通道，商品的进出库、库内商品的搬运，都是通过这些运输线路实现的。专运线与库内其他道路相通，保证通畅。装卸站台是供火车或汽车装卸商品的平台，有单独站台和库边站台两种，其高度和宽度应根据运输工

图 4-1　仓库总体构成示例

具和作业方式而定。

2）辅助生产区

辅助生产区是为商品储运保管工作服务的辅助车间和服务站，包括车库、变电室、油库、维修车间等。

3）行政生活区

行政生活区是仓库行政管理机构和员工休憩的生活区域。一般设在仓库入口附近，便于业务接洽和管理。行政生活区与生产作业区应分开，并保持一定的距离，以保证仓库的安全及行政办公和居民生活的安静。

3. 仓库内部区域布局

仓库平面布置对仓库内的物流效率影响很大。在进行仓库内部区域布局时，应注意以下几方面的问题。

（1）根据储存任务配置相应的库房和货场。由于不同的物资所需要的保管条件不同，因此必须根据仓库的储存任务，即储存物资的品种和数量，设置相应的库房或货场。库房或货场的内部区域既可以根据物资的品种进行分区、分类划分，也可以按照货主进行分单位、分部门的划分。

（2）制定合理的仓容定额。仓容定额是指在一定的条件下，单位仓库面积所允许存放的物资最大数量。影响仓容定额的因素较多，其中最主要的是物资本身的形状、重量和仓库的地坪负荷能力。此外，物资的堆码方式、仓库结构状况和机械化程度都会不同程度地影响仓容定额。由于影响仓容定额的因素十分复杂，一一计算相当烦琐，所以常根据仓库的历史统计资料，采用统计的方法进行综合分析，最后确定一个相对合理的平均定额。

（3）合理设置专用线与装卸搬运机械。仓库内部的装卸搬运效率和库内专用线或装卸搬运机械的布局密切相关。一般情况下，专用线应该平行于仓库的长边，位于仓库宽度的中间或者 1/3 处。而且，专用线与库内通道的交叉口尽量不要少于两个，以便提高专用线与库内货位之间的搬运效率。

装卸机械一般要跨越专用线，其目的是方便装卸作业。固定的装卸机械还应尽可能地扩大作业可及范围。如果设置两种或两种以上的装卸机械，还要充分考虑不同机械在装卸能力和作业速度方面的适配和衔接。

第二节　仓储管理概述

仓储管理和仓储是密切相关的两个概念。仓储作为物流系统中的核心组成部分，承载着商品存储和保管的重要职能。而仓储管理则是对这些存储活动所进行的一系列规划、组织、领导、协调与控制工作，确保仓储效率和效益。这两者互为依托，共同构成了企业物流和供应链顺畅运作的基础。本节将探讨仓储管理的基本概念、作业流程管理、储存合理化以及自动化立体仓库的相关内容。

一、仓储管理的概念

物流系统的整体目标是以最低的成本提供令用户满意的服务，仓储系统作为企业物流系统中不可缺少的子系统，在整个物流系统中发挥着重要作用，因此，对仓库及仓库内的物资所进行的管理尤为重要。我国国家标准《物流术语》（GB/T 18354—2021）中对仓储管理的定义为：对仓储及相关作业进行的计划、组织、协调与控制。具体来说，仓储管理就是对仓库及仓库内储存的物资进行管理，是仓储机构为了充分利用所具有的仓储资源，以提供高效的仓储服务所进行的计划、组织、协调和控制工作。

二、仓储作业流程管理

1. 仓储作业流程概述

仓储作业管理是仓储管理的一项重要内容。仓储作业是完成仓库物资储存、入库、出库以及流通加工等不可缺少的手段。仓储作业是一个系统，它是由各个环节、作业单位协调配合，共同完成的。整个仓储作业，包括进货入库、储存保管和出库发送三个阶段。三个阶段互相衔接，共同实现仓库的所有功能。商品入库是前提，商品出库是目的。前者是仓储作业的开始，是商品储存保管工作的条件；后者是仓储作业的结束，是商品储存保管工作的完成，是仓储目的的实现。而储存保管则是为了保持商品的使用价值不变，衔接供需，实现商品的时间位置转移。仓储工作的最根本目的，就是满足用户对商品的需求。仓储作业流程如图4-2所示。

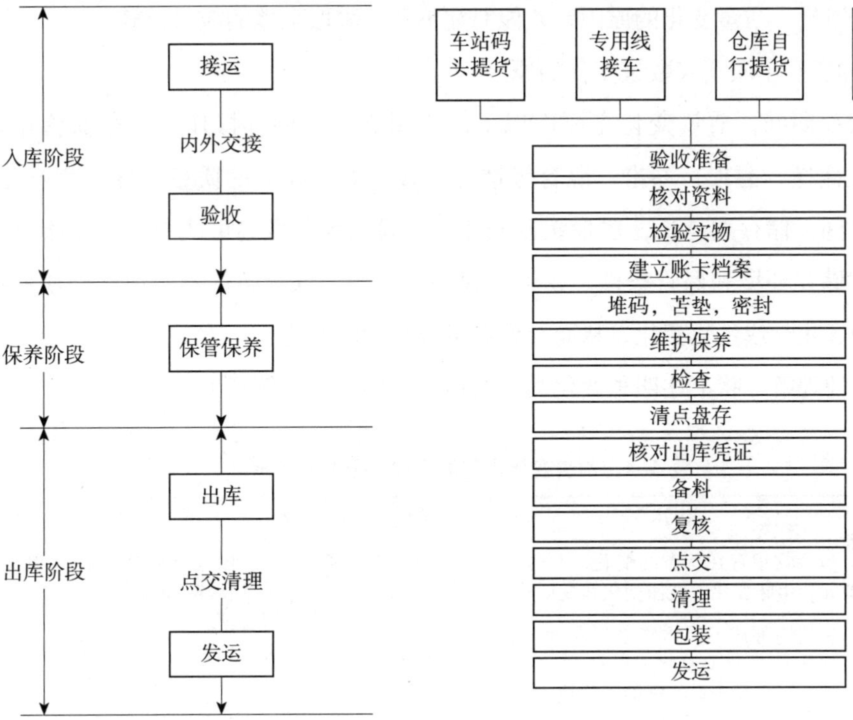

图 4-2　仓储作业流程

2. 入库管理

入库一般包括接运和验收两个阶段。其中，验收中的检验实物是入库管理的重要环节。检验实物是指对入库商品按规定的程序和手续进行数量和质量的检验。

1）数量检验

商品运到后，收货人员要按商品入库单清点商品数量。商品数量的计量方法分两种。计数可采取大数点收、逐件计总或集中堆码点数等方法。计重的商品，若需要称重，可根据商品包装的具体情况，采取扣除平均皮重或除皮核实两种方法。

2）质量检验

质量检验是指鉴定商品的质量指标是否符合规定，分为感官鉴定和理化鉴定两种方式。理化鉴定一般由技术检验部门进行取样测定。感官鉴定一般由仓库保管员在验收商品时感官检查商品的包装、外观等，如检查商品有无破损、渗漏、污染、变形、干裂、受潮、霉烂等异常现象。

3. 物资保管保养

物资保管保养最主要的工作就是维持好物资的使用价值。因此，首先要查清物资产生数量、质量变化的原因，才能对症下药，采取合适的应对措施。

1）物资产生质量或数量变化的原因

在储存期间，质量变化主要由以下因素引起：①储存操作。储存保管作业可能发生碰撞、磨损、冲击、混合等情况，致使被储物品的质量迅速发生变化。②储存时间。储存期越长，质量缓慢变化的风险越高，最终可能引起质量指标的改变。③储存环境和保管条件。物资储存环境不当，保管条件不合适，会使货物产生物理、化学或生化变化，从而导致质量或数量的变化。

为方便理解，将上述四种变化类型的描述、影响及举例列出，见表4-4。

表4-4   物资变化类型的描述、影响及举例

变化类型	描述	可能的损失或影响	举例
物理变化	包括物理存在状态的变化、渗透变化、串味变化、破损变化和变形等	数量损失、品质下降、形态尺寸改变	挥发性液体的挥发损失、易碎品的破碎
化学变化	物资内部或不同物资之间发生化学反应，改变了原物质的微观状态，变成了不同于原物资的新物质	形成新物质、性质改变、性能下降	食品的腐败、金属的锈蚀、塑料的老化
生化变化	有机体受外界生物影响，发生霉变、发酵、腐败等生物变化	使用价值严重变化、生物侵入造成损失	食品的霉变、酒类的发酵
价值变化	包括呆滞损失和时间价值损失	效用降低、资金占用成本增加	过时产品的降价处理、长期储存的资金成本

2）物资保管保养的基本要求和内容

物资保管保养，是通过一定的储存环境和保管条件，采用具体技术措施，保持物资数量和质量不变的全部工作。对物资保管保养的基本要求是：保质、保量、保安全、保急需，仓库规范化，存放系列化，保养经常化。因此，物资保管保养要做好以下几项工作：

（1）配分和堆码苫垫。配分，就是要把所进的货物合理分配到合适的货位，包括货位规划和分拣。货位规划，就是在仓库整体规划的基础上，具体安排货物的存放货位。因为仓库中存放的货物是动态变化的，货位的存满和取空也是随时变化的，所以每次新到货物都有一个货位选择和调整的问题。货位的选择和调整，主要考虑以下五个因素：

①服从仓库整体布局规划和存放系列化原则。

②考虑现有货位的闲置情况。

③考虑该种物品的周转速率。

④先进先出（或后进先出）原则。

⑤方便作业原则。

确定好货位以后，就要将待入库的货物轮流进行分拣和入位。分拣可以是人工分拣，也可以是自动分拣。自动分拣可以是传输线自动识别、自动分拣、自动入位，也可以是智能叉车自动识别、自动分拣、自动入位。分拣完毕，就要做好堆码苫垫。

堆码指的是将货物按照一定的规则和方式进行堆放。其目的是充分利用仓库空间，保证货物的稳定性和安全性，便于货物的存储、保管和计数。苫垫则包括"苫"和"垫"两个方面。"苫"是指用苫布、塑料布等对货物进行遮盖，以防止货物受到阳光直射、雨淋、风吹等自然因素的影响。"垫"是指在货物底部铺上垫木、垫板、托盘等，起到隔离地面潮气、增加货物稳定性、防止货物受损等作用。

堆码苫垫就是要妥善堆码，安全、合理、可靠地存放。堆码苫垫的基本要求是：

①合理，即货垛的宽度、高度、垛间距等要合理。

②牢固，即货垛垫脚、格架、桩柱、层间堆码以及篷盖等都要结实可靠。

③定量，即做到"五五"堆码、过目成数，便于清点。

④整齐，即外观整齐美观。

⑤节省，即提高空间利用率，节省空间，减轻搬运强度。

⑥方便，即方便搬运作业、方便清点。

（2）维护保养。维护保养是经常性的工作，主要包括温度和湿度调节控制、通风、去潮、去湿、去污、清洁卫生、防虫、防暑、防盗、防火、货垛货架维护等。维护保养的目的就是提供合适的保管条件和保管安全，维持被保管物资的使用价值。对已经发生变质损坏的物资，要采取各种救治措施，防止损失的扩大。救治措施有除锈、破损修复、晾晒等。

（3）巡查。经常巡查，及时发现问题并消除隐患。

（4）清点盘存。要及时、准确地掌握库存物资的数量和质量，把握库存物资的保管期限。

4. 出库管理

商品发货业务是根据业务部门开出的商品出库凭证，按其所列的商品编号、名称、规格、牌号、数量等项目组织商品出库。

1）商品出库方式

送货与自提是两种基本的发货方式。此外，还有取样、移仓、过户等。送货是存货（或销售方）预先给仓库送来发货凭证，仓库按凭证备货，做好待运准备，然后运输部门持托运单到仓库提货。提货是购货方持发货凭证自带运输工具到仓库提货。

2）商品出库作业

商品出库作业包括发货前准备和商品发放。发货前准备一般包括：原件商品的包装整理；零星商品的组配、备货和包装；机具用品和组装场地准备、劳动力的组织安排等。商品出库作业流程的一般程序：核单—记账—配货—复核—发货。

三、储存合理化管理

根据仓储管理的定义可以发现，储存是仓储管理的核心，储存的正逆作用是储存合理化开展的基础。为此，本小节首先引入了储存的正逆作用，进而介绍储存合理化的内涵。

1. 储存的作用

1）储存的正作用

现代生产由于生产的复杂性，决定了在经济领域中不均衡、不同步的现象是客观存在的。因此，就需要进行调整，即生产的产品要经过一定时间的储存保管才能和消费相协调。此外，出于应付突发事件和自然灾害的要求，出于合理使用资源而防止产品一时过剩造成浪费的要求，出于延迟一段时间出售产品以获取较高价格的要求，都需要对生产的产品进行一定时间的储存。

储存的正作用在工业化时期称作蓄水池作用。在现代物流领域，它起到对整个物流过程进行调节的作用，称作调节阀作用。其具体表现如下：

（1）储存是物流的主要功能要素之一。在物流中，运输承担了改变空间状态的重任。物流的另一个重任，即改变"物"的时间状态，由储存来承担。所以，在物流系统中，运输和储存是并列的两大主要功能要素，是物流的两大支柱。

（2）储存是社会物质生产的必要条件之一。储存作为社会再生产各环节之间"物"的停滞，构成了上一步活动和下一步活动的必要条件。即使完全进入信息化社会，储存的作用也不会完全消失。储存作为社会物质生产的必要条件，依然会长期存在。

（3）储存可以创造时间效用。通过储存使"物"在效用最高的时间发挥作用，充分发挥"物"的潜力，实现时间上的优化配置。从这个意义来讲，也相当于通过储存提高了物的使用价值，使被储存物增值。

（4）储存是第三利润源的重要来源之一。在第三利润源中，储存是其中重要组成部分。储存作为一种停滞状态，时时有冲减利润的趋势，在"存"的过程中使用价值降低，各种储存成本支出又必然起到冲减利润的作用。那么，为何又是利润源呢？这可以从以下几个方面进行分析：

①有了库存保证，可以减少加班赶工，节省加班赶工费。

②有了储存保证，无须紧急采购，不致加重成本。

③有了储存保证，能在有利时机销售，增加销售利润；或在有利时机购进，减少购进成本。

④储存是占用大量资金的环节，仓库建设、维护保养、进库出库要大量耗费人力、物力、财力，储存过程中的各种损失也是很大的消耗。因而，储存中节约的潜力也是巨大的。

2）储存的逆作用

物流系统中，储存是一种必要的活动，但因其特殊性，也经常存在冲减物流系统效益、恶化物流系统运行的趋势，主要因为储存的代价太高，具体表现如下：

①固定费用支出。库存会引起仓库建设、仓库管理、仓库工作人员工资、福利等费用增加。

②机会损失。储存物资占用资金所付之利息，以及这部分资金如果用于其他盈利项目会有更高的收益，所以，利息损失和机会损失都很大。

③陈旧损坏与跌价损失。物资在库存期间可能发生各种物理、化学、生物、机械等损失，严重者会失去全部价值及使用价值。随着储存时间的增加，存货逐渐陈旧变质；一旦错过有利的销售期，就不可避免地出现跌价损失。

④保险费支出。近年来为分担风险，我国已开始对储存物采取投保缴纳保险费的方法，随着社会保障体系和安全体系日益完善，这项费用支出的比例还会呈上升趋势。

⑤进货、验收、保管、发货、搬运等可变工作费。

上述各项费用支出都是降低企业效益的因素，再加上在企业运营中，储存对流动资金的占用高达 40% ~70%。在非常时期，有的企业库存竟然占用了全部流动资金，使企业无法正常运转。所以，有些经济学家和企业家将其看成是"洪水猛兽"，也就不足为怪了。

无论是褒是贬，都不能根本改变现代社会储存这一现实；相反，却证实了储存有利及有害的双重性。物流科学的研究，就是要在物流系统中充分发挥储存有利的一面而遏制其有害的一面。

2. 储存合理化的内涵

储存合理化就是建立合适的储存条件，对合适的储存品种进行合适的库存管理的综合性系统工程。储存合理化具体包括储存结构合理化、储存数量合理化、储存时间合理化、储存条件合理化。

1）储存结构合理化

储存结构合理化指储存不同品种、规格和花色商品的构成比例合理。也就是说，被储物不同品种、不同规格、不同花色的储存数量的比例关系合理，尤其是相关性很强的各种物资之间的储存比例是否合理。由于这些物资之间相关性很强，只要有一种物资出现耗尽，即使其他物资仍有一定数量，也会无法投入使用。所以，不合理的结构影响面并不仅局限在某一种物资身上，而是有扩展性。

2）储存数量合理化

储存数量合理化，就是要控制合适的库存数量。也就是在保证功能实现的前提下有一个合理的数量范围。库存数量不能太少，太少会造成缺货，影响生产或销售；也不能太多，太多会占用资金。确保库存水平合理，既能满足需求，又不会导致不必要的成本增加，包括保管费用和库存持有成本。科学管理方法已能在各种约束条件下对合理数量范围做出决策，但是较为实用的还是在消耗稳定、资源及运输可控的约束条件下形成的储存数量控制方法。

3）储存时间合理化

储存时间合理化，就是合理控制存储时间。储存时间不能太长，超过额定储存期，商品就失去了原有的使用价值而成为次品和废品。储存数量合理化，还不能够完全保证所有品种都不超过额定储存期，一定要认真执行"先进先出"原则，保证各个产品都能够正常流转，提高库存周转率和库容利用率。

实行"先进先出"常采用的办法有：

（1）将周转快的物资随机存放在便于存储之处，以加快周转，减少劳动消耗。

（2）采用贯通式货架系统。货架每层采用贯通的通道，从一端存入物品，从另一端取出物品，物品在通道中自行按先后顺序出库，不会出现遗漏越位。

（3）"双仓法"储存。给每种被储物资都准备两个仓位或货位，轮换进行存取，规定一个货位用完再用另一个货位，则可以保证实现"先进先出"。这种方法在管理上比较简单，适合于资金占用量不大、经常使用而又无须进行重点管理的物资。

提高仓容利用率的方法有：

（1）提高库存周转率。物资快进快出，加快周转，这是提高仓容利用率的有效途径。

（2）采取高垛的方法，增加储存的高度。采用高层货架仓库、集装箱等堆存方法，大大增加储存高度。

（3）缩小库内通道宽度以增加储存有效面积。采用窄巷道式货架，配以轨道装卸车辆，以减少车辆运行宽度要求；采用侧叉车、推拉式叉车，以减少叉车转弯所需的宽度；同时，减少库内通道数量，以增加储存有效面积。

4）储存条件合理化

储存条件合理化，主要是要建立起完善合理的保管场所和条件。包括仓库的地质地形条件，温度、湿度、通风、光照等；能源条件，防火、防盗等；安全条件；仓储规划布局及规章制度等方面合理化。可以采取以下一些措施：

（1）采用计算机仓储管理系统。计算机管理可以实现各个品种迅速有效的进销存数量管理、有效的储存定位管理，能节省寻找、存放、取出的时间，节省不少物化劳动及活劳动，而且能防止差错，减少空位的准备量，提高储存系统的利用率。尤其对于存储品种多、数量大的大型仓库而言，计算机管理已经成为必不可少的手段。

（2）实行 ABC 分类管理。储存是一个相当繁杂的经济活动。对于工业企业而言，总是要处理上万种供应品和销售品的物流问题。这么复杂的体系，其对企业供应、企业经营和企业销售的影响是不同的，对于企业经济效益的贡献也是不同的。任何一个企业，即使采取最先进的信息技术和计算机管理手段，管理的力量由于管理成本的约束，也是有限的。所以，采取 ABC 分类管理方法是使复杂物流管理系统实现合理化的手段之一。

（3）采用有效的监测清点方式。对储存物资数量和质量的监测可以掌握其基本情况，也是科学库存控制的基础。监测清点的有效方式主要有：

①"五五化"堆码。这是我国手工管理中采用的一种科学方法。储存物堆垛时，以"五"为基本计数单位，堆成总量为"五"的倍数的垛形。堆码后，有经验者可过目成数，大大加快了人工点数的速度，且差错少。即使在信息经济时代，也不可避免有一些临时的存储需求。另外，临时仓库、开发前期的用料准备仓库和尚未建立计算机管理系统的仓库，都需要对人工管理实行科学化。

②光电识别系统。在货位上设置光电识别装置，该装置对存储物进行扫描，并将准确数目自动显示出来。它不需要人工清点就能准确掌握库存的实际数量。

③计算机监控系统。用计算机指示存取，可以防止人工存取所造成的误差。如果在存储物上采用条码识别技术，使识别计数和计算机连接，每存取一件物品，识别装置自动识别条码并将其输入计算机并记录。这样只需查询计算机，就可了解所存物品的准确情况。

（4）采用现代储存保养技术。现代技术的应用是防止储存损失、实现储存合理化的重要方面。例如，采用自动存取技术、自动识别技术、自动分拣技术和计算机管理控制技术等。

（5）采用集装单元化技术。集装单元化技术，即采用集装箱、集装袋、托盘等集装单元进行物资一体化运储的技术。这种技术通过对物流活动的系统管理，使储存、运输、包装、装卸实现一体化运作。不但使储存实现合理化，更重要的是推动整个物流系统实现合理化。

四、自动化立体仓库

自动化立体仓库（automated storage and retrieval system，AS/RS）是在生产力和科学技术不断提高的情况下出现的新的物流技术。自动化仓库一般是指用货架 – 托盘系统储存单元化的货物，采用计算机控制和人工控制的巷道式起重设备取送货物的一种新型仓库。自动化立体仓库是当前技术水平较高的形式，利用立体仓库设备可实现仓库高层合理化、存取自动化、操作简便化。

1. 自动化立体仓库的概念及分类

自动化立体仓库的主体由货架、巷道式堆垛起重机（堆垛机）、入（出）库工作台和自动运进（出）及操作控制系统组成。货架是钢结构或钢筋混凝土结构的建筑物或结构体，货架内是标准尺寸的货位空间，堆垛机穿行于货架之间的巷道中，完成存、取货的工作。管理上采用计算机及条码技术。

自动化立体仓库根据建筑形式、货物存取形式的不同进行分类。

1）按建筑形式分类

按建筑形式可分为整体式和分离式两种。

（1）整体式：货架除了存储货物以外，还作为建筑物的支撑结构，构成建筑物的一部分，即仓库货架一体化结构，一般高度在 12m 以上。这种仓库结构重量轻，整体性好，抗震性能好。

（2）分离式：分离式仓库中存放货物的货架在建筑物内部独立存在。分离式高度在 12m 以下，但也有 15~20m，适用于利用原有建筑物作库房，或在厂房和仓库内单建一个高货架的场所。

2）按货物存取形式分类

按照货物存取形式，分为单元货架式、移动货架式和拣选货架式。

（1）单元货架式：单元货架式是常见的仓库形式。货物先放在托盘或集装箱内，再装入单元货架的货位上。

（2）移动货架式：移动货架式由电动货架组成，货架可以在轨道上行走，由控制装置控制货架的合拢和分离。作业时货架分开，在巷道中可进行作业；不作业时可将货架合拢，只留一条作业巷道，从而提高空间的利用率。

（3）拣选货架式：拣选货架式中分拣机构是其核心部分，分为巷道内分拣和巷道外分拣两种方式。"人到货前拣选"是拣选人员乘拣选式堆垛机到货格前，从货格中拣选所需数量的货物出库。"货到人处拣选"是将存有所需货物的托盘或货箱由堆垛机移至拣选区，拣选人员按提货单的要求拣出所需货物，再将剩余的货物送回原地。

2. 自动化立体仓库的运行

1）计算机控制巷道堆垛机的运行

在采用托盘货架的自动化仓库中，物资的入库、出库作业主要依靠堆垛机来完成。计算机对堆垛机的控制有两种：直接控制方式和由计算机输出纸带或卡片的间接控制方式。前者能够实现完全的实时处理，因而控制水平高。

计算机直接控制堆垛机是通过卡片或键盘输入出入库信息，经堆垛机上的控制系统接收并控制其运行、升降及货叉机构的运行，以完成对托盘货物的存取，如图 4-3、图 4-4 所示。

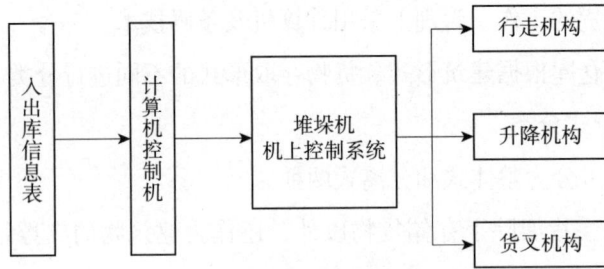

图 4-3　计算机直接控制堆垛机

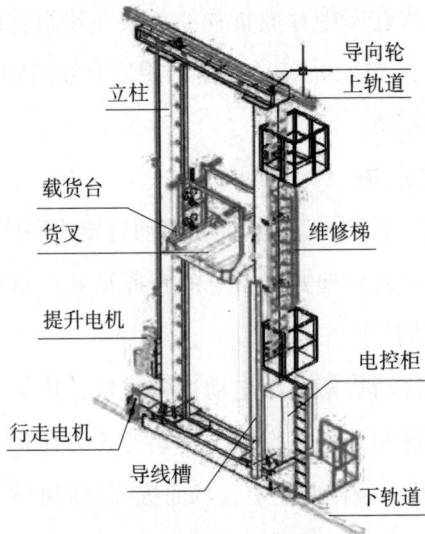

图 4-4　巷道式堆垛起重机

2）入库作业过程

（1）码盘。物资运到仓库后，首先应在入库作业中验收、理货，按码盘工艺要求将成件货物集合码放在托盘上，使之成为托盘单元化货物。

（2）将托盘货物置于入库货台上。将托盘货物置于入库货台上的方法有两种：使用叉车或由输送机自动进行。输送机的控制方式又可分为两种：由单独设置的顺序控制器控制或由计算机集中控制。对于由计算机集中控制的情况，向计算机输入"入库"指令，从空格卡片盒中抽出一张空格卡片插入读卡器内，输送机控制系统即根据货格地址的巷道序号顺序进入入库货台上。

（3）堆垛机叉取托盘货物。输送机的上述动作完成后，经计算机对反馈信息检查、确认，便按顺序发出堆垛机的各项动作指令。首先是堆垛机叉取置于入库货台上的托盘货物。货叉外伸，载货台起升，货叉缩回，于是托盘货物被移载到堆垛机的载货台上。

（4）堆垛机运行。堆垛机沿巷道作纵向运行。同时，载货台沿立柱垂直起升。在运行和起升过程中，堆垛机向计算机不断反馈地址信息，通过计算机运算、确认后向堆垛机的运行机构和升降机构发出切换速度直至最终停止的指令，使堆垛机的货叉部位停准在货架的预定位置。

（5）向货格存入托盘货物。货叉根据伸叉指令向左或向右伸出。当货叉接近货格时，货叉上的探测装置探明该货格是否为"空格"，以避免对满格重复入货而发生事故。在确认"空格"无误后，货叉继续外伸到位，载货台略微下降，放下托盘货物后货叉缩回。于是，托盘货物便由载货台移载到指定货格中。

（6）堆垛机回到原位。为了继续进行出入库作业，堆垛机一般回到原位待命。原位通常为巷道的入库口。

根据仓库平面布置的不同，入库口与出库口有分在巷道两端的，也有合在一端共用的。如果出入库口共用，则堆垛机回到原位时可顺便把需要出库的托盘货物带出。计算机除了对机械作业进行自动控制外，还可以对温度、消防、报警等方面实行自动控制。

3）出库作业过程

物资的出库作业与入库作业受同一套控制系统操控，但具体过程有所不同。简言之：操作人员根据出库通知单从满格卡片盒中找出储存所需物资的满格卡片，将此卡片插入读卡器中，发出"出库"指令；堆垛机便按指令运行并停准在指定货格处，由货叉取出托盘货物，送到巷道出口处，将此托盘货物移载到出库货台上，然后由叉车或输送机运送出库。

3. 自动化立体仓库的优点

（1）自动化仓库可以节省劳动力，节约占地面积。自动化仓库采用了计算机等先进的控制手段和高效率的堆垛机，使生产效益得到了很大的提高。一个很大的仓库只需要几个工作人员，节约了大量的劳动力。同时，仓库的劳动强度也大大减轻，劳动条件得到改善。自动化仓库的高层货架能合理地使用空间，使单位土地面积存放物资的数量提升。在相同的土地面积上，建设自动化仓库比建设普通仓库储存能力高几倍，甚至十几倍。这样，在储存量相同的情况下，自动化仓库节约了大量的土地。

（2）自动化仓库出入库作业迅速、准确，缩短了作业时间。现代化生产要求物资能及时供应，流通迅速进行。自动化仓库采用了先进的控制手段和作业机械，以最快的速度、最短的距离送取货物，使物资出入库的时间大大减少。同时，仓库作业准确程度高，仓库与供货单位和用户能够有机地协调，这有利于缩短物资流通时间。

（3）自动化仓库提高了仓库的管理水平。由于计算机控制的自动化，仓库结束了普通仓库繁杂的台账手工管理办法，使仓库的账目管理以及大量资料数据通过计算机储存，随时需要，随时调出，既准确无误，又便于分析。从库存量上看，自动化仓库可以将库存量控制在最经济的水平上。在完成相同物资周转量的情况下，自动化仓库的库存量可以达到最小。

（4）自动化仓库有利于物资的保管。在自动化仓库中，存放的物资多，数量大，品种多样。由于采用了货架－托盘系统，物资在托盘或货箱中，搬运作业安全可靠，避免了物资包装破损、散包等现象。自动化仓库有很好的密封性能，可调节库内温湿度，为做好物资的保管保养提供了良好的条件。在自动化仓库中配备报警装置和排水系统，可以预防并自动及时扑灭火灾。

4. 自动化立体仓库行业技术趋势

随着工业 4.0 和智能制造的推进，自动化仓库作为智能物流系统的重要组成部分，其集成了先进的自动化设备和智能化管理系统，能够实现高效率的货物存取、精准的库存管理和优化的物流流程。目前，自动化仓库广泛应用于医药、汽车、食品饮料等多个行业，特别是在电商和快递行业的迅猛发展中，自动化仓库的需求日益增长。

我国的自动化仓库行业正逐步从传统的自动化设备向更加智能化、柔性化的系统转变。例如，自动导引车（AGV）、机器人拣选系统、智能分拣系统等技术的应用越来越广泛。此外，物联网、大数据、人工智能等新技术的融合，使自动化仓库能够实现更加智能化的决策支持和预测性维护。行业技术发展趋势如下：

（1）深度智能化。随着人工智能、物联网、大数据等技术的融合应用，自动化立体仓库正向深度智能化迈进。智能算法能够优化库存管理，实现自动预测补货、动态调整存储策略，甚至通过机器学习提高分拣和搬运效率。AI 视觉识别技术的应用，使货物识别与定位更加精确快速，减少了错误率，提升了作业精度。

（2）集成化与模块化设计。为了适应不同行业和客户需求的多样性，自动化立体仓库趋向于采用更加灵活的集成化和模块化设计。这种设计允许系统快速配置和扩展，减少定制成本，缩短建设周期。模块化硬件和软件组件能够根据实际需要进行组合，实现快速部署和升级。

（3）自动化与无人化作业。自动化立体仓库的自动化水平不断提高，从入库、存储、拣选到出库全过程的无人化作业成为趋势。无人驾驶车辆、自动导引车、机器人手臂等智能设备的广泛应用，减少了人工干预，提高了作业效率和安全性。

（4）绿色节能技术。面对全球对可持续发展的重视，自动化立体仓库设计中融入更多绿色节能技术。如使用节能型驱动装置、优化仓库布局以减少能耗、利用太阳能和风能等可再生能源，以及实施智能照明和温控系统，减少碳排放，符合环保要求。

第三节　库存管理概述

仓储管理是确保仓库运作顺畅的一系列活动，而库存管理则是控制库存水平以满足需求同时降低成本的策略。总的来说，仓储管理为库存管理提供了基础和条件，而库存管理则是仓储管理的延伸和深化，两者相辅相成，共同确保物资及时供应，减少积压，提高物流效率。本节主要探讨库存与库存管理的基本概念、库存管理的分类及任务。

一、库存概述

1.库存的定义和功能

库存指储存作为今后按预定目的使用而处于备用或非生产状态的物品。广义的库存还包括处于制造加工状态和运输状态的货物。库存是仓储的表现形态，两者概念的差别在于：库存是从物流管理的角度出发，强调合理化和经济性；仓储则是从物流作业的角度出发，强调效率。

库存的核心作用是协调供需，缓解销售与生产间的矛盾，保障企业运营的顺畅。库存不足会造成企业供货不及时、供应链断裂、失去市场机会和市场占有率等；库存过量会导致流动资金被占用、维持费用高昂、库存积压损失等。因此，企业总是需要持有适量的库存，既要防止库存不足带来的缺货问题，也要谨防库存过量导致的不必要的支出。如何保证企业持有合理的库存量，是物流管理研究的重要课题之一。

合理库存有助于企业降低成本，通过支持大规模生产和采购来实现规模经济，增强议价能力，并提高运输效率。尽管库存本身会带来持有成本，但企业需在这些成本与通过优化库存管理带来的节省和收益之间做出平衡，以实现成本效益最大化。总的来说，库存具有以下几种功能。

（1）保障优质的服务水平，实现对顾客订单的精准响应。

（2）降低物流成本。

（3）保证生产的计划性、平稳性，避免销售波动的影响。

（4）具有一定的展示功能。

（5）提高应对风险的能力。

2. 库存的分类

1）按照产品形态分类

按照不同的划分标准，库存有多种分类方式。

按照在生产过程中的不同形态，库存可以分为原材料库存、在制品库存和制成品库存。①原材料来自供应商，直到投入使用前均在企业内部进行存储。②在制品是企业内部各环节操作用的半成品。③制成品是制造完毕、准备发往客户的产品。在使用该分类方式时，需注意一些物料无法被准确归纳到以上三种类型中，如清洁剂、油料等易耗品。尽管它们也对生产活动起支持作用，但并不构成最终产品的一部分。另外，该分类方式也是相对于具体企业而言的，一家企业的制成品对于另一家企业而言可能为原材料。

2）按照存货的用途分类

按照存货的用途，库存可以分为以下六类。

（1）周转库存。企业为满足日常经营需要而建立的库存。它旨在满足短期内的平均需求，当库存量降低到某一程度（订货点）时，就按照一定规则订货补充库存。对该类库存的管理主要是处理订货批量、订货周期与储存成本、采购成本之间的优化。

（2）安全库存。为了防止供应的意外情况和需求的不确定性而设立的一种库存。在风险发生时，该部分库存能够降低风险对企业经营的影响程度。

（3）中转库存。由于运输不会瞬间完成，因此在运输途中和存储点也会有一定的库存。这类库存主要是作为中转货物，中转库存点的设置与物流系统的设计息息相关。

（4）季节性库存。考虑商品需求季节性变动而设置的库存。一些商品需求具有明显的季节不平衡性，如空调、水果、棉花等。当销售高峰期到来时，产品会供不应求，而在其他季节则会滞销。企业需要在高峰季节来临之前进行生产，库存管理需要考虑企业生产能力与季节性库存量之间的优化。

（5）投机库存。为了避免货物价格上涨造成的损失或为了从商品价格上涨中获利而建立的库存。

（6）沉淀库存或积压库存。因物品变质而不再具有效用的库存，或因市场没有销路而销售不出去的商品库存。

除了以上两种分类方式，还可以按照存货地点，分为存货库存、在途库存、委托加工库存和委托代销库存等。

二、库存管理的概念及目的

1. 库存管理的概念

库存管理是物流管理的核心。库存管理是指在保障供应的前提下，通过计划、组织、控制和协调等方式，以库存物品的数量最少和周转速度最快为目标所进行的管理活动。库存管理是对在库物资种类及其存量的管理和控制，它只考虑合理性、经济性与最优性，而不是从技术上考虑存货的保管与储藏以及如何运输。

库存管理的重要之处主要有三点：①库存领域的成本是物流成本的重要组成部分，库存成本仍然存在很大的降低空间。②有效的库存管理能够在满足顾客需求的前提下，保持适当的库存量。③通过有效的库存管理还能规避库存带来的一系列风险。

2. 库存管理的目的

企业在持有库存的过程中，会因一些原因致使库存水平不尽合理，甚至给企业带来严重的负面影响。具体表现如下：①经营部门对于订货的预测出现误差。如对于未来的经济变动预测不准确造成的订货变更、延期或中止等。②设计部门的计划不周全。技术不成熟、不完善，造成企业在物料所需数量的把握上出现误差。③库存管理方法拙劣。由于管理人员的管理水平低下，造成库存增加。④制造工程延迟。制造管理者的计划出现偏差等，造成搬运等待、加工等待等，使生产制造工程延迟，半成品增加。⑤采购部门的业务技术不成熟导致订货期过长。从以上列举的原因可以看出，库存增加不仅仅是由库存管理部门造成的，与其他部门也有密切关系，或者说很大部分是由其他部门的工作差错导致的。因此，合理的库存水平需要各个部门的协调配合，加强日常管理。

库存管理的目的是在满足顾客服务要求的前提下，通过对企业的库存水平进行控制，提早把握库存状况，尽可能降低库存水平，节约库存费用，以最小的库存量促进生产或销售活动的进行，强化企业的竞争力。具体表现在以下方面。

（1）谋求资本的有效运用。如果有多余的资本长期积压，对资金的正常运行是非常不利的。要防止资金僵化，资金良性循环才能为企业创造利润。

（2）保持最小库存量，使库存量达到不至于存量不足的最小限度，保证销售流程能顺利进行，同时避免资金积压。

（3）及早掌握库存状况，以便对库存过剩、库存短缺及时进行处理。

（4）节省库存费用。适当保持库存量能节省库存费用。

（5）促进生产，防止库存不足。库存是为了配合生产，降低物料短缺率，作为在生产期内保障物料供应、促进生产而存在的。

（6）缩短生产周期。适当保存材料、在制品，以缩短生产周期。

（7）缩短物料供应周期。如果缩短从订货到物料进厂的时间，即把物料的订货、交货时间缩短，为供应周期准备的预备库存量可以减少。

（8）防止物料陈旧。了解各种物料的特性，采取相应的保管方法。对那些容易风化、生锈、破碎及体积大的物品，必须使用时再购进，或尽量少存。

三、库存管理的分类

对库存管理进行分类，主要有库存决策的供应来源、对前置时间和未来需求量的知晓度、库存决策的重复性以及库存系统的类型等维度。

1）按库存决策和供应来源进行划分

根据供应来源，库存管理分为外部供应和内部供应。外部供应是指企业向另一家公司订货，订购外部供应的物品，并将购货订单送给供应商；对于组织内部生产的物品可以利用加工订单来获得。内部供应是指公司本身生产这种物品，在公司内部一个部门向另一个生产该产品的部门提出订货，在公司内部进行流转，但需要注意和生产计划相协调。

2）按对前置时间的知晓度进行划分

前置时间可变也可不变，通过其知晓度可对存货问题进行划分。当前置时间可变时，其分布可根据经验或通过精确测定来确定。

3）按对未来需求量的了解程度进行划分

在理想状态下，假定需求量分布的特点是在一段时间内不发生变化，但是在实际情况中，需求量会受到非标准型经验分布的影响。按对未来需求量的知晓度进行划分，可将存货问题分为确定型、风险型和不确定型。

确定型：明确地知道未来的需求量与变化；风险型：只知道需求量的概率分布（从需求量的历史资料等中获得信息），并不完全明确其变化；不确定型：既不知道明确的需求量，也不清楚其发生的概率分布。针对确定型存货问题，需要注意的是留有余量来应对可能发生的浪费、损坏、报废甚至被窃等损耗；针对不确定型存货问题，需要格外关注新投产产品的种类；风险型产品也需要注重对需求的预测。

4）按库存决策的重复性进行划分

库存决策的重复性取决于订货频率。当货物一次性订齐、不再重复时称为一次性订货，又称单周期订货；当货物重复订购、不断补充和订购所消耗掉的物品时称为重复性订货，又称周期订货。

5）按库存系统的类型进行划分

针对存货问题，有多种不同类型的库存系统，最常见的有周期性库存系统、连续性库存系统、物料需求计划（material requirement planning，MRP）库存系统和准时制库存系统。

周期性库存系统是指按一定的时间周期进行订货，是否补充存货的决策在检查库存状况时做出；连续性库存系统是指不断更新库存记录，当存货余额降至订货点时进行订货，使之保持对应的库存水平，揭示库存现状和历史实绩；物料需求计划库存系统是指订购的存货只满足预先计划的生产需求；准时制库存系统，又称 JIT 系统，是指订购的存货在需要时准时送达。

第四节　库存管理方法与策略

库存管理方法为库存管理提供了具体的执行手段，确保了库存的精确跟踪和有效控制，对维持运营效率、降低存储成本并快速响应市场变化至关重要。本节介绍了两种关键的库存管理方法：ABC 分类法和经济订货批量（EOQ）模型。ABC 分类法通过将库存分为 A、B、C 三个等级，实现关键物品的重点管理和一般物品的常规管理。EOQ 模型旨在计算最优订货量和订货频率，使库存成本最小化。这些方法帮助企业在保证服务水平的同时，降低库存成本，提高运营效率。

一、ABC 分类法

1. ABC 分类法的概念

ABC 分类法（ABC classification）是将库存物品按设定的分类标准和要求分为特别重要的库存（A 类）、一般重要的库存（B 类）和不重要的库存（C 类）三个等级，然后针对不同等级分别进行控制的管理方法。ABC 分类法是一种科学的管理方法。其原理在于，在任何复杂的经济工作中，都存在"关键的少数和一般的多数"这样一种规律。在一个系统中，关键的少数可对系统产生决定性的影响，而其余多数则影响较小或者没有多大影响。如果将工作主要用于解决这些具有决定性影响的少数重点上，比不分轻重缓急、平均对待所取得的效果显然要好得多。ABC 分类法是根据这种思想，通过分析找出重点（即关键少数），并确定与之相适应的管理方法。

ABC 分类法是实施储存合理化的基础，在此基础上，可以进一步解决各类结构关系、储存量、重点管理和技术措施等合理化问题。而且，通过在 ABC 分类法的基础上实施重点管理，可以决定各种物资的合理库存储备数量及经济地保有合理储备的办法乃至实施零库存。

库存 ABC 分类管理法的基本原理是：由于各种库存品的需求量和单价各不相同，其年耗用金额也各不相同。那些年耗用金额大的库存品，由于其占压组织的资金较大，对组织经营的影响也较大，因此需要进行特别的重视和管理。ABC 库存分类管理法就是根据库存品的年耗用金额的大小，把库存品划分为 A、B、C 三类（见图 4-5）。A 类库存品的年耗用金额占总库存金额的 75%~80%，品种数却只占总库存品种数的 15%~20%；B 类库存品的年耗用金额占总库存金额的 10%~15%，其品种数占总库存品种数的 20%~25%；C 类库存品的年耗用金额占总库存金额的 5%~10%，其品种数却占总库存品种数的 60%~65%。

库存 ABC 分类管理法（图 4-5）可分为数据收集、统计汇总、制作 ABC 分析表、绘制 ABC 分类管理图和确定管理方法等五个步骤。

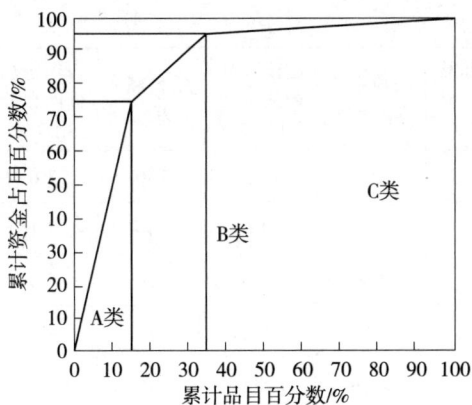

图 4-5　ABC 分类管理

2. ABC 分类管理技术应用举例

现举例阐述库存 ABC 分类管理法的具体应用。

【例 4-1】某企业全部库存商品共计 3424 种，按每一品种年度销售额从大到小按序，形成表 4-5 所列的 7 档，统计每档的品种数和销售金额如表 4-5 所示。用 ABC 分类管理法确定分类，并给出各类库存物资的管理方法。

表 4-5　产品销售明细表

每种商品年销售额 x	品种数 / 种	销售额 / 万元
$x > 6$	260	5800
$5 < x \leqslant 6$	68	500
$4 < x \leqslant 5$	55	250
$3 < x \leqslant 4$	95	340
$2 < x \leqslant 3$	170	420
$1 < x \leqslant 2$	352	410
$x \leqslant 1$	2424	670

解：

（1）数据收集，引用该题给定的数据。

（2）统计汇总，根据该题给定的数据，做出汇总表（表 4-6）。

表 4-6　汇总表

每种商品年销售额 x	品种数 / 种	占全部品种的百分比 /%	品种累计 / 种	占全部品种的百分比 /%	销售额 / 万元	占销售总额的百分比 /%	销售额累计 / 万元	占销售总额累计的百分比 /%
$x > 6$	260	7.6	260	7.6	5800	69.1	5800	69.1
$5 < x \leqslant 6$	68	2.0	328	9.6	500	6.0	6300	75.1

续表

每种商品年销售额 x	品种数/种	占全部品种的百分比/%	品种累计/种	占全部品种的百分比/%	销售额/万元	占销售总额的百分比/%	销售额累计/万元	占销售总额累计的百分比/%
$4 < x \leqslant 5$	55	1.6	383	11.2	250	3.0	6550	78.1
$3 < x \leqslant 4$	95	2.8	478	14.0	340	4.1	6890	82.1
$2 < x \leqslant 3$	170	5.0	648	18.9	420	5.0	7310	87.1
$1 < x \leqslant 2$	352	10.3	1000	29.2	410	4.9	7720	92.0
$x \leqslant 1$	2424	70.9	3424	100.0	670	8.0	8390	100.0

（3）根据 ABC 分类标准，制作 ABC 分析表（表 4-7）。

表 4-7　ABC 分析表

分类	品种数	占全部品种的百分数/%	品种累计百分数/%	销售额/万元	占销售总额的百分数/%	销售额累计百分数/%
A	328	9.6	9.6	6300	75.1	75.1
B	672	19.6	29.2	1420	16.9	92.1
C	2421	70.8	100.0	670	8.0	100.0

（4）绘制 ABC 分类管理图（图 4-6）。

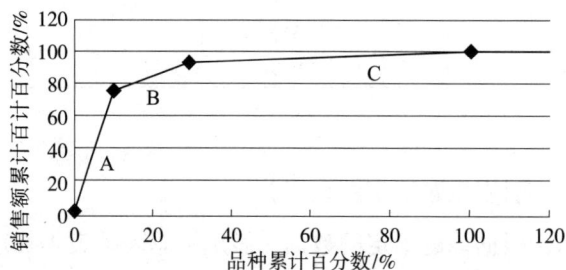

图 4-6　ABC 分类管理

（5）确定管理方法。在确定商品的不同类型后，需要针对不同类型的商品进行不同的库存管理。表 4-8 描述了三类商品的库存管理特点。

表 4-8 三类商品库存管理特点对比

管理特点	A 类商品	B 类商品	C 类商品
商品编号	每件商品皆作编号		
采购策略	少量采购，减少库存量	中量采购	大量采购，获取价格优惠
订货方式	采用定期订货方式	采用定量订货或定期订货方式	采用复合制或定量订货方式
盘点频率	必须严格执行盘点，每天或每周盘点一次	每 2~3 周盘点一次	每月盘点一次
货品放置	易于出入库的位置		可交现场保管使用
采购审核	须经高层主管审核	须经中级主管核准	仅须基础主管核准
安全库存量	减少安全库存量		安全库存量需求较大
其他	尽可能正确地预测需求量；货品放置于易于出入库的位置；实施货品包装外形标准化	对前置时间较长或需求量有季节性变动趋势的货品采用定期订货方式	

3. ABC 分类法与 CVA 方法的区别与联系

CVA（关键因素分析）是一种根据物品对企业运营的关键性来分类和优先级排序的库存管理策略。这种方法的核心在于识别和区分那些对企业运营至关重要的物资，确保这些关键物资的供应稳定性和库存充足性，从而减少因缺货造成的潜在风险和损失。CVA 将库存物品分为几个不同的优先级类别，每个类别都有其特定的管理策略和关注点。最高优先级的物品是企业运营的关键，不允许缺货，因此需要最严格的管理和控制措施。较高优先级的物品虽然重要，但偶尔的缺货是可以接受的，管理相对宽松。中等优先级的物品在一定程度上可以缺货，需要适度的管理。而较低优先级的物品通常可替代性高，即使缺货也不会对企业运营产生重大影响，因此可以采取较为宽松的管理策略。

通过 CVA，企业能够更有效地分配资源，优化库存结构，减少不必要的库存积压，提高资金周转率，同时也确保关键物资的供应稳定性，从而提高整体的运营效率和客户满意度。CVA 的实施有助于企业在保持竞争力的同时，降低成本和风险，是现代供应链管理中不可或缺的工具之一。

CVA 方法与 ABC 分类法在库存管理中相辅相成。ABC 分类法通过物品的周转量或资金占用量将其分为 A、B、C 三个等级，侧重于数量和价值的管理；而 CVA 则进一步根据物品对企业运营的关键性进行分类，弥补了 ABC 法可能忽视的对关键物品管理的不足。两者结合使用，可以帮助企业更精确地识别和管理库存，确保关键物资得到充分重视，同时对非关键物资实施有效的成本控制，从而优化库存结构，提高管理和运营效率。

二、经济订货批量模型

1. 经济订货批量的概念

本小节讨论简单的存储模型，即需求不随时间变化的确定型存储模型，这类模型的相关参数如需求量、提前订货时间是已知确定的值，而且在相当长的一段时间内稳定不变。显然这样的条件在现实经济生活中是很难找到的。实际上，只要所考虑的参数波动性不大，就可以认为是确定型的存储问题。经过数学抽象概括的存储模型虽然不可能与现实完全等同，但对模型的探讨将加深对存储问题的认识，其模型的解也将对存储系统的决策提供帮助。

经济订货批量（economic order quantity）是通过平衡采购进货成本和保管仓储成本核算，以实现总库存成本最低的最佳订货批量。经济订货批量模型又称整批间隔进货模型，该模型适用于整批间隔进货，不允许出现缺货的存储问题，即某种物资单位时间的需求量为常数 D，存储量以单位时间消耗数量 D 的速度逐渐下降，经过时间 T 后，存储量下降到零，此时开始订货并随即到货，库存量由零上升为最高库存量 Q，然后开始下一个存储周期，形成多周期存储模型。

2. EOQ 模型

1）模型假设

存储某种物资，不允许缺货，其存储参数为：

T：存储周期或订货周期（年或月或日）；

D：单位时间需求量（件/年，件/月，件/日）；

Q：每次订货批量（件或个）；

C_1：存储单位物资单位时间的存储费（元/件年、元/件月、元/件日）；

C_2：每次订货的订货费（元或万元）；

t：提前订货时间为零，即订货后瞬间全部到货。

2）建立模型

存储量变化状态如图 4-7 所示。

一个存储周期内需要该种物资 $Q = DT$ 个，图中存储量斜线上的每一点表示在该时刻的库存水平，每一个存储周期中存储量的变化形成一个直角三角形，一个存储周期的平均存储量为 $\frac{1}{2}Q$，存储费为 $\frac{1}{2}C_1QT$，订货一次的订货费为 C_2。因此，在这个存储周期内存储总费用为 $\frac{1}{2}C_1QT + C_2$。

由于订货周期 T 是变量，所以只计算一个周期内的费用是没有意义的，需要计算单位时间的存储总费用 C_z，即

$$C_z = \frac{1}{2C_1Q} + \frac{C_2}{T}$$

将 $T = Q/D$ 代入上式，得

$$C_z = \frac{1}{2C_1Q} + \frac{C_2D}{Q}$$

显然，单位时间的订货费随着订货批量的增大而减小，而单位时间的存储费随着订货批量 Q 的增大而增大，如图 4-8 所示，可以直观看出，在订货费用线和存储费用线相交处，订货费和存储费相等，存储总费用曲线取得最小值。

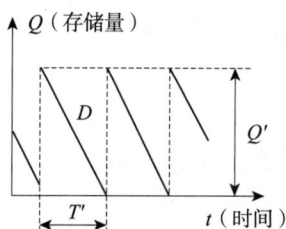

图 4-7　存储量变化状态　　　图 4-8　存储量费用曲线

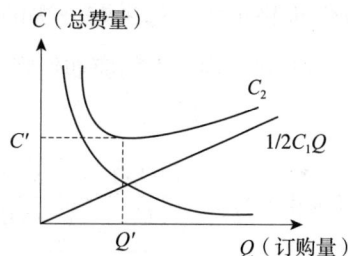

利用微分求极值的方法，令 $\dfrac{\mathrm{d}C_z}{\mathrm{d}Q} = \dfrac{1}{2C_1} - \dfrac{C_2D}{Q^2} = 0$，即得到经济订货批量 Q^*：

$$Q^* = \sqrt{\frac{2C_2D}{C_1}}$$

由经济订货批量公式及 $Q^* = T^*D$，可得到经济订货间隔期：

$$T^* = \sqrt{\frac{2C_2}{DC_1}}$$

将 Q^* 的值代入 $C_z = \dfrac{1}{2C_1Q} + \dfrac{C_2D}{Q}$，得到按经济订货批量进货时的最小存储总费用：

$$C^* = \sqrt{2DC_1C_2}$$

需要说明的是，前面在确定经济订货批量时，作了订货和进货同时发生的假设。实际上，订货和到货一般总有一段时间间隔，为保证供应的连续性，需要提前订货。

设提前订货时间为 t，日需求量为 D，则订购点 $S = Dt$，当库存下降到 S 时，即按经济订货批量 Q^* 订货，在提前订货时间内，以每天 D 的速度消耗库存，当库存降到零时，恰好收到订货，开始一个新的存储周期。

另外，以实物计量单位如件、个表示物质数量时，Q^* 是每次应订购的物资数量，若不是整数，四舍五入后取整。

对于以上确定型存储问题，最常使用的策略就是确定经济订货数量 Q^*，并每隔 T^* 时间即订货，使存储量恢复到最高库存量。这种存储策略可以认为是定量订购制，但因订购周期也固定，又可以认为是定期订购制。

【例 4-2】某车间需要某种标准件，不允许缺货。按生产计划，年需要量 10000 件，每件价格 1 元，每采购一次的采购费为 25 元，年保管费率为 12.5%，该元件可在市场上立即购得。问应如何组织进货？

解：

经济订货批量：$Q^* = \sqrt{\dfrac{2C_2D}{C_1}} = \sqrt{\dfrac{2 \times 25 \times 10000}{0.125}} = 2000$（件）

经济订货周期：$T^* = \sqrt{\dfrac{2C_2}{DC_1}} = \sqrt{\dfrac{2 \times 25}{10000 \times 0.125}} = 0.2$（年）$= 73$（天）

如以 D 表示某种物资的年需求量，V 表示该物资的单价，C_2 为一次订货费，r 表示存储费率，即存储每元物资一年所需的存储费用，则得到经济订货批量的另一种常用形式：

$$Q^* = \sqrt{\dfrac{2DC_2}{rV}}$$

本章小结

本章主要介绍了仓储与库存管理的相关知识。仓储包括仓储的概念、分类、布局以及仓储管理的流程和要点。库存管理介绍了库存的定义、功能、分类以及合理化管理，同时阐述了库存管理的概念、分类和任务。此外，还介绍了 ABC 分类管理法、经济订货批量模型等库存管理方法与策略。通过有效的仓储与库存管理，可以提高物流效率，降低成本，满足客户需求，增强企业竞争力。合理的库存控制和仓储规划是企业运营的重要环节。

即测即练

复习思考题

1. 简述仓储、储存、保管的区别及联系。

2. 简述储存合理化的主要内容。

3. 简述自动化立体仓库的特点及使用条件。

4. 简述库存管理的目的。

第五章 包装管理

思维导图

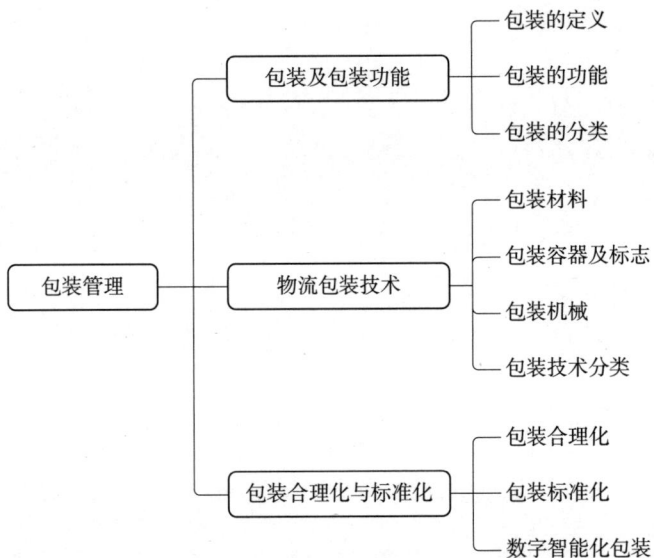

学习目标

1. 了解包装的定义、功能和分类。

2. 熟悉包装材料、容器、机械、技术分类。

3. 掌握包装合理化和标准化的内容，以及数字智能化包装的知识。

能力目标

1. 了解包装的基本概念，培养学生掌握包装基本概念的认知能力。

2. 熟悉包装技术的基础知识，培养学生分析和运用包装技术的基本技能。

3. 掌握包装合理化和标准化的方法，以及数字化和智能化的包装技术，培养学生在实践中解决包装问题的能力。

导入案例

第一节　包装及包装功能

一、包装的定义

包装是物流系统中的一个子系统，是物流过程的起点，也是保证物流活动顺利进行的重要条件。合适的包装能够保护商品实体，便于集中、分割及重新组合以适应多种装运条件及分货要求。包装材料的选用及包装技术的正确运用是包装合理化的基本条件。

《物流术语》（GB/T 18354—2021）对包装明确定义：为在流通过程中保护产品、方便储运、促进销售，按一定技术方法而采用的容器、材料及辅助物等的总体名称（也指为了达到上述目的而在采用容器、材料和辅助物的过程中施加一定技术方法等的操作活动）。这一定义把包装的物质形态和盛装产品时所采取的技术手段与工艺操作过程和包装的作用联成一体，比较完整地说明了包装的含义。我们可以从两方面来理解这一定义：①包装商品所用的物料，包括包装用的容器、材料、辅助物等。②包装商品时的操作过程，包括包装方法和包装技术。可见包装是包装物及包装操作的总称。包装在物流中只创造附加价值，不创造价值。

因此，包装在整个物流活动中具有重要的地位，其材料、形式、方法以及外形设计都对其他物流环节产生重要的影响。在社会再生产过程中，包装处于生产过程的最后和物流过程的开始，既是生产的终点，又是物流的起点。

二、包装的功能

包装是生产过程的最后一道工序，也是商品进入流通领域前必须采取的措施，商品包装具有以下几种功能。

1. 保护商品

包装的保护功能是包装功能中最基本也是最重要的功能，应使商品在此过程中不受各种外在因素的影响而损坏、变质。商品的流通必须符合国家标准规定的标准，包装必须起到保护商品的作用，如食品和鲜活商品的包装必须保证其化学成分稳定，以及其鲜活的生理特征；为了防止阳光照射导致香水、高级糖果等变质，必须做双层包装；易燃、易爆、易挥发、易腐蚀、易氧化的商品，应该进行特殊包装，并且打上危险标志和说明性文字，有利于储运、装卸、使用和保护环境。包装的保护功能主要包括：

（1）防止物资的破损变形。商品包装必须能承受在装卸、运输、保管等过程中的各种冲击、震动、颠簸、压缩、摩擦等外力的作用，形成对外力的防护，并且具有一定的强度。

（2）防止物资发生化学变化。商品包装必须能在一定程度上起到阻隔水分、潮气、光线以及空气中各种有害气体的作用，避免外界不良因素的影响，防止物资发生受潮、发霉、变质、生锈等化学变化。

（3）防止有害生物对物资的影响。物资包装应封闭严实，以防虫鼠及其他有害生物对物资造成破坏，导致商品变质、腐败。

（4）防止异物混入、污物污染、丢失、散失。

2. 方便储运

方便储运是指商品包装具有方便运输、存储、装卸等功能。在物流全程中，科学合理的包装会大大提高物流作业的效率和效果，具体体现在以下方面：

（1）便利运输。包装的规格、形状、重量与物品运输关系密切。包装尺寸与运输车辆、船舶、飞机等运输工具的作业箱、仓容积相吻合，可以方便运输，提高运输效率。

（2）便利装卸。包装的规格尺寸标准化后为集中包装提供了条件，可以极大地提高装载效率。商品出、入库时，包装的规格尺寸、重量、形态适合仓库内各种装卸、搬运机械的使用，有利于提高装卸、搬运效率。

（3）便利储存。从物品的验收角度上看，商品包装上的各种标志，便于仓库管理者对商品进行识别、存放、盘点，有特殊要求的物品易于引起注意。同时，易于开包、便于重新打包的包装方式为验收提供了方便性。定量包装的集合方法为节约验收时间，加快验收速度起到十分重要的作用。

（4）方便处理。部分包装应具有重复使用的功能。可以重复使用的包装不仅可以节约成本而且还可以减少对环境的污染。

3. 促进销售

尽管包装的基本功能是保护商品，但通过各种方式唤起消费者的购买欲望，满足消费者多方面需求，促进商品销售也是包装的一项重要功能。包装是无声的推销员，精美实用的包装是产品品牌和企业形象的有机组成部分，包装给消费者带来对商品的好感和满足感。良好的包装通过精巧的造型、合理的结构、醒目的商标、得体的文字及图案等清晰传达商品的功能、用途、品质等，引发消费者的注意，降低消费者决策成本，激发消费者的购买欲望，并促成购买行为。此外，包装还可以表现商品的品质，是商家用于区分商品档次、区分价格的一个重要手段。因此，包装的设计对于促进商品销售有重要的作用。

三、包装的分类

根据其功能、形态、用途、包装材料及内装物，可相应地对包装进行若干分类。目前，常见的分类方式主要有以下几类：

1. 按包装功能分类

按包装功能分类，主要有商业包装、工业包装、运输包装。商业包装是以促进商品销售为主要目的的包装，通过外包装美观的图案、文字、色彩等，吸引消费者对产品产生兴趣，从而使其做出购买产品的行为。工业包装是生产企业对单件商品进行包装，主要目的是保护产品，防止产品变质、变形、污染、侵蚀，同时避免其在搬运、运输中受损等。运输包装是为了满足产品运输要求而实施的包装，它具有保障产品的安全，方便储运装卸，加速交接、点验等作用。实施运输包装时，必须综合考虑包装费用和损失成本，如玻璃等低价产品，允许有一定的损失率，没有必要为方便运输而投入过高的包装费用。

2. 按包装形态分类

按包装形态分类主要有逐个包装、内包装、外包装等。逐个包装指最终交到消费者手中的最小包装,这种包装一般突出包装的促销功能。内包装指包装货物的内部包装,主要是为了保护产品,防止产品受潮、受热或在运输中受损等。货物的外包装主要是为了保障运输、装卸和储存等物流过程而对产品进行的物理防护和环境隔离。

3. 按照包装技术分类

按照包装技术分类主要有防湿包装、防锈包装、缓冲包装、收缩包装、真空包装等,该分类同时体现了包装的不同目的。

4. 按照包装材料分类

按照包装材料分类主要有纸箱包装、木箱包装、玻璃瓶包装、塑料包装、金属包装等。

5. 按照商品的类别分类

按商品的类别分类主要有食品包装、药品包装、蔬菜包装、机械包装、危险品包装等。

包装的分类方法有很多,了解各类包装的特点,选择不同的包装材料,以满足商品销售和运输的包装需求,是物流研究中的重要内容。

第二节　物流包装技术

包装的优劣直接影响运输、装卸、仓储各环节效益的高低。选择合适的包装材料、设计合理的包装结构和采用正确的包装技术是实现物流优化的重要前提和坚实支撑,且有利于物流系统的完善和发展。

一、包装材料

包装材料是指用于制造包装容器和构成产品包装材料的总称。包装材料主要有纸和纸板、塑料、金属、玻璃等。一般的包装材料都具有一定的吸湿、抗震、防光等性能,由于具有不同的物理、化学性能,不同的包装材料适用于不同用途的包装。目前,主要的包装材料有以下几种:

1. 纸包装材料

1）纸包装材料的性能

（1）原料充沛，价格低廉。

（2）保护性能优良。抗冲击性强，且隔热、遮光、防尘。

（3）加工储运方便。成型性和折叠性优良，便于机械化加工和自动化生产。

（4）绿色环保，易于回收处理。无毒、无味、无污染，能够满足不同商品储存、运输的要求，可回收复用和再生，废弃物容易处理。

此外，纸包装材料也存在着抗压性差、防潮防水性差、防火性差等缺陷。所以，它们常被用来与其他包装材料进行搭配使用，以弥补其缺陷，制成性能良好的多功能包装材料。

2）纸包装材料的种类

纸包装材料种类繁多，根据加工工艺可分为包装纸、包装纸板、加工纸和纸板等几大类。

（1）包装纸。主要用来制造纸袋、裹包和包装标签等纸包装制品的纸张，主要品种有牛皮纸、纸袋纸、瓦楞原纸、铜版纸、鸡皮纸、食品包装纸、中性包装纸等。

（2）包装纸板。主要用来制造加工纸盒、纸箱、纸袋、纸杯或其他包装制品，常用的纸板有白纸板、黄纸板、箱纸板、标准纸板、厚纸板等，多用来包装普通商品。

（3）加工纸和纸板。为了增加包装适用性，对纸和纸板进行表面涂布、浸渍、复合及其他加工技术处理后得到加工纸和纸板。加工纸主要品种有羊皮纸、玻璃纸、防锈纸、防油纸；加工纸板包括涂布纸板、瓦楞纸板等。

2. 塑料包装材料

1）塑料包装材料的性能

（1）电绝缘性能优异，可以用作绝缘材料。

（2）化学稳定性好，具有良好的耐腐蚀能力。

（3）减磨、耐磨性能好。大多数塑料具有优良的减磨、耐磨和自润滑特性。

（4）透光及防护性能好。多数塑料都可以制成透明或半透明制品。

然而，塑料及塑料制品也有许多缺陷：热性能差、耐老化性能差，在使用过程中易产生蠕变、冷流、疲劳和结晶等现象，许多塑料都容易燃烧。

2）塑料包装材料的种类

塑料包装材料中常用的材料包括：

（1）聚乙烯。无臭、无毒，材料柔软性好，不易脆化，具有一定的透气性，热封性能好。

（2）聚丙烯。是一种热塑性树脂，具有良好的耐热性、耐腐蚀性和电绝缘性。

（3）聚苯乙烯。聚苯乙烯是目前世界上应用最广的塑料之一，耐高温，流动性高，几乎不含添加剂。

此外，常见的塑料制品原材料还包括聚氯乙烯、聚对苯二甲酸乙二醇酯等。

3. 木材及木制品包装材料

1）木材及木制品的性能

（1）资源分布广，便于取材，加工方便，不需要复杂的机械设备。

（2）具有优良的强度，有一定的弹性，能承受冲击、震动、重压等。

（3）不易生锈、不易被腐蚀，可以回收复用，降低成本。

但是，木材易于吸收水分，易变形、开裂，易腐败，易受白蚁蛀蚀；还常有异味，加工不易实现机械化，价格高；加之树木生长缓慢等因素，在包装上的应用受到限制。

2）木材及木制品包装的种类

包装木材的种类繁多，其用途也各不相同，一般分为天然木材和人造木材。天然木材包括针叶材和阔叶材两大类。人造木材包括竹胶板、胶合板、纤维板、密度板和复合木质板材等。生活中，常见的木质包装有木箱、木托盘、木桶、木盒等。

4. 金属包装材料

1）金属包装材料的性能

（1）具有优良的力学性能，其机械强度优于其他包装材料。

（2）保护性能好。具有极好的阻隔性能，如防潮性、遮光性、保香性。

（3）加工性能好。具有很好的延展性和强度，且工艺较成熟，适于自动化生产。

（4）废弃物处理性能好。金属包装容器一般可以回炉再生，循环使用，减少环境污染。

金属包装材料也有很多不足，主要是金属材料的化学稳定性差，尤其是钢材，耐腐蚀性差。此外，它的加工工艺比较复杂，小型工厂无法加工，相对成本较高。

2）金属包装材料的分类

金属包装材料主要有铁和铝两大类。常用的有：

（1）镀锡薄钢板，俗称马口铁，是指在厚度约为 0.2mm 的薄钢板上双面镀纯锡的一种金属材料，广泛应用于食品饮料、化工品等包装领域，如饮料罐、午餐肉罐、喷雾罐等。

（2）无锡薄钢板，其耐腐蚀性和焊接性能较镀锡薄钢板差，广泛应用于对耐腐蚀性能要求不高的酒类和饮料等产品的包装。

此外，常用的金属包装材料还有镀锌薄钢板、低碳薄钢板、铝合金薄板以及铝箔等。

5. 玻璃和陶瓷包装材料

1）玻璃包装材料的性能

（1）绝缘性好，阻隔性高，密封性好，对水蒸气和气体完全隔绝。

（2）耐热性好，透明度高，且可制成有色玻璃。

（3）刚性大，使其在灌装线上易于被握持，并在整个销售期间保持形状不变。

（4）制造原料易得，成本低廉。

2）陶瓷包装材料的性能

陶瓷与玻璃包装材料的力学性能接近，具备许多玻璃材料的性能，如能耐各种化学药品的侵蚀、耐酸碱性、阻气性、隔水性。此外，陶瓷包装材料具有不透光性，适宜于需要长期储存的产品包装。同时，陶瓷的热稳定性以及热冲击性能优于玻璃。

但玻璃和陶瓷的缺点是都容易破碎，且体积、重量较大，不便于装卸搬运，因此在包装中也受到很大局限。一般除特殊需要，应尽量避免使用这两种材料对体积大、批量大的货物进行包装。

6. 复合包装材料

所谓复合材料，是由两种或两种以上具有不同性能的物质结合在一起组成的材料。复合包装材料是在微观结构上遵循扬长避短的方式，发挥所组成物质的优点，扩大使用范围，提高经济效益，使之成为一种更实用、更完备的包装材料。

1）复合包装材料的性能

复合包装材料的性质既有共通性又有特殊性。复合包装材料通常应具有以下性能。

（1）保护性，有足够的力学强度，包括拉伸强度、耐折强度等，还有防水性、防寒性、密封性、避光性、耐湿性、绝缘性等。

（2）操作性，即方便包装作业，能适应机械化操作，耐冲击性好。

（3）商品性，适宜印刷，利于流通，价格合理。

（4）卫生性，无臭、无毒、污染少。

2）复合包装材料的种类

常见的复合包装材料有玻璃纸 / 塑料、纸 / 塑料、纸 / 金属箔、玻璃纸 / 塑料 / 金属箔等。

二、包装容器及标志

1. 包装容器

包装容器是指用于盛装物品的各种容器。根据包装材料的不同，包装容器可分为以下几个大类。

1）纸包装容器

常见的纸包装容器包括纸盒、纸箱、纸袋等，如图 5-1 所示。

（1）纸盒。纸盒是用纸板制成的容量较小且有一定刚性的纸包装容器，是纸包装容器中应用最广泛的形式。纸盒分为折叠纸盒和粘贴纸盒两大类。折叠纸盒是应用最广、造型变化最多的一种销售包装容器，广泛应用在食品、药品、服装等领域。粘贴纸盒是指用贴面材料将基材纸板黏合裱贴而成，成型后不能再折叠成平板状，而只能以固定盒型运输和仓储的纸盒。

（2）纸箱。纸箱是由瓦楞纸板制成的箱型容器，规格标准化，主要用于运输包装。在国际纸箱箱型标准中，基本纸箱箱型主要包括开槽型箱、组合型纸箱、套合型纸箱、滑盖型纸箱等，其中开槽型纸箱最通用。

（3）纸袋。纸袋是用牛皮纸等制成的袋形容器，分为方便纸袋和储运纸袋。方便纸袋主要应用于盛装零散商品，储运纸袋主要用于水泥、化肥等粉末状商品的运输包装。

（4）纸杯。纸杯一般是盛装冷饮的小型纸质容器。纸杯用纸板通常是经过石蜡表面涂布或浸蜡处理的。

（5）纸浆模塑制品。以纸浆为原料，用带滤网的模具，在压力、温度等条件下，使纸浆脱水、纤维成型而生产出所需产品的加工方法称为纸浆模塑。

图 5–1　纸包装容器

2）塑料包装容器

塑料包装容器包括塑料薄膜、泡沫塑料、塑料瓶、塑料桶等，如图 5–2 所示。

（1）塑料薄膜。塑料薄膜是使用最早、用量最大的塑料包装材料。目前塑料包装薄膜的消耗量约占塑料包装材料总消耗量的 40% 以上，主要用于制造各种手提塑料袋、外包装、食品包装、工业品包装及垃圾袋等。

（2）泡沫塑料。泡沫塑料是内部含有大量微孔结构的塑料制品，又称多孔性塑料，是主要的缓冲包装材料。泡沫塑料的通性是质轻，比同种塑料要轻几倍甚至几十倍，可用作包装材料、绝热材料、吸音材料、过滤材料、室内装饰材料、浮漂材料、绝缘材料等。

（3）塑料编织袋。塑料编织袋是指用塑料扁丝编织成的袋。塑料扁丝主要是以聚乙烯或聚丙烯树脂为原料经挤出成型制得平膜或管膜，然后切割成一定宽度的窄条，再经单向拉伸制成。适用于化工原料、农药、化肥、谷物等重型包装，特别适于外贸出口包装。

（4）塑料瓶。塑料瓶主要用于包装饮料、液体调料、香水、药水、洗涤剂等。

（5）塑料桶。塑料桶可以用作工业原料（如酸、碱、盐）、油类以及盐渍食品的包装。

（6）塑料箱。广泛应用的是聚丙烯周转箱，其强度质量比很高，是包装箱的好材料，用以代替木材和纸板等。

图 5-2　塑料包装容器

3）木材及木制品包装容器

木材及木制品包装容器包括木箱、托盘、木桶、木盒等，如图 5-3 所示。

（1）木箱。木箱包装在运输包装中应用较广泛，木箱可根据其形式的不同，主要分为普通木箱、滑木箱、框架木箱等。

（2）托盘。托盘是一种用于集聚、堆存货物以便于装卸和搬运的水平板。托盘根据其所用材料不同，主要分为木托盘、塑料托盘、金属托盘。木托盘是应用较广泛的一种托盘形式。

（3）木桶。木桶是一种古老的包装容器，主要用于包装化工类、酒类商品。

（4）木盒。木盒是利用木质材料制成的盒装包装容器，多用于礼品包装。木盒表面可经过印刷加工处理，获得良好的装饰效果。

图 5-3　木制品包装容器

4）金属包装容器

金属包装容器包括金属罐、金属桶、金属软管等，如图 5-4 所示。

（1）金属罐。金属罐是指用金属薄板制成的容量较小的容器。金属罐按照结构和加工工艺的不同，可分为三片罐和两片罐；按照材质的不同可分为马口铁罐、铝罐等；按照开启方法可分为开顶罐、易拉罐、卷开罐等。

（2）金属桶。金属桶是指用厚度大于 0.5mm 的金属板制成的容量大于 20L 的容器，多用于盛装流质、半流质和吸湿性很强的粉状、块状或颗粒状物品，主要用于油脂、燃油、防冻液等大中型运输包装。金属桶按照结构形式不同可分为全开口桶、闭口桶、缩颈桶、提桶等。按照材料不同可分为钢桶、镀锌桶、镀锡桶、铝桶。

（3）金属软管。金属软管是用挠性金属材料制成的圆柱形包装容器。软管一端折合压封或焊封，另一端形成管肩和管嘴，通过挤压管壁使内装物从管嘴流出。金属软管常用的金属材料有铅、锡、铝等。

（4）复合罐。复合罐一般是指罐体和罐盖用不同材料制成的罐式容器。通常罐体材料为纸板、塑料和铝箔等复合材料，端盖多用镀锡铁皮、铝板以及塑料板，也有铝箔、塑料与纸板的复合材料。

图 5-4　金属包装容器

5）玻璃和陶瓷包装容器

（1）玻璃包装容器。按照所盛装的内装物可分为罐头瓶、酒瓶、饮料瓶和化妆品瓶等；按照瓶口尺寸可分为大口瓶（瓶口内径大于 30mm）、小口瓶（瓶口内径小于 30mm），如图 5-5 所示。

（2）陶瓷包装容器。包装陶瓷按照外形结构的不同，可以分为缸、坛、罐、瓶等，如图 5-6 所示。

图 5-5　玻璃包装容器

图 5-6　陶瓷包装容器

2. 包装标记和包装标志

1）包装标记

包装标记是根据物资本身的特征用文字和阿拉伯数字等在包装上标明规定的记号。

（1）一般包装标记。一般包装标记已成为包装的基本标记，指在包装上写明物资的名称、规格、型号、计量单位、数量、长宽高、出厂时间等，对使用时效性强的物资还要写明储存期或保质期。

（2）表示收发货地点和单位的标记。这是注明商品起运、到达地点和收发货单位的文字记号，反映的内容是收发货具体地点（收货人地点、发货人地点，收货到站、到港和发货站、发货港等），收发货单位的全称。这种标记主要有三方面的作用：加强保密性，有利于物流中商品的安全；减少签订合同和运输过程中的翻译工作；起到运输中导向作用，可减少错发、错运事故。

（3）标牌标记。标牌标记是在物资包装上钉打，说明商品性质特征、规格、质量、产品批号、生产厂家等内容的标识牌。标牌一般用金属制成。

2）包装标志

包装标志是用来指明被包装物资的性质和物流活动安全，以及对理货分运的需要的文字和图像说明。

（1）指示标志。指示标志用来指示运输、装卸、保管人员在作业时需注意的事项，以保证物资的安全。这种标志主要表示物资的性质，物资堆放、开启、吊运等方法。在有特殊要求的货物外包装上粘贴、涂打、钉附以下不同名称的标志，如防潮、小心轻放、向上、堆码极限、避免日晒等，如图 5-7 所示。

防潮	禁暴晒	向上	禁踏
易碎物品	向上	怕雨	堆码层次极限
避免潮湿	避免日晒	小心轻放	堆放高度

图 5-7　包装指示标志示例

在国际物流中，要求在包装上正确绘制货物的运输标志和必要的指示标志。标志至少应包括下列内容：

①目的地：收货人的最终地址、中转地点、订单号。

②装卸货指示标志，特别是对于易碎商品，更应在包装上标记出装卸方向以防商品损坏。

（2）危险品标志。危险品标志是用来表示危险品的物理、化学性质，以及危险程度的标志。它可提醒操作人员在运输、储存、保管、搬运等活动中引起注意，如图 5-8 所示。

图 5-8　包装危险品标志示例

在水陆、空运危险货物的外包装上拴挂、印刷或标注以下不同的标志，如爆炸品、氧化剂、无毒不燃压缩气体、易燃压缩气体、有毒压缩气体、易燃物品、自燃物品、遇水燃烧品、有毒物品、剧毒物品、腐蚀性物品、放射性物品等。

3）包装标记和包装标志的要求

（1）必须按照国家有关部门的规定办理。我国对物资包装标记和标志所使用的文字、符号、图形以及使用方法都有统一的规定。

（2）必须简明清晰、易于辨认。包装标记和标志要文字少，图案清楚，易于制作，一目了然，方便查对。标记和标志的文字、字母及数字号码的大小应和包装件的标记和标志的尺寸相匹配，笔画粗细要适当。

（3）涂刷、拴挂、粘贴标记和标志的部位要适当。所有的标记和标志，都应位于搬运、装卸作业时容易看得见的地方。为防止在物流过程中某些标志和标记被抹掉或不清楚而难以辨认，应尽可能在同一包装物的不同部位制作两个相同的标记和标志。

（4）要选用明显的颜色作标记和标志。制作标记和标志的颜色应具备耐温、耐晒、耐摩擦等性能，以及不发生褪色、脱落等现象。

（5）标志的尺寸一般分为三种：用于拴挂的标志为 74mm×52.5mm；用于印刷和标打的标志为 105mm×74mm 和 148mm×105mm 两种。必须说明的是，特大和特小的包装不受此尺寸限制。

三、包装机械

1. 包装机械的定义

包装机械是指完成全部或部分包装过程的机械。包装过程包括充填、灌装、封口、裹包等主要包装工序，以及其相关的前后工序，如清洗、贴标、杀菌、堆码、捆扎等，另外还包括打印、贴标、计量等辅助工序。

2. 包装机械的分类

按照包装机械产品的不同功能，包装机械主要分为以下几类：

1）充填机械

充填机械是将产品按规定量充填到包装容器内的机器，充填的产品多为固体或粉料。充填机械包括容积式充填机、称重式充填机、计数式充填机，如图 5-9 所示。

2）灌装机械

灌装机械是将液体按规定量充填到包装容器内的机器（图 5-10），灌装所用容器主要有桶、罐、瓶、听、软管等。食品行业常见的灌装容量在 100~2000mL 的各式灌装设备通常按灌装原理、灌装工艺流程、适用的包装容器或封口形式来分类。按照液料灌装的原理可分为常压灌装机、负压灌装机、真空灌装机、等压灌装机、

图 5-9　包装充填机械

图 5-10　包装罐装机械

压力灌装机等。根据灌装容器运动形式可分为旋转型灌装机和直线型灌装机。

3）封口机械

在包装容器内盛装产品后，对容器进行封口的机械称为封口机械，如图 5-11 所示。按照封口方法的不同，分为无封口材料的封口机、有封口材料的封口机和有辅助封口材料的封口机三大类。无封口材料的封口机包括热压封口机、脉冲封口机、熔焊封口机等几种，其中最主要的是热压封口机。封口机适用于用任意材料制成的包装容器的封口。容器内可以盛装任意物品，如塑料薄膜及其复合材料制成的包装袋可盛装奶粉、糖果等；金属罐和玻璃瓶可以盛装各类固体及液体食品等。

4）裹包机械

裹包机是用挠性包装材料完成全部或局部裹包产品的机器（图 5-12），主要包括半裹式、全裹式、缠绕式、拉伸裹包机几种。其中全裹式裹包机又分为折叠式、扭结式、接缝式、覆盖式四种。裹包机械适合于对块状并具有一定刚度的物品进行包装。把一些粉状或散粒状物品经过浅盘、盒的预包装后，可按块状物品进行包装。块状物品可以是单件物品，如糖果、香皂等；也可以是若干件物品的集合，如饼干、火柴等。用于裹包的挠性材料主要有纸、玻璃纸、单层塑料薄膜及复合材料等。

图 5-11   包装封口机械

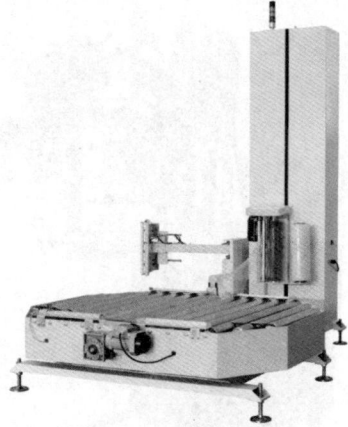

图 5-12   包装裹包机械

5）多功能包装机械

在一台整机上可以完成两个或两个以上包装工序的机器称为多功能包装机械（图 5-13）。多功能包装机类型很多，它能够包装的物品也是多种多样的，不仅可以包装液体，还可以包装粉、粒、块等。这种包装机在食品、医药和日用化工等行业得到广泛应用。此外，这种机器所用的包装材料也是多种多样的，如柔性材料塑料薄膜、复合薄膜；刚性材料玻璃瓶、罐等；半挠性材料瓦楞纸箱、塑料薄膜等。

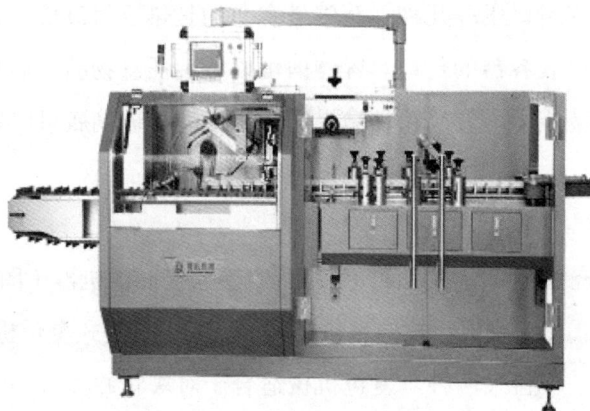

图 5-13   多功能包装机械

6）其他包装工序的机械

（1）清洗机械。清洗机械指用不同的方法清洗包装容器、包装材料、包装辅助材料、包装件，以达到预期清洁度的机器。按清洗方法可分为静态浸泡式清洗机、浸泡与机械洗刷式清洗机、动力喷射式清洗机和超声波清洗机等；按清洗剂的不同分为干式清洗机械和湿式清洗机械。

（2）贴标机械。贴标机械指在包装件或产品上贴上标签的机器。贴标机械由于标签有未上胶和上胶两种，处理方法也有所不同。

（3）捆扎机械。捆扎机械是利用带状或绳状捆扎材料将一个或多个包件紧扎在一起的机器。捆扎机的种类繁多，类型各异，大小也不相同。根据被捆扎产品的特点和捆扎要求的不同，分为带状、线状或绳状捆扎机等。

（4）集装机械。集装机械指将若干产品或包装件包装在一起，使其形成一个合适的运输单元的机械。常用的集装机械包括集装机和堆码机。

四、包装技术分类

包装技术一般来说可分为两大类：专用包装技术和通用包装技术。专用包装技术是指适用于某些特定行业、特定产品属性的包装技术与方法。通用包装技术是指实现包装操作活动的技术和方法。

1. 专用包装技术

根据产品的防护要求，专用包装技术包括无菌包装、防潮包装、防氧化包装、防锈包装、防震包装等。

1）无菌包装

无菌包装是一种高科技的食品保存方法，指被包装的食品在包装前经过短时间的灭菌，然后在无菌条件下，即在包装物、被包装物品、包装辅助器材均无菌的条件下，在无菌的环境中进行充填和封合的一种包装技术。

2）防潮包装

所谓防潮包装技术，就是通过采用具有一定隔绝水蒸气（水）能力的包装材料，隔绝内装物与外界的联系，并辅以其他技术措施，稳定内装物中的含水量，防止因潮气或水浸入包装件内或包装件内水分溢出包装外而影响内装物质量所采用的包装技术。

3）防氧化包装

防氧化包装是指选择气密性好、透湿率低的包装材料或包装容器对产品进行密封包装的方法。在密封前通过抽真空、充惰性气体或放置适量脱氧剂，将包装内的氧气浓度降至 0.1% 以下，从而防止产品长霉、锈蚀或氧化。防氧化包装目前主要用于食品、贵重药材、橡胶制品、精加工零件、电子元器件、无线电通信整机、精密仪器、机械设备、农副产品等的包装。

防氧化包装的方法主要有三种，即真空包装、充气包装、含脱氧剂的防氧化包装。

4）防锈包装

电子工业产品运输中，对金属件和设备的防锈要求较高，金属件必须采用相应的包装措施，并保证设备或零件在到达目的地后不需要进行清洗等辅助工作，应尽可能快地投入使用。防锈的关键就在于防止发生电化学反应。运输时，通过防锈包装减少锈蚀有两种方式：一是通过改变反应条件来影响反应物特性；二是将材料和锈蚀介质隔开。

5）防震包装

防震包装又称缓冲包装，它是指为了减轻内装物受到的冲击和震动、保护其免受损坏所采取的防护措施的包装。在商品流通中，必须实施防震包装设计。这种设计的外载荷涉及外部流通环境中诸多因素，但就力学环境的动态载荷而言，主要是冲击、振动两大因素。因此，防震包装应包括缓冲包装和减震包装两种设计方法。

2. 通用包装技术

通用包装技术是指可以用于各种不同产品包装过程的技术方法。一般指被包装物料的充填（包括计量）、装袋（箱）、封盖、贴标等操作活动，也包括热成型包装、收缩或拉伸包装、防伪包装等包装技术。

1）热成型包装

热成型包装的特点是由热塑性的塑料薄片加热成型形成的泡罩、空穴、盘盒等均为透明，可以清楚地看到产品的外观；同时作为衬底的卡片可以印刷精美的图案和产品使用说明，便于陈列和使用。包装后的商品被固定在成型的塑料薄膜或薄片与衬底之间，在运输和销售过程中不易被损坏，故这种包装方式既能保护产品，又能起到展示促销作用。热成型包装主要用于包装一些形状复杂或怕压易碎的产品，如食品、药品、洗涤用品、文化用品、小五金和机电产品，以及玩具、礼品、装饰品等产品的销售包装。

2）收缩或拉伸包装

（1）收缩包装机。将产品用热收缩薄膜裹包后再进行加热，使薄膜收缩后裹紧产品的机器称为收缩包装机。收缩包装机按机器类型分为隧道式收缩机、烘箱式收缩机、框式收缩机和枪式收缩机。

（2）拉伸包装机。这种机器使用拉伸薄膜在一定张力下裹包产品，用于将堆集在托盘或浅盘上的产品连同托盘或浅盘一起裹包。它具有热收缩裹包机的优点，而且不需要加热，节省能源。

3）防伪包装

防伪包装就是借助产品包装技术，防止商品在流通与转移过程中被人为地、有意识地窃换和假冒的技术与方法。利用包装技术防伪是目前大多数产品生产厂家采用的主要防伪措施。选择防伪技术，应视产品属性与价值而定。根据所作的防伪包装定位分析，可采用单一技术防伪，也可多重技术防伪。简单、实用、有效和经济是选择防伪包装手段的重要原则。常用的防伪包装技术包括激光防伪标志、隐形标志系统、激光编码防伪、特殊的包装结构等。

第三节　包装合理化与标准化

一、包装合理化

包装是物流工程的一个重要环节，也是促进销售的一种手段。在满足消费者各项需求的基本原则和要求的前提下，包装要符合商品物流和销售的合理化要求。

1. 包装合理化的基本概念

从狭义来说，包装合理化是指在包装过程中使用适当的材料和技术，制成与物品相适应的容器，节约包装费用，降低包装成本。既满足包装保护商品、方便储运、有利于销售的要求，又提高包装经济效益的包装综合管理活动。从广义来说，包装合理化不仅包括狭义定义中所涉及的产品流通、销售范围内的有关问题，还包括更大范围内诸如国家社会法规、废弃物治理、资源利用等方面的要求。

2. 包装合理化的主要表现

（1）包装的轻薄化。由于包装只是起保护作用，对产品使用价值没有任何意义，因此在强度、寿命、成本相同的条件下，更轻、更薄、更短、更小的包装，可以提高装卸搬运的效率。

（2）包装的单纯化。为了提高包装作业的效率，包装材料及规格应力求单纯化，包装规格还应标准化，包装形状和种类也应单纯化。

（3）包装的标准化。包装的规格与托盘、集装箱关系密切，也应考虑到与运输车辆、搬运机械的匹配，从系统的观点制定包装的尺寸标准。

（4）包装的机械化。为了提高作业效率和包装现代化水平，各种包装机械的开发和应用是很重要的。

（5）包装的协调化。包装是物流系统的一部分，需要和装卸搬运、运输、仓储等环节一起综合考虑，全面协调。

（6）包装的绿色化。包装是产生大量废弃物的环节，处理不好可能造成环境污染。包装材料最好可以反复多次使用并能回收再生利用。在包装材料的选择上，还要考虑不对人体健康产生影响，对环境不造成污染，即所谓的"绿色包装"。

3. 不合理包装的表现形式

1）包装不足

包装不足会造成在流通过程中的损失，并降低物流效率。包装不足主要包括四个方面：

（1）包装强度不足会导致包装防护性降低，造成被包装物在堆码、装卸、搬运等物流过程中被损坏。

（2）包装材料选择不当会使材料不能很好地承担运输防护及促进销售的作用。

（3）包装容器的层次及容积不足，会造成因缺少必要层次与所需体积不足而产生的损失。

（4）包装成本过低，不能保证有效的包装。

2）包装过剩

包装过剩是一种功能过剩的商品包装，其表现形式是耗用材料过多、分量过重、内部容积过大、体积过大、用料过多、成本过高等等。包装过剩体现如下。

（1）包装物强度设计过高，如包装材料截面过大等，从而使包装防护性过高，大大超过所需强度。

（2）包装材料选择不当，材料质量过高。如可以用纸板却采用镀锌、镀锡材料等，从而造成浪费。

（3）包装技术过于复杂，包装层次过多，包装体积过大。

（4）包装成本过高，一方面可能使包装成本支出大大超过减少损失可能获得的效益，减少企业利润；另一方面，包装成本在商品成本中的比重过高，损害了消费者利益。

3）包装污染

包装污染主要体现在两个方面：

（1）包装材料中大量使用的纸箱、木箱、塑料容器等，消耗了大量的自然资源。

（2）使用一次性的，甚至采用不可降解的包装材料，会严重污染环境。

4）包装标准不一致

如果没有建立企业物流统一的包装和运作标准，就会使各种物流包装各具特色，物流容器彼此不相容，无法做到单元化、标准化和通用化。另外，不同时期的包装标准缺乏衔接；不同物品物料的包装标准不一；相同物品的不同供应商包装标准不一致，等等，都会增加包装在物流过程中的管理难度，降低物流系统的效益。

4. 合理化包装的设计要点

1）根据产品特性设计包装

包装设计要符合被包装产品的特性，主要包括其物理、化学和生物学属性。根据其各方面的属性确定保护等级要求，选择包装材料、容器、技术方法和标识等。具体如下。

（1）了解产品的性质、尺寸、结构、重量和组合数，从而决定采用什么类型的包装或是否需要包装。

（2）根据产品的形状、脆性、表面光洁度和耐腐蚀性选择内衬件或缓冲件。

（3）根据产品的价值或贵重程度决定保护措施及水平。

（4）根据内装物的材质，合理选择包装材料和容器，以防发生相互作用。

（5）考察不同内装物放在一起是否有造成污染的可能性，以此来决定包装的方法。

（6）了解产品的膨胀特性、通风透气要求，决定是否有必要提供空间或空隙。

2）根据物流环境设计包装

包装在物流环境下发挥作用，合理化包装必须满足物流环境的要求。因此，包装设计时需认真考察物流环境，应该注意以下四方面的环境因素。

（1）根据整个路途的社会环境设计包装，如整个路程是否跨越国境线；沿途是途经车站还是港口，是城市还是村庄等。例如，对于途经村庄的路途，则应提高防震保护的级别，否则容易出现包装物损坏。

（2）针对不同的运输方式采用不同的包装策略，从材料选择、包装方式上加以区别。了解是公路、铁路、海运、江河还是人工或畜力运输；了解运输工具的类型、震动、冲击等因素；了解道路路面情况是否适用于集装箱运输等。

（3）根据装货、卸货的预计次数和特点，流通中转及目的地，装卸条件的机械化程度，搬运操作的文明程度，中途存放日期和条件等搬运、装卸及库存情况设计包装。

（4）根据整个路途的自然环境设计包装，了解温度、相对湿度的可能范围，有无凝结水珠的可能性，是否有暴雨袭击，是否会受海水侵蚀，所经受的大气压范围，尘土、空气污染等情况。

3）注意各种包装功能之间的平衡

包装合理化要在合理保护产品安全的基础上，尽量降低包装成本和减少物流费用。一方面，包装保护功能的提高将减少运输、储存费用，也将减少物流管理费用。另一方面，包装保护功能的提高将导致材料费、设备费、人工费、技术引进等费用的增加，结果是包装费用的增加。为了获得上述功能的合理平衡，需要在设计时考虑技术和经济上的综合效果，使产品可靠地从生产厂家到达用户手中，尽量降低物流费用，保持技术和经济之间的平衡。

二、包装标准化

包装标准化是包装管理现代化的重要组成部分，是实现包装管理高效、科学、规范、程序化的重要手段之一，是保证包装生产各部门高度统一、协调运行的有力措施。包装法规是包装生产单位开展标准化工作，建立严密的管理、执行、监督体系，制定科学完整的包装标准的直接依据，是加强标准化管理，保证标准化在生产中得到严格实施的重要手段。

1. 包装标准化的含义

包装标准化是以包装为对象开展标准化活动的全过程，即以制定、贯彻和修改包装标准为主要内容的全过程称为包装标准化。包装标准化是对包装类型、规格、制造材料、结构、造型等给予统一规定的政策和技术措施。

标准化工作的目的在于实现产品包装的科学合理，确保产品安全顺利地送到消费者手中。因此，必须制定足够数量的各类包装标准，如包装术语标准、包装标志标准、包装尺寸标准、包装件试验方法标准、包装技术标准、包装方法标准、包装管理标准、包装材料标准、包装容器标准、包装印刷标准、包装机械标准以及大量的产品包装标准等，共同构成一个独立完整的包装标准体系。

2. 包装标准的分类

包装标准的分类方法很多，从不同的角度可以进行不同的分类，主要有以下两种分类方法：①按颁布和管理的级别（适用领域和有效范围）分为国家标准、行业标准和企业标准。②按照内容分为包装基础标准、包装材料标准、包装容器标准、包装标志标准、包装技术标准、包装卫生标准、包装测试标准、产品包装标准、包装相关标准等。

三、数字智能化包装

数字智能化包装利用数字化技术、智能感知技术或功能性材料将收集的产品相关信息通过移动终端设备或包装自身表现出来，实现产品防伪、追溯、产品即时信息获取等功能，增强了消费者的体验感，是包装科技发展的必然要求和趋势，是提高包装设计和制造效率、拓展包装功能、实现包装智能化的根本途径。

1. 数字智能化包装的定义

数字化包装主要是指以包装为载体，以图像识别、AR（增强现实）、NFC（近场通信）、TTI（时间－温度指示剂）、智能传感等数字化技术为手段，实现对商品的原材料、生产、仓储、物流、销售、消费等全生命周期的数据采集，构建智慧物联网大数据平台，实现包装数字化。智能化包装是指利用先进的技术和智能化设备，将传统包装与智能技术相结合，实现包装过程的自动化、智能化和信息化。智能包装可以通过传感器、物联网、云计算等手段实现对包装过程的实时监控、数据采集和分析，从而提高包装的效率、质量和安全性。

2. 数字智能化包装的功能

1）溯源与追踪

溯源与追踪是指通过 RFID（无线射频识别）、NFC（近场通信）、区块链等技术，数字智能化包装能够记录产品的生产、仓储、物流等信息，为每个产品分配唯一的数字身份，确保产品信息的真实性和不可篡改性。消费者只需通过手机扫描包装上的二维码或 NFC 标签，即可轻松获取产品的来源、生产日期、生产批次、运输路径等详细信息。同时，可以快速验证产品的真伪，有效防止假冒伪劣产品的流通，增强产品的透明度和消费者的信任度。

2）精准营销

精准营销是指数字智能化包装能够收集消费者的购买行为、地域、年龄等信息，并通过大数据分析，为企业提供精准的消费者画像。而消费者通过扫描包装上的二维码或 NFC 标签，可以观看产品的 3D 展示、制作过程、使用教程等，增加对产品的趣味性和吸引力。这有助于企业制定和调整营销策略，实现精准营销，提高营销效果和品牌价值。

3）实时监控与管理

实时监控与管理是数字智能化包装可以嵌入传感器，实时监控产品的温度、湿度等状态信息，通过物联网技术可以实现与企业 ERP（企业资源计划）系统的无缝连接，实时更新库存信息。一旦产品状态出现异常，系统会立即发出警报，确保产品在适宜的条件下运输和储存。这有助于企业优化库存管理流程，减少库存积压和浪费，提高库存周转率和经济效益。

4）提升供应链透明度

提升供应链透明度是指数字智能化包装可以实现供应链各环节之间的信息共享和协同作业，使供应商、生产商、分销商、零售商等各方可以实时查询产品的状态信息和位置信息，预测供应链中的潜在问题和风险，提前采取措施进行防范和应对，确保供应链的稳定和安全。

3. 数字智能化包装技术

1）图像识别和 AR 技术

图像识别在商品包装外观上印制特殊处理的图形图像，通过扫描或拍照等方式，提取和识别包装外观图像中嵌入的相关信息，也可以实现包装流通的数字化跟踪、追溯、防伪、多媒体互动等功能。AR（增强现实）是利用图像特征识别进行跟踪注册并链接到云平台的典型应用，任何有足够特征的物体和图像都可以通过图像处理和识别算法建立形成物联网入口的数据链接。

2）NFC 技术

NFC 技术是当 NFC 感应设备（如手机）彼此靠近时实现数据交换的技术，是由非接触式 RFID 及互联互通技术相结合演变而来的，在单一芯片上集成感应式卡片、感应式读卡器和点对点通信功能，利用移动终端设备实现移动支付、门禁人脸识别、移动身份识别、电子票务、防伪等应用。

3）TTI（时间－温度指示）标签

TTI标签通常是基于时间和温度累积化学变化效果，例如，发生聚合反应、光致变色反应、氧化反应等；或基于累积生物变化原理，如酶反应、乳酸反应等；或基于物理特性、过程引发的变化，如扩散、热致变色等。利用以上原理或变化产生不可逆的变化，显示出时间和温度的累积效应，通常多应用于食品包装。

4）其他智能传感识别技术

根据数字化包装的不同需要，可以选择使用的智能传感技术还有很多。例如，食品包装中使用CO_2传感器可监测内装食品的新鲜状态。对承压和震动敏感的商品，则可在包装中安装压力和震动传感器，以记录商品在包装流通过程中所受的压力或震动，以及跌落的强度和频次情况。

5）印刷电子及印刷传感器技术

以导电材料、智能感知材料等为油墨，以先进的印刷技术为手段，将敏感元件印制于柔性包装材料上即为印刷传感器技术。该技术是制作传感器的有效方法。这类柔性印刷传感器的制作成本低，且与包装材料和包装结构相融合，将显著提升智能包装的开发和生产效率。

这些数字智能化包装技术的应用，不仅提高了包装行业的生产效率和产品质量，还增强了用户体验和市场竞争力。随着技术的不断发展和创新，数字智能化包装技术将在更多领域得到广泛应用和推广。

🔍 本章小结

本章首先介绍了包装的基本定义、功能和分类，然后对包装材料、包装容器及标志、包装机械以及包装技术的分类进行详细介绍；接着介绍了包装合理化的定义和表现形式，列举了不合理包装的表现形式，提出了合理化包装的设计要点；在此基础上，对包装标准化的基本概念和分类进行了简要说明，并提出了当前包装技术已经发展到数字智能阶段，阐述了当前数字智能化包装的基本概念、功能和相关技术。

 即测即练

 复习思考题

1. 简述包装的功能。

2. 简述金属包装材料的性能。

3. 简述包装机械的分类。

4. 简述包装技术的分类。

5. 简述包装不合理的表现形式。

6. 简述数字智能化包装技术。

第六章 装卸搬运

思维导图

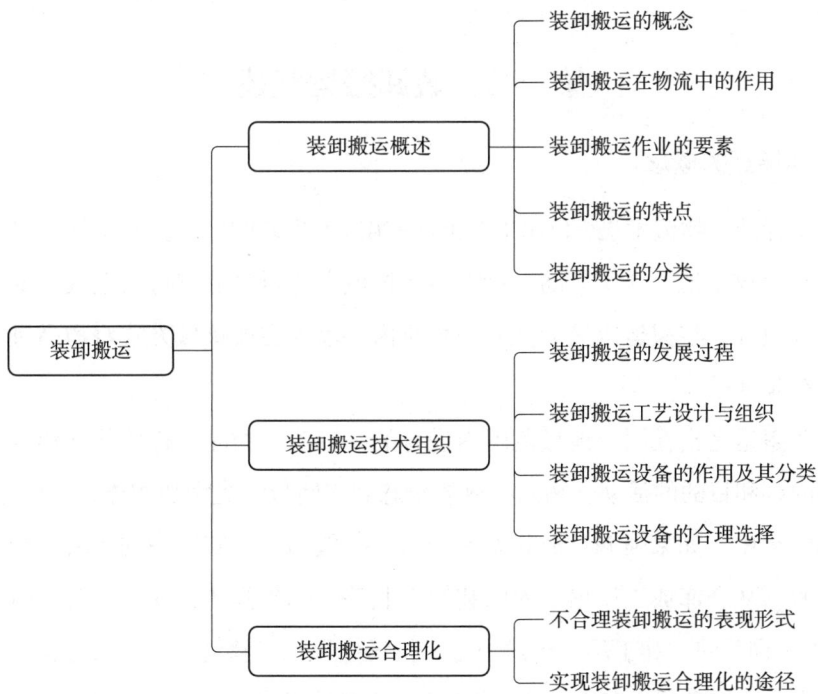

装卸搬运
- 装卸搬运概述
  - 装卸搬运的概念
  - 装卸搬运在物流中的作用
  - 装卸搬运作业的要素
  - 装卸搬运的特点
  - 装卸搬运的分类
- 装卸搬运技术组织
  - 装卸搬运的发展过程
  - 装卸搬运工艺设计与组织
  - 装卸搬运设备的作用及其分类
  - 装卸搬运设备的合理选择
- 装卸搬运合理化
  - 不合理装卸搬运的表现形式
  - 实现装卸搬运合理化的途径

学习目标

1. 了解装卸搬运的概念、作业内容和要素、特点。

2. 熟悉装卸搬运设备的作用。

3. 掌握装卸搬运工艺设计与组织原则。

能力目标

1. 了解装卸搬运作业的不同分类方式，能自主查阅相关资料拓展知识。

2. 熟悉装卸搬运的设备种类，培养独立思考和辩证分析能力。

3. 掌握装卸搬运设备选择的基本原则，能够将理论运用于实践。

导入案例

第一节　装卸搬运概述

一、装卸搬运的概念

国家标准《物流术语》（GB/T 18354—2021）将装卸定义为在运输工具间或运输工具与存放场地（仓库）间，以人力或机械方式对物品进行载上载入或卸下卸出的作业过程，将搬运定义为在同一场所内，以人力或机械方式对物品进行空间移动的作业过程。

装卸搬运是指在同一地域范围内进行的，以改变物品的存放状态和空间位置为主要内容和目的的活动。物品存放的状态和空间位置是密切相连、不可分割的。在物流活动中，如果强调存放状态改变时，一般用"装卸"一词反映，例如在保管货物时，从仓库或工厂出入库的装卸作业等；如果强调空间位置改变时，常用"搬运"一词反映，如工厂、配送中心、机场中以水平移动为主的搬运作业。在实际操作中，装卸和搬运密不可分，相伴而生。在很多情况下，单称"装卸"或"搬运"实际上既包含装卸作业也包含搬运作业。因此，在物流科学中并不过分强调两者的差别，而是将它们作为同一种活动来对待。

二、装卸搬运在物流中的作用

1. 装卸搬运是影响物流效率的重要环节

装卸搬运是随运输和保管产生的必要物流活动，是对运输、保管、包装、流通加工等物流活动进行衔接的中间环节，以及在保管等活动中为检验、维护、保养物品所进行的活动，如货物的装上卸下、移送、拣选、分类等。在物流活动的全过程中，装卸搬运活动频繁发生，因而装卸搬运活动所占用的时间是影响物流效率的重要因素。另外，在从生产到消费的流通过程中，由于装卸搬运活动频繁发生，装卸搬运作业与物品被破坏、污损造成的损失密切相关，且对货物的包装费用也有一定的影响。对装卸搬运的管理，主要是对装卸搬运方式的选择，对装卸搬运机械设备的选择、合理配置与使用，进行装卸搬运合理化操作，尽可能减少装卸搬运次数，避免造成商品损失，以提高物流效率。

2. 装卸搬运是影响物流成本的主要因素

随着工业生产规模的扩大和自动化程度的提高，物料搬运费用在工业生产成本中所占比例越来越大。据统计，美国工业产品生产过程中，装卸搬运费用占成本的 20% ~ 30%；德国企业物料搬运费用占营业额的 1/3；日本物料搬运费用占国民生产总值的 10.73%。

提高物料运输和存放过程的自动化程度，对改进物流管理、提高产品质量、降低生产成本、缩短生产周期、加速资金周转和提高整体效益有重要意义。

3. 装卸搬运是连接其他物流环节的桥梁

装卸搬运作为物流系统的构成要素之一，是为运输和保管而进行的作业。运输、保管、包装和流通加工等物流活动，都靠装卸搬运活动联结起来。在保管等活动中为检验、维护、保养所进行的装卸活动，如货物的装上卸下、移送和分类等也要通过装卸和搬运来完成。相对于运输产生的场所效用和保管产生的时间效用，装卸搬运活动本身并不创造直接价值，但它却是一个不可缺少的环节。

三、装卸搬运作业的要素

1. 操作人

虽然目前在装卸搬运作业中已经大量使用装卸搬运机械和设备，但操纵它们的主体是人。在没有机器的时代，装卸搬运靠人工进行，这种装卸称为人工装卸。在使用货车、卡车和集装箱进行运输时，仍然需要人工进行装卸搬运的指挥、操作和执行。

2. 装卸物

装卸物是需要进行装卸和搬运的对象，也称货物。根据货物种类、性质、形状、重量和大小不同，装卸搬运的方法也不同。对于普通的件杂货物，既可以一件一件地进行单件装卸，又可以用托盘或集装箱进行集装化装卸搬运。对化肥、水泥、小麦等散装固体货物的装卸，称为散装固体货物装卸；对石油、化学品、液化气等的装卸搬运，称为散装液体货物装卸搬运。

3. 装卸搬运场所

装卸搬运场所是进行装卸搬运作业的地点和环境，例如车站、码头、机场、车间、仓库、商场、露天货场等。

4. 装卸搬运时间

商品的装卸搬运有连续流动装卸搬运方式和间歇集中装卸搬运方式两种。前者是靠输送带或泵使物品进行连续流动的作业；后者是将装在集装箱里的货物用机械进行装卸搬运。采用不同方式所需的时间不同。

5. 装卸搬运手段

装卸搬运手段是指装卸搬运用的设施和机械器具等。在装卸搬运时，若以机械为主，称为机械装卸搬运；反之，则为人工装卸搬运。按照所用的机械，可分为输送带装卸搬运、叉式升降机装卸搬运、起重机装卸搬运等。

四、装卸搬运的特点

装卸搬运不仅是生产过程不可缺少的环节，也是流通过程中物流活动的重要内容。在不同的作业领域，装卸搬运有着许多共同特点，但也常常表现出不同特点。具体如下。

1. 伴生性、衔接性、保障性

在生产领域，装卸搬运是伴随生产任务而生；在流通领域，装卸搬运是伴随物流任务而生。因此，装卸搬运具有伴生性的特点。此外，装卸搬运是生产和物流活动开始及结束时必然发生的活动，是生产和物流各个环节之间过渡和衔接的关键活动，是保障生产和物流活动顺利进行的重要环节，具有衔接性、保障性的特点。装卸搬运的伴生性、衔接性、保障性不能理解为被动性。实际上，装卸搬运对其所支持的生产活动和物流活动具有一定的决定性作用，它会影响其质量和速度。例如，装卸出现问题，会引起货物在运输过程中的损失，还会导致货物转换到下一步运输的不便。

2. 作业量大，安全系数低

作为生产和流通领域的伴生性活动，装卸搬运操作在生产和物流活动中无处不在、无时不有。当涉及生产手段或运输方法的变更、存放地点的转移、货物的集散等，装卸搬运作业量都会大幅提高。当作业工作量增大时，异常情况的出现频率将增高，作业的复杂性也随之提升，从而导致装卸搬运作业中存在大量不安全的因素和隐患。因此，与其他物流环节相比，装卸搬运的安全系数较低，在装卸搬运中发生机毁人亡事故的概率较高。

3. 均衡性与波动性

装卸搬运的均衡性主要是针对生产领域而言。生产过程的基本要求是保证生产的均衡，作为生产过程的装卸搬运活动必须与生产过程的节奏保持一致。从这个意义上讲，装卸搬运基本上是均衡的、连续的、平稳的，具有节奏性。而在流通领域，车船的到发和货物的出入库作业通常是突击的、波动的、间歇的，因此装卸搬运作业必然随着物流量的波动而呈现出不均衡的特点。此外，不同运输方式因运量的差别、运速的不同，使港口、码头、车站等不同物流节点都会出现集中到货或停滞、等待等不均衡装卸搬运。

4. 稳定性和多变性

装卸搬运的稳定性主要是指生产领域的装卸搬运作业，这是与生产过程的相对稳定相联系的，特别是在大量生产的情况下更是如此，即使略有变化但通常也具有一定的规律性。在流通领域里，由于作业对象本身的品种、形状、尺寸、重量、包装、性质等各不相同，输送工具类型各异，再加上流通过程的随机性等，都决定了装卸搬运作业的多变性。因此，在流通领域里，装卸搬运应具有适应多变作业的能力，这是它的又一特点。

5. 局部性与社会性

在生产领域，每个企业生产产品的各个生产单元相对固定，其装卸搬运作业所使用的设备、设施，以及管理工艺等一般也局限于企业内部，具有局部性的特点。在流通领域，装卸搬运作业涉及面广，涉及因素涵盖整个社会。任何一个物流点的装货都有可能到任何一个物流点去卸货，任何一个货主都有可能向任何一个收货人发货，任何一个发货点都有可能成为收货点。所以，流通领域中装卸搬运作业的装备、设施、工艺、管理方式、作业标准都必须相互协调，具有社会性的特点。

6.单纯性与复杂性

在生产领域中，装卸搬运是生产过程中的一项活动，其主要作用是衔接不同的生产单元，改变物料存放状态或改变空间位置。由于生产作业本身具有均衡性、稳定性、局部性的特点，为其服务的装卸搬运活动也就较为简单。而在流通领域中，装卸搬运与运输、存储紧密相关。为了安全性和经济性，通常需要进行堆码、满载、加固、计量、取样、检验、分拣等相关作业。因此，流通领域的装卸搬运作业相对更加复杂。

五、装卸搬运的分类

装卸搬运的作业范围广泛，作业对象复杂。在进行操作之前，应根据货物的种类、体积、重量、批量、装卸搬运设备状况来确定装卸搬运作业方式。按照不同的分类标准，装卸搬运作业可以进行不同的分类。

1.按照装卸搬运作业场所分类

按照装卸搬运作业场所，可分为铁路装卸搬运、港口装卸搬运、场库装卸搬运，见表6-1。

表6-1   按照装卸搬运作业场所分类

序号	装卸搬运作业	定义
1	铁路装卸搬运	在铁路车站进行的装卸搬运作业，包括汽车在铁路车站旁的装卸作业，铁路仓库和理货场的堆码取拆、分拣、配货、中转作业，铁路车辆在货场及站台的装卸作业，装卸加固作业，以及清扫车辆、揭盖篷布、移动车辆、检测计量等辅助作业
2	港口装卸搬运	在港口进行的各种装卸搬运作业，包括码头前沿的装卸船作业，前沿与后方之间的搬运作业，港口仓库的堆码拆垛作业、分拣理货作业，港口理货场的中转作业，后方的铁路车辆和汽车的装卸作业，以及清舱、平舱、配料、计量、分装、取样等辅助作业
3	场库装卸搬运	在货主处进行的装卸搬运作业，即铁路车辆和汽车在厂矿或储运业的仓库、理货场、集散点等处所进行的装卸搬运作业

2.按照装卸搬运作业的基本内容分类

按照装卸搬运作业的基本内容，可分为堆垛拆垛作业、分拣配货作业和搬运移动作业，见表6-2。

表 6-2　按照装卸搬运作业的基本内容分类

序号	装卸搬运作业	定义
1	堆垛拆垛作业	又称堆码取拆，包括堆放作业、拆垛作业、高垛作业和高垛取货作业；按堆垛拆垛作业的场地不同，又可分为车厢、船舱内、仓库内和理货场的堆垛拆垛作业
2	分拣配货作业	将货物按品种、到站、货主等不同特征进行分类，并且按去向、品类构成等一定的原则，将已分类的货场集合车辆、汽车、集装箱、托盘等装货单元
3	搬运移动作业	为了实现堆垛拆垛和分拣配货作业而发生的搬运移动作业，包括水平、垂直、斜行等作业方式，以及由这几种形式组成的改变空间位置的作业

3. 按照装卸搬运的物品属性分类

按照装卸搬运的物品属性，可分为成件包装物品装卸搬运、超大超重物品装卸搬运、散装物品装卸搬运、流体物品的装卸搬运、危险品的装卸搬运，见表 6-3。

表 6-3　按照装卸搬运的物品属性分类

序号	装卸搬运作业	定义
1	成件包装物品装卸搬运	为了方便装卸搬运作业，对没有包装的物品需进行临时捆扎或装箱，形成装卸搬运单元，对这些装卸搬运单元进行的装卸搬运作业，称为成件包装物品装卸搬运。
2	超大超重物品装卸搬运	单件物品的重量超过 50kg 或体积超过 $0.5m^3$，都归为超大超重物品，对超大超重物品进行的装卸搬运，称为超大超重物品装卸搬运。
3	散装物品装卸搬运	散装货物本身在物流过程中处于无固定的形态，如煤炭、水泥、粮食等；对散装物品可采用连续装卸搬运作业，也可用装卸搬运技术单元如托盘等进行装卸搬运
4	流体物品的装卸搬运	流体物品是指气态或液态物品，对气体、液体物品需经过包装，盛装在一定的容器内形成成件包装物品，如瓶装、桶装；对这些物品可采取罐装车装卸搬运
5	危险品的装卸搬运	危险品是指化工产品、压缩气体和易燃易爆物品，这些物品在装卸搬运过程中有特殊的安全要求和严格的操作程序，以确保装卸搬运作业的安全；如果装卸搬运不慎，随时都有发生重大事故的危险

4. 按照装卸搬运的机械作业方式分类

按照装卸搬运的机械作业方式，可分为"吊上吊下"式作业、"滚上滚下"式作业、"叉上叉下"式作业、"移上移下"式作业、"散装散卸"式作业，见表 6-4。

表 6-4   按照装卸搬运的机械作业方式分类

序号	装卸搬运作业	定义
1	"吊上吊下"式作业	利用各种起重机械从货物上部吊起，依靠起吊装置的垂直移动实现装卸，并在吊车运行的范围内或回转的范围内实现搬运
2	"滚上滚下"式作业	港口装卸的一种水平装卸方式，常用于船上装卸搬运货物，用拖车将半挂车、平车拖拉至船上后，拖车开下离船，而载货车辆连同货物一起到达目的地，再原车开下或拖车上船拖拉半挂车、平车开下
3	"叉上叉下"式作业	用叉车从货物底部托起货物，并依靠叉车的运动进行货物的位移，位移完全靠叉车本身，货物可以不经过中途落地直接放置到目的地
4	"移上移下"式作业	在两车之间（如火车及汽车）进行靠接，把货物水平、上下移动，从一个车辆上推移到另一个车辆上
5	"散装散卸"式作业	针对散装物进行的装卸，一般从装点直到卸点，中间不再落地，是集装卸与搬运于一体的装卸搬运方式

5. 按装卸搬运货物的主要运动形式分类

按装卸搬运货物的主要运动形式，可分为垂直装卸、水平装卸，见表 6-5。

表 6-5   按装卸搬运货物的主要运动形式分类

序号	装卸搬运作业	定义
1	垂直装卸	采取提升或降落的方式进行装卸，这种装卸需要消耗较多的能源。垂直装卸是采用比较多的一种装卸形式，所用的机械设备通用性较广，如叉车等
2	水平装卸	对装卸货物采取水平移动的方式实现装卸目的，这种装卸方式不改变被装物的势能，比较节能，但是需要专门的设施，例如和汽车水平接靠的高站台，汽车与火车车皮之间的平移工具等

6. 按照装卸搬运作业的连续性分类

按照装卸搬运作业的连续性，可分为连续作业和间歇作业，见表 6-6。

表 6-6   按照装卸搬运作业的连续性分类

序号	装卸搬运作业	定义
1	连续作业	货物支撑状态和空间位置的改变是连贯、持续的流水式进行的，主要使用连续输送机械等专用机械进行作业
2	间歇作业	货物支撑状态和空间位置的改变是断续、间歇、重复、循环进行的，主要使用起重机械、工业车辆、专用机械进行作业

7. 按照装卸搬运的作业对象分类

按照装卸搬运的作业对象，可分为单件装卸、单元（集装）装卸和散装货物装卸。下面具体介绍前两种方式。

1）单件装卸

单件装卸是指对单件货物进行逐件装卸操作的方法。单件作业对机械、装备、装卸条件要求不高，因而机动性较强，不受固定设施、设备的地域局限。

单件作业可采取人力、半机械化及机械装卸。由于逐件处理装卸速度慢，容易出现货损及货差，作业对象主要是包装杂货、多品类、小批量货物及单件大型笨重货物。

2）单元（集装）装卸

单元（集装）装卸是指用集装化工具将小件或散装物品集成一定质量或体积的组合件，以便于用机械进行作业的装卸方式。

单元装卸的速度快，装卸时不逐个接触货体，因而货损小，货差也小。集装作业的对象范围较广，一般除特大、重、长货物和粉、粒、液、气状货物外，都可进行集装作业。粉、粒、液、气状货物经一定包装后，也可进行集装作业；特大、重、长的货物，经适当分解处理后，也可采用集装作业。单元（集装）装卸作业可分为托盘装卸、集装箱装卸、货捆装卸、集装网和集装袋装卸。

第二节　装卸搬运技术组织

一、装卸搬运的发展过程

从技术发展的角度看，物料装卸搬运的发展过程主要经历了以下阶段，如图 6-1 所示。

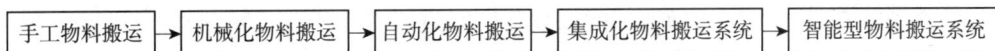

手工物料搬运 → 机械化物料搬运 → 自动化物料搬运 → 集成化物料搬运系统 → 智能型物料搬运系统

图 6-1　物料装卸搬运的发展过程

自动化物料搬运，是用于自动化仓库、自动存取系统、自动导引车、电眼感应装置及条码识别机器人等场景的搬运方案。自动化搬运具有灵活性强、自动化程度高的特点，可节省大量劳动力，维护劳动者的健康。集成化物料搬运系统，即通过计算机使若干自动化搬运设备协调动作组成一个集成系统，并能与生产系统相协调以取得更好的效益。智能型物料搬运系统能将计划自动分解成人员、物料需求，并对物料搬运进行规划和实施。总之，以智能、集成、信息为基础的物料搬运系统将是今后发展的趋势。

二、装卸搬运工艺设计与组织

装卸搬运工艺设计是指对一次或者同一种类型的装卸作业过程中设备、人员、线路的计划安排，这种安排包括数量和操作方法的确定。装卸搬运组织则是装卸工艺设计和工艺实施的过程。良好的工艺设计是物流作业高效率、有秩序、充分利用人力与设备资源的保障，同时，也是降低作业成本、防止作业事故的经营管理和安全管理的条件。

1. 设备确定

在装卸工艺设计前，首先要充分掌握装卸搬运作业可使用的设备情况，包括作业设备的数量、作业能力、工况、所处位置等，以便调度；同时，还需要掌握作业对象，如包装、规格、单重、作业位置等情况。

1）合理使用设备

各种作业设备都具有各自的作业特性和作业能力，合理地使用它们能使设备发挥最佳的功能，并保证作业安全。作业设备间的合理配合也是设备使用需要考虑的因素，严密的配合才能保证作业的顺畅并且发挥每一台设备的作用。

设备的选用原则是：使用标准化的设备；设备功能与货物特性、搬运要求相匹配；搬运设备的载重量最接近被搬运货物的重量；使用适合场地作业的设备。

2）合理安排设备数量

作业时应充分利用设备，但在一个作业现场，设备太多也会相互阻碍，反而降低效率。在设备不多的场地，同一设备同时进行多项作业（间隙作业），是一种充分利用设备、提高整体效率的较好安排。

确定装卸搬运设备台数的公式为 $Z = Q/M$，式中，Z 为所需设备台数（台）；Q 为装卸搬运作业量（吨）；M 为所使用设备的生产定额（台）。

2. 人员安排

人员的安排是装卸工艺组织的重要方面。装卸搬运作业的人力工种有：设备操作、辅助设备作业、打码作业、人力装卸搬运作业。

（1）设备操作人员应与设备为一体，根据设备操作的需要确定人员。当然也可以采用换班的停工不停机方式运行设备，这就需要安排相应的几套操作人员，且设备操作人员必须具有相应的资格。

（2）辅助设备作业是根据设备作业的需要，对设备作业进行挂钩、脱钩、扶持、定位等人力作业，人数因不同设备而异，要基本稳定地与设备配套。

（3）打码作业是为设备作业服务的人力作业，一般一个打码组由 3 ～ 5 名工人组成，一个作业点设一个打码组，作业效率很高的龙门吊等可以安排 2 ～ 3 个打码组。

（4）人力装卸搬运作业是需要较多工人的人力作业，作业效率极低。只有在特殊环境下，如偶尔的作业、设备损坏时的应急、冷库内的作业等，才使用这种方式，其余作业尽可能采用机械作业。

3. 作业线路安排

1）作业线路要求

作业线路应符合以下要求：

（1）应尽可能使作业线路最短。

（2）选择的作业线路应道路平坦，能保证搬运设备的顺畅运行。

（3）作业线路尽可能没有大幅度、大角度的转向。

（4）同时进行不同作业的作业线路不交叉，且保持同一方向运行。

（5）作业线路不可穿越其他正在进行的作业现场。

2）搬运线路类型

搬运线路可分为直达型、渠道型和中心型，见表6-7。

表 6-7　搬运线路的类型

序号	搬运线路	定义	示意
1	直达型	直达型是指物料经由最近路线到达目的地；当物流量大、距离短或距离中等时，一般采用直达型线路是最经济的	
2	渠道型	渠道型是指物料在预定路线上移动，同来自不同地点的其他物料一起运送到同一个终点；当物流量中等或较小，而距离为中等或较长时，采用渠道型是经济的，尤其当布局不合理时则更为有利	

续表

序号	搬运线路	定义	示意
3	中心型	中心型是指各种物料从起点移动到一个中心分拣处或分发地区，然后再运往终点；当物流量小而距离中等或较远时，采用中心型非常经济，尤其是当场地外形基本上是正方形且管理水平较高时更为有利	A B C D

4.装卸搬运作业的劳动组织

物料装卸搬运作业的劳动组织是指按照一定的原则，将有关人员和设备以一定方式组合起来形成的一个有机整体。装卸搬运作业的劳动组织大致可分为两种基本形式，即工序制劳动组织形式和包干制劳动组织形式，见表6-8。

表 6-8   工序制和包干制劳动组织形式的区别

序号	劳动组织形式	定义	优点	缺点
1	工序制劳动组织形式	按作业内容或工序，将有关人员和设备分别组合成装卸、搬运、检验、堆垛、整理等作业班组，由这些班组组成一条作业线，共同完成各种装卸搬运作业	可以保证作业质量，提高作业效率	容易出现工序之间衔接不紧密、不协调的情况，并且当作业量不均衡或者各个工序的作业进度不一致时，其综合作业能力容易受到最薄弱环节的影响
2	包干制劳动组织形式	将分工不同的各种人员和功能不同的设备共同组合成一个班组，对装卸搬运活动的全过程承包到底，全面负责	作业的协调性和灵活性较强	同一个作业班组内配置多种人员和设备，不利于实现专业化，不利于提高人员的劳动熟练程度，从而影响劳动生产率的提高

一般来说，对于规模比较大的装卸搬运作业部门，由于人员多、设备齐全、任务量大，可采用工序制劳动组织形式，否则应采取包干制劳动组织形式。

三、装卸搬运设备的作用及其分类

1.装卸搬运设备的作用

装卸搬运设备是机械化生产的重要组成部分，是实现装卸搬运作业机械化的物质技术基础，是实现装卸搬运合理化、高效化、省力化的重要手段。在装卸搬运作业中，要不断反复进行装、搬、卸操作，这些都靠装卸搬运设备进行有效的衔接。因此，合理配置和应用装卸搬运设备，安全、迅速、优质地完成货物装卸、搬运、码垛等作业任务，在加快现代物流发展，促进经济发展中具有十分重要的作用。装卸搬运设备实现机械化带来的效益主要体现在如下方面。

（1）提高装卸效率，节约劳动力，减轻装卸工人的劳动强度，改善劳动条件。

（2）缩短作业时间，加速车辆周转，加快货物的送达和发出。

（3）充分利用货位，加速货位周转，减少货物堆码的场地面积，提高车站、码头和仓库的利用率。应用装卸搬运设备进行装卸搬运作业，装卸搬运的速度很快，堆码高度高，因此可以及时腾出货位，减少场地面积。

（4）提高装卸质量，减少货损货差等，保证货物的完整和运输安全。特别是对于长、大等笨重货物，依靠人力难以完成其装卸搬运作业，即使勉强完成，也难以保证质量。

（5）降低装卸搬运作业成本，从而降低物流成本，提高经济效益。应用装卸搬运设备进行作业，可以极大地提高装卸搬运作业的效率，而效率的提高可使单位货物的作业费用相应地减少，使装卸搬运作业成本降低，从而降低物流成本，提高经济效益。因此，科学地使用好、管理好装卸搬运设备，充分发挥装卸搬运设备的潜能，实现装卸搬运机械化作业，是取得良好装卸搬运效果的重要手段。

2. 装卸搬运设备及其分类

流通过程中商流、物流的分离，是流通过程各环节专业化程度提高的必然结果；特别是物流过程中运输和存储的大型化、专业化，促进了装卸搬运业的发展，同时装卸搬运业的发展，对装卸搬运合理化提出了新的要求，首先表现在装卸搬运工具的更新上。为了适应装卸搬运业发展的需要，我国生产领域的机械制造工业部门形成了一个门类齐全的装卸搬运设备制造业，即起重运输机械制造行业。这个行业的形成对我国装卸搬运机械化、自动化水平的提高起到了重要的作用。为了对装卸搬运设备进行分类管理，装卸搬运设备可以按用途和结构特点进行分类。

1）按装卸搬运设备的用途分类

装卸搬运设备按用途可分为单件作业设备、集装作业设备、散装作业设备三大类，其具体分类见表 6-9。装卸搬运设备示例如图 6-2 ~图 6-7 所示。

表 6-9　按装卸搬运设备的用途分类

类别	装卸搬运设备名称	特点
单件作业设备	桥式类型起重机（图 6-2）	单件作业使用的各种装卸搬运设备也可用于各种集装单元的装卸搬运作业
	门式类型起重机	
	臂式类型起重机	
	梁式类型起重机	
	悬挂输送机	
	辊子输送机	
	带式输送机（图 6-3）	
	板式提升机	
	电梯、升降台、升降机	
	大型叉车、侧叉、跨车	
	件货装（卸）船（车）机	
	各类分拣设备	
	盘式输送机	
	链式输送机（图 6-4）	
集装作业设备	集装箱龙门起重机	
	岸臂集装箱起重机	
	集装箱叉车	
	集装箱跨车	
	侧面类型集装箱装卸车	
	水平类型集装箱装卸车	
	滚装类型集装箱装卸车	
	挂车和底盘车	
	牵引车	
	堆垛机（图 6-5）	
	托盘搬运车、移动器	
	叉车（图 6-6）	
	码盘机、卸盘机	
	给盘机	
	汽车尾板装卸装置	
散装作业设备	斗式类型装卸机	
	斗轮类型装卸机	
	侧翻类型装卸机	
	抓斗类型装卸机	
	连续输送机	
	气力输送装置	

图 6-2　桥式类型起重机

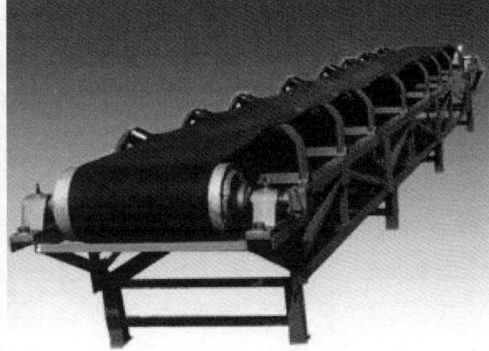

图 6-3　带式输送机

图 6-4　链式输送机

图 6-5　堆垛机

图 6-6　叉车

2）按装卸搬运设备的结构特点分类

按装卸搬运设备的结构特点可分为起重机械、输送机械、工业车辆、专用机械四大类，其具体分类见表 6-10。

表 6-10   按装卸搬运设备的结构特点分类

类别	装卸搬运设备名称		特点
起重机械	起重机	桥式类型起重机	间歇动作 重复循环 短时载荷 升降活动
		门式类型起重机	
		臂式类型起重机	
		梁式类型起重机	
	升降机	电梯	
		升降台	
	轻小起重设备	电动葫芦	
		绞车	
输送机械	有牵引构件的输送机	悬挂输送机	连续动作 循环运动 持续载荷 路线一定
		带式输送机	
		板式输送机	
		链式输送机	
		斗式提升机	
		板式提升机	
		自动扶梯	
	无牵引构件的输送机	螺旋输送机	
		辊子输送机	
		振动输送机	
	气力输送装置	悬浮式气力输送装置	
		推送式气力输送装置	
工业车辆	叉车	前移式叉车	轮式无轨底盘上装有起重、输送、牵引或承载装置，进行流动作业
		插腿式叉车	
		平衡重式叉车	
		侧面升降叉车	
	牵引车（图6-7）	挂车	
		底盘车	
专用机械	翻车机		专用取物装置的起重、输送机械或工业车辆的综合，一般进行专用作业
	堆垛机		
	集装箱专用装卸机械		
	托盘专用装卸机械		
	船舶专用装卸机械		
	车辆专用装卸机械		

图 6-7　牵引车

四、装卸搬运设备的合理选择

装卸不同类的货物，在不同的装卸搬运场所，所需要的装卸搬运设备也不尽相同。装卸搬运设备的合理选择，无论是在降低装卸搬运费用上，还是在提高装卸搬运效率上，都有着重要的意义。

1. 选择装卸搬运设备的基本原则

装卸搬运设备的选择，应本着经济合理、提高效率、降低费用的总要求。在装卸搬运设备的选择上，具体应遵循以下基本原则：

（1）应根据所需物品的装卸搬运特征和要求，合理选择具有相应技术特性的装卸搬运设备。各种货物的单件规格、包装情况、物理化学性能、装卸搬运的难易程度等，都影响装卸搬运设备的选择。因此，应从作业安全和效率出发，选择合适的装卸搬运设备。

（2）应根据物流过程中运输和储存作业的特点，选择合理的装卸搬运设备。货物在运输过程中，不同的运输方式具有不同的作业特点。因此，在选择装卸搬运设备时，应根据不同运输方式的作业特点，选择与之相适应的装卸搬运机械设备。同样，货物在搬运中也有其相应的作业特点，诸如储存物品类型规格各异、作业类别较多、进出数量难以控制、装卸搬运次数较多和方向多变等。因此，为适应储存作业的特点，在选用机械作业时尽可能选择活动范围大、通用性强、机动灵活的装卸搬运设备。

（3）根据运输和储存的具体条件和作业需要，在正确估计和评价装卸搬运的使用效益的基础上，合理选择装卸搬运设备。也就是说，在选择机械设备时一定要坚持技术、经济的可行性分析，使设备的选择建立在科学的基础上，以达到充分利用机械设备和提高作业效率的目的。

2. 装卸搬运设备的合理选择

根据装卸搬运设备选择的基本原则，在考虑货物重量、货物移动状态和移动距离的情况下，有关装卸搬运机械、器具的合理选择可参照表 6-11。

表 6-11　装卸搬运机械、器具的合理选择

作业	物的运动	货物重量/kg	移动距离/m	手推车	手动搬运车	电动搬运车	电动步行搬运叉车	叉车	侧面升降叉车	小型自动装卸货车	牵引车	运货汽车
搬运移送	水平（间歇）	50～100	5～15	√	√							
			15～50	√	√							
		100～250	5～50			√	√					
			50～200			√	√					
		250～500	5～50				√	√	√	√		
			50～200				√	√	√	√		
			200以上									
		500～1500	5～50					√	√	√	√	
			50～200					√	√	√	√	√
			200以上								√	√
		1500～3000	15～200					√			√	
			200以上								√	√

注：表中"√"表示被选的装卸搬运机械或器具。

对输送机的选择，可参照表 6-12。

表 6-12　输送机的选择

作业	物的运动	货物重量/kg	移动距离/m	输送机								
				重力式			动力式					
							带移动轮		固定设备			
				辊子输送机	算盘式输送机	滚轮式输送机	传送带	板条式输送机	辊轮输送机	链式输送机	吊运式输送机	盘式输送机
搬运移送	水平（间歇）	单个物品 1～10	0				√					√
			15～50	√	√	√	√					√
		10～30	3～10	√	√	√	√					√
			10～50		√	√	√	√				√
		30～50	3～50				√		√	√	√	√
		50～1000	50～500				√		√	√		
		集装 300～1500	3～50				√		√	√	√	
			50～500				√		√	√		

注：符号"√"意义同表 6-11。

不同的输送方式，对装卸搬运设备的选择具有特殊要求。例如，铁路、船舶、飞机的货物装卸搬运多数是在特定的设施内，使用特殊的专用设备进行或采用集装方式进行，以求得高效率；对于散装货物、流体货物、钢材等特殊货物进行大量的装卸时，分别采用各种专用装卸搬运设备进行作业。卡车的装卸作业有很多情况，如在物流设施内外、卡车终端站、配送中心等。所以，装卸搬运设备的选择不尽相同。

第三节　装卸搬运合理化

一、不合理装卸搬运的表现形式

1. 过多的装卸次数

过多的装卸次数必然导致损失的增加。物流过程中，货损发生的主要环节是装卸环节，而在整个物流过程中，装卸作业又是反复进行的，从发生的频率来看，超过任何其他活动。从发生的费用来看，一次装卸的费用相当于几十千米的运输费用，因此，每增加一次装卸，费用就会有较大比例的增加。此外，装卸次数增加会大大阻碍整个物流的速度，由此可见，装卸是降低物流速度的重要因素。

2. 过多的包装装卸

过大过重的包装将消耗较大的劳动力。在装卸时反复在包装上消耗劳动，这一消耗不是必需的，因而形成无效劳动。

3. 无效物资的装卸

无效物资的装卸将反复消耗劳动力。进入物流过程的货物，有时混杂着没有使用价值或对用户来讲使用价值不对路的各种残杂物。在反复装卸时，对这些无效物资反复消耗劳动力，因而形成无效装卸。

二、实现装卸搬运合理化的途径

装卸搬运作为物流的一个非常重要的作业过程，既不能改变货物的性质，也不能创造新的价值；但是由于它伴随着物流活动的每一个环节，每一次装卸搬运活动都会有劳动力的消耗，同时还伴有设备的投入和货物的损耗、损坏等，因此，必须严格管理装卸搬运的次数及作业质量，科学地组织装卸搬运过程，更加合理地进行装卸搬运作业。以下是实现装卸搬运合理化的主要方法，可供物流企业参考。

1. 减少装卸搬运作业次数

装卸搬运作业次数指产品生产和流通过程中，发生装卸搬运作业的总次数。对企业物流而言，在产品生产过程中，从原材料进厂卸车到库，经生产流水线产品的生产到产成品入库待运，要发生很多次装卸搬运作业，产成品由生产领域到流通领域直至最终消费者也需要很多次的装卸搬运。如果不对装卸搬运次数进行严格管理和组织，物流作业的流程中就会出现不必要的装卸搬运，从而使装卸搬运费用增加，货物在搬运中的损耗增大。影响装卸搬运作业次数的因素很多，但主要是物流作业的组织和调度。因此，必须合理设计物流作业流程，安排合理的物流作业方式，同时根据货物的特性改善物流仓库的设计和布局安排，从根本上减少装卸搬运作业的次数。

2. 提高装卸搬运的活性

货物的存放状态对装卸搬运作业的方便（或难易）程度，称为货物的活性，也称为装卸搬运活性。活性可用活性指数来衡量。

根据物品码放的不同状态，可以确定其活性指数，基本原则见表6-13。

表 6-13 装卸搬运活性指数

序号	货码堆放的状态	活性指数
1	零散堆放在地面上	0
2	放入箱子里（集装）	1
3	堆码在托盘或者搬运车上	2
4	装在台车或者无篷货车上	3
5	集装码放在传送带上	4

由表6-13可知，活性指数越大，物品越便于装卸搬运，因此，在物流装卸搬运作业中，应尽可能提高活性指数，使物品便于装卸搬运，从而提高装卸搬运效率，减少劳动消耗，降低装卸搬运成本。在实际物流活动中，往往每一个环节都会伴随着装卸搬运作业活动，一个环节上的物品装卸搬运后，存储状态的活性指数必须高于上一个环节，例如，散装货物放到货架上必须考虑集装，集装货物搬运后最好一次性放在托盘上或进行必要的支垫，以便于机械化搬运，依次放在搬

运车上或传送带上，这样就更能提高装卸搬运效率。因此，在装卸搬运作业活动中，要时刻考虑到下一步工序要比上一步的活性指数高，即步步活化。

3. 位移最小化

在装卸搬运活动中，应尽可能地缩短货物的位移，因为货物位移是劳动力消耗和设备能源消耗的主要原因，也是装卸搬运中时间的主要消耗源。因此，缩短位移就可以降低装卸搬运的成本，提高装卸搬运效率，使装卸搬运尽可能合理化。

4. 合理使用装卸搬运设备

在装卸搬运作业中，应尽可能地用机械作业替代人工作业，以提高装卸搬运效率。这也是装卸搬运合理化的重要手段，主要表现如下。

（1）机械可以使人从繁重、费力、缓慢、低效的装卸搬运工作中摆脱出来，提高搬运速度，降低成本。

（2）合理使用装卸搬运设备，使设备和人力有效组合，从而降低物流成本。

5. 实现省力化作业

目前，随着物流的发展、机械化水平的不断提高，装卸搬运设备在物流作业中得到了广泛应用。但是，大量的装卸搬运活动还是主要靠劳动力完成。因此，在装卸搬运合理化的过程中要考虑到利用物理学中力的原理，尽可能使作业活动省力化，从而减少劳动和能源的消耗。

在装卸搬运中省力化的方法很多，常用的有以下几种。

（1）利用货物本身的重力。它指的是借助货物本身的重力实现货物位移的作业，如：卸车时为了省力，使用滑板或滑槽将货物滑下，就是依靠货物本身的重力作为动力的一部分，从而减轻搬运中人力的消耗。

（2）减少货物的垂直位移。货物的垂直位移是装卸搬运中最主要的耗力作业，为了省力，要设法减少货物的垂直位移。如：一般仓库、货栈的站台都和货车的货箱在同一水平位置，就是为了减少装车、卸车中的垂直位移。

（3）减少不必要的装卸搬运动作。通过对装卸搬运工作人员劳动动作的受力分析，尽可能减少不必要的装卸搬运动作，使装卸搬运过程中人力的疲劳度降低。

6. 采用系统化方法

系统化方法就是将各个装卸搬运活动作为一个有机的整体。实施系统化管理，主要是运用系统化方法，使整个物流活动中装卸搬运的协调性提高，从而提高装卸搬运效率，使装卸搬运的总费用降低。

本章小结

本章首先介绍了装卸搬运的基本内容，包括装卸搬运的概念，装卸搬运在物流中的作用，装卸搬运作业的要素，装卸搬运的特点及分类；其次，介绍了装卸搬运的发展过程，详细阐述了装卸搬运的工艺设计与组织原则，装卸搬运设备的种类、作用，以及装卸搬运设备选择的基本原则和合理选择；最后，介绍了不合理装卸搬运的表现形式和实现装卸搬运合理化的途径。

即测即练

复习思考题

1. 简述装卸搬运在物流中的作用。

2. 装卸搬运的作业内容和要素、特点是什么？

3. 简述装卸搬运作业的不同分类方式。

4. 怎样合理选择装卸搬运设备？

5. 简述装卸搬运的活性。

6. 不合理装卸搬运的表现形式有哪些？

7. 如何实现装卸搬运合理化？

第七章 配送管理

🔍 **思维导图**

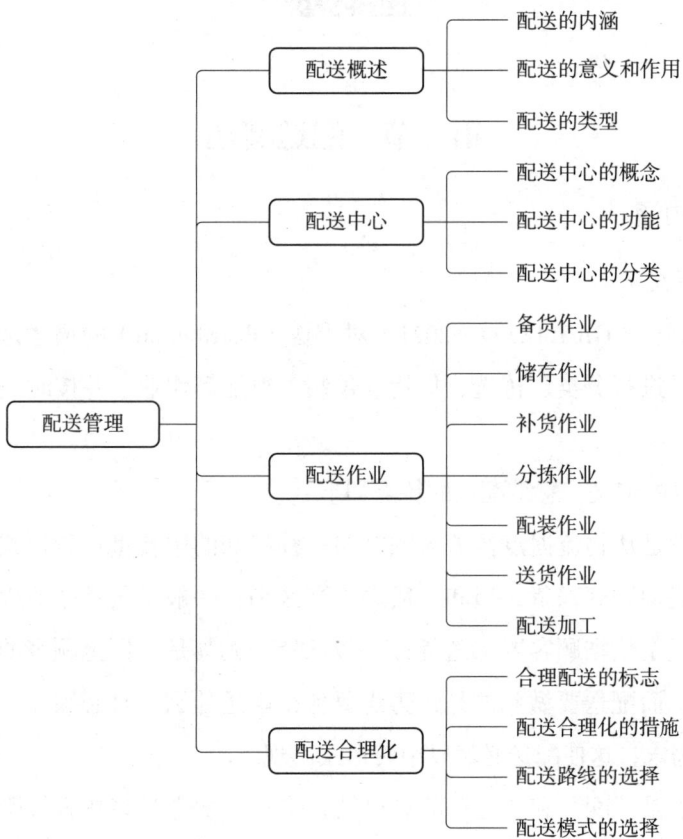

学习目标

1. 理解配送与运输、配送与物流的概念关系。

2. 掌握配送的基本环节和基本类型。

3. 理解配送中心与物流中心的区别。

4. 掌握配送的作业步骤。

5. 掌握配送路线确定的方法。

能力目标

1. 了解配送管理发展趋势，能自主查阅相关资料拓展知识。

2. 熟悉末端配送实施策略，培养思辨和解决问题的能力。

导入案例

第一节　配送概述

一、配送的内涵

1. 配送的定义

《物流术语》（GB/T 18354—2021）对配送（distribution）的描述是：根据客户要求，对物品进行分类、拣选、集货、包装、组配等作业，并按时送达指定地点的物流活动。

分析配送的定义，总结配送的特点如下：

（1）配送是从物流据点至需求顾客的一种特殊的中转型送货形式。配送的表现形式虽然是向顾客送货，但和一般送货有区别：一般送货是企业生产什么就送什么，而配送是依据顾客要求送货；一般送货，尤其是工厂至顾客的送货往往是直达型送货，而配送要做到的是顾客需要什么就送什么，且必须在一定的中转环节筹集这些需求，这使配送必然以中转形式出现。

（2）配送是"配"和"送"的有机结合形式。配送是将顾客订购的商品在物流节点拣选、组配后，送交顾客。因此，配送中除"运"和"送"的活动之外，还涉及大量的分拣、配货、配装等工作。"配"是"送"的前提和条件；"送"是"配"的实现和完成。"配"与"送"两者相辅相成，缺一不可。

（3）配送是一种门到门的服务形式。配送是按照顾客订货的要求，以供给者送货到户的服务方式，将货物从物流节点送到顾客指定的交货地点，如顾客仓库、营业所、车间等。因此，从其服务方式来看，配送是一种门到门的服务，这也决定了在配送中顾客的主导地位和配送企业的服务地位。

（4）配送活动受地域和空间的影响。这是从配送经济合理性的角度考虑的。因为随着销售市场的不断扩大，就需要按照一定的经济区域来划分目标市场，建立起高效、快捷的配送网络来满足顾客的要求，同时尽可能降低配送成本。因此，在大多数情况下，配送表现为一种末端的有计划的支线送货活动。

2. 配送与运输

一般情况下，运输和配送这两个词经常一起使用，其原因是要完成整个物流活动，通过运输及配送才能将货物送到最终消费者手里。要理解这一点，必须了解运输与配送的关系。简单地说，运输是两点之间货物的输送；而配送是指一点对多点的货物运输过程。可以这样理解，所有物品的移动都是运输，而配送则专指短距离、小批量的运输。因此可以说，运输是指整体，配送则指其中的一部分，而且配送的侧重点在于"配"，它的主要意义也体现在"配"字上；而"送"是为最终实现资源配置的"配"而服务的。运输和配送的区别见表 7-1。

表 7-1　运输和配送的区别

内容	运输	配送
运输性质	干线运输	支线运输、区域内运输、终端运输
运输特点	少品种、大批量	小批量、多品种
运输工具	大型货车或火车、船舶	小型货车
管理重点	效率优先	服务优先
附属功能	装卸、捆包	装卸、保管、包装、分拣、流通加工、订单处理等

3. 配送与物流之间的关系

1）从物流的角度看

从物流来讲，配送的距离较短，位于物流系统的最末端，处于支线运输、二次运输和末端运输的位置，即到最终消费者的物流。但是在配送过程中，也包含着其他的物流功能（如装卸、储存、包装等），是多种功能的组合，可以说配送是物流的一个缩影或在某小范围内物流全部活动的体现，也可以说是一个小范围的物流系统。一般的配送集装卸、包装、保管、运输于一体，通过这一系列活动完成将货物送达的目的。特殊的配送还要以加工活动为支撑，所以包括的范围更广。但是，配送的主体活动与一般物流却有区别，一般物流是运输及保管，而配送则是运输及分拣配货。分拣配货是配送的独特要求，也是配送中有特点的活动，以送货为目的的运输是最后实现配送的主要手段，从这一主要手段出发，常常将配送简化地看成运输的一种。

2）从商流的角度看

从商流来讲，配送和物流的不同之处在于，物流是商物分离的产物，而配送则是商物合一的产物，配送本身是一种商业形式。虽然，作为物流系统环节之一的配送在具体实施时，也是以商物分离的形式实现的。但从配送的发展趋势看，商流与物流越来越紧密的结合，是配送成功的重要保障。

二、配送的意义和作用

1. 完善了输送及整个物流系统

第二次世界大战之后，由于大吨位、高效率运输力量的出现，干线运输无论在铁路、海运抑或公路方面都达到了较高水平，长距离、大批量的运输实现了低成本化。但是，在所有的干线运输之后，往往都要辅以支线或小搬运，这种支线运输及小搬运成了物流过程的一个薄弱环节。这个环节有许多与干线运输不同的特点，如灵活性、适应性、服务性。这些特点导致运力利用不合理、成本过高，且这些问题难以解决。采用配送方式，从范围上讲将支线运输及小搬运统一起来，加上上述的各种优点使输送过程得以优化和完善。

2. 提高了末端物流的效益

采用配送方式，可增大经济批量以达到规模效应、降低进货成本，又通过将各种用户商品集中在一起进行一次发货，代替了分别向不同用户小批量发货，以此实现经济地发货，使末端物流经济效益提高。

3. 通过集中库存使企业实现低库存或零库存

实现了高水平的配送之后，尤其是采取准时配送方式之后，生产企业可以完全依靠配送中心的准时配送而无须自己保有库存。或者，生产企业只需保持少量保险储备而不必留有经常储备，这就可以实现生产企业的"零库存"，将企业从库存的包袱中解脱出来，同时释放出大量储备资金，改善企业的财务状况。实行集中库存，集中库存的总量远低于不实行集中库存时各企业分散库存之总量；同时增加了调节能力，也提高了社会经济效益。此外，采用集中库存可利用规模经济的优势，使单位存货成本下降。

4.简化事务，方便用户

采用配送方式，用户只需向一处订购，或和一个进货单位联系就可订购到以往需要去许多地方才能订到的货物，只需组织对一个配送单位的接货便可代替高频次接货，因而大大减轻了用户的负担，也节省了开支。新冠疫情防控期间，从事末端配送的快递员勇敢逆行，为居家抗疫的群众送去生活物资，在保障民生中发挥了重要作用。

5.提高供应保障程度

若生产企业自己保持库存、维持生产，受库存费用的制约，通常供应保障程度很难提高。若采取配送方式，配送中心可以比任何企业的储备量更大，因而对每个企业而言，中断供应、影响生产的风险便相对缩小，使用户免去短缺之忧。

三、配送的类型

在不同的市场环境下，为适应不同的生产和消费需求，配送表现出多种形式。这些配送形式各有优势，同时也有各自的适应条件。

1.按配送服务的范围划分

1）城市物流配送

城市物流配送即向城市范围内的众多用户提供服务的配送。其辐射距离较短，多使用载货汽车配送，机动性强、供应快、调度灵活，能实现小批量、多批次、多用户的门到门配送。

2）区域物流配送

区域物流配送是一种辐射能力较强、活动范围较大，可以跨省、市的物流配送活动。它具有以下特征：经营规模较大，设施齐全，活动能力强；货物批量较大而批次较少；区域配送中心是配送网络或配送体系的支柱。

2. 按配送主体的不同划分

配送的主体通常有配送中心、商店、仓库、生产企业等。各主体配送的差异见表 7-2。

表 7-2   配送按主体划分

对比内容	配送主体			
	配送中心	商店	仓库	生产企业
界定	配送的组织者是专职从事配送业务的配送中心	配送的组织者是商业或物资经营网点	以一般仓库为据点进行配送的形式	配送的组织者是生产企业
优点	配送的数量大、品种多、半径大、能力强	网点多、品种齐全、配送半径小，机动灵活、易组织配送	可利用仓库原有资源，无须大量投资，启动较快	减少产品发运的中转环节
局限性	需要大规模的配套设施，投资较大，且一旦建成则机动性较差	一般规模不大，实力有限	配送规模较小，专业化程度低	无法像配送中心那样依靠产品凑整运输取得优势
承担业务	企业主要生产物资的配送及向商店补充性配送等	零售业务、生产企业非主要生产物资的配送	在仓库保持原有功能前提下，增加配送功能	多品种生产企业的产品配送
作用地位	配送的主体形式	配送中心配送的辅助及补充形式	配送中心配送的辅助及补充形式	配送中心配送的辅助及补充形式

3. 按配送时间及数量划分

1）定时配送

即按规定时间或时间间隔进行配送。每次配送的品种及数量可按计划进行，也可在配送前由供需双方商定。定时配送的几种具体形式见表 7-3。

表 7-3   定时配送的具体形式

形式	定义	特点
小时配	接到配送订货要求 1 小时内将货物送达	适用于一般消费者突发的个性化配送需求，也经常用作应急的配送方式
日配	接到订货要求 24 小时之内将货物送达	较为广泛采用的方式，可使用户获得在实际需要的前半天得到送货服务的保障，基本上无须保持库存
准时配	按照双方协议时间，准时将货物配送到用户的一种方式	比日配更为精准，可实现零库存，适用于装配型、重复、大量生产的企业用户，往往是一对一的配送
快递	一种在较短时间内实现货物的送达，但不明确送达具体时间的快速配送方式	一般而言其覆盖地区较为广泛，服务承诺期限按不同地域会有所变化

2）定量配送

即按事先协议规定的数量进行配送。这种方式货物数量固定，备货工作有较强的计划性，容易管理。

3）定时定量配送

即按规定的配送时间和配送数量进行配送，兼有定时、定量两种方式的优点，是一种精准的配送服务方式。

4）定时定路线配送

即在规定的运行路线上，按配送车辆运行时间表进行配送，用户在指定时间到指定位置接货。

5）即时配送

即完全按用户突发的配送要求立即进行配送的应急方式，是对各种配送服务的补充和完善，灵活但配送成本很高。

4. 按配送品种和数量的不同划分

按配送品种和数量的不同，可将配送分为三种类型，见表7-4。

表 7-4　配送按品种和数量划分

配送类型	具体解释
单（少）品种大批量配送	配送的商品品种少、批量大，无须与其他商品搭配即可使车辆满载
多品种小批量配送	按用户要求将所需各种物资配备齐全，凑整装车后由配送据点送达用户的一种配送方式
配套成套配送	按生产企业的需要，将生产每台产品所需的全部零部件配齐，按生产节奏定时送到生产线装配产品

5. 按配送企业业务关系划分

1）综合配送

即配送商品种类较多，在一个配送网点中组织不同专业领域的产品向用户配送的方式。

2）专业配送

即按产品性质、形状的不同适当划分专业领域的配送方式。其突出优势在于可以根据专业的共同要求来优化配送设施，优选配送机械及配送车辆，制定适用性强的工艺流程等，从而提高配送各环节的工作效率。

3）共同配送

即为了提高物流效率，由多个配送企业联合在一起共同进行配送的方式。共同配送有两种运作形式：①由一个配送企业对多家用户进行配送。即由一个配送企业综合某一地区内多个用户的要求，统筹安排配送时间、次数、路线和货物数量，全面进行配送。②仅在送货环节上将多家用户待运送的货物混载于同一辆车上，然后按照用户的要求分别将货物运送到各个接货点，或者运到多家用户联合设立的配送货物接收点上。这种配送有利于节省运力和提高运输车辆的货物满载率。

6. 按加工程度划分

1）加工配送

即在配送据点中设置流通加工环节，当社会上现成的产品不能满足用户需要，或用户提出特殊的工艺要求时，可以经过加工后进行分拣、配货，再送货到户。流通加工与配送的结合，使流通加工更有针对性，可取得加工增值收益。

2）集疏配送

即只改变产品数量、组成形态而不改变产品本身的物理、化学性态，与干线运输相配合的一种配送方式。比如，大批量进货后小批量、多批次发货，零星集货后以一定批量送货等。

7. 按配送方式划分

1）直送

即生产厂商或供应商根据订货要求，直接将商品运送到客户的配送方式。特点是需求量大，每次订货往往大于或接近一整车，且品种类型单一。

2）集取配送

即往复配送，指与用户建立稳定的协作关系，在将用户所需的生产物资送到的同时，将该用户生产的产品用同一辆车运回。这种配送方式不仅充分利用了运力，也降低了生产企业的库存。

3）交叉配送

即在配送据点将来自各个供应商的货物按客户订货的需求进行分拣装车，并按客户规定的数量与时间要求进行送货。这种配送方式有利于减少库存、缩短周期、节约成本。

第二节　配送中心

一、配送中心的概念

1. 配送中心的定义

《物流术语》（GB/T 18354—2021）将"配送中心"（distribution center）定义为：具有完善的配送基础设施和信息网络，可便捷地连接对外交通运输网络，并向末端客户提供短距离、小批量、多批次配送服务的专业化配送场所。一般而言，配送中心应符合下列要求：

（1）主要为特定客户或末端客户提供服务。

（2）配送功能健全。

（3）辐射范围小。

（4）提供多品种、小批量、多批次、短周期的配送服务。

2. 配送中心与物流中心的区别

配送中心有自用型和社会化两种主要类型，其中自用型配送中心有由制造商经营的、有由零售商经营的，主要是服务于自己的产品销售或自有商店的供货。社会化的配送中心，也称第三方物流，是由独立于生产商和零售商之外的其他经营者经营的。在现代信息技术手段的支撑下，适应现代物流业专业化、标准化、多功能化发展的要求，一些发达国家的社会化配送中心发展较快。

物流中心通常是指综合性的物流场所，它既具备配送中心的功能，又可以具有货物运输中转功能。此外，从产权上讲，配送中心通常是属于某一企业，即专为某一或几家企业服务。而物流中心则通常是独立的企业，它提供社会化的物流服务。

物流中心与配送中心的区别主要表现在五个方面，见表7-5。

表 7-5　配送中心与物流中心的区别

比较项目	配送中心	物流中心
功能	较为全面	可单可全
辐射范围	辐射范围小	辐射范围大
供应链位置	在物流中心的下游	在配送中心的上游
物流特点	多品种、小批量、多供应商	少品种、大批量、少供应商
服务对象	一般为公司内部服务	通常提供第三方物流服务

二、配送中心的功能

配送中心是专门从事货物配送活动的经济组织。换个角度来说，它又是集加工、理货、送货等多种职能于一体的物流据点。具体来说，配送中心有如下七种功能（图 7-1）。

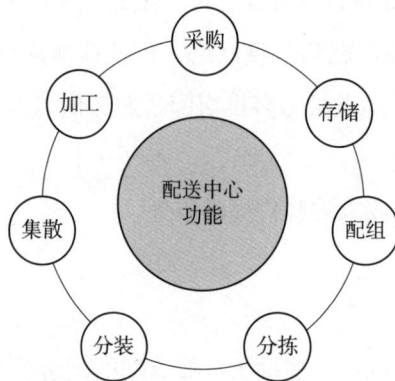

图 7-1　配送中心的功能

1. 采购功能

配送中心首先需要采购所供应配送的商品，才能及时准确地为用户（即生产企业或商业企业）供应物资。配送中心应根据市场的供求变化情况，制订并及时调整统一的、周全的采购计划，并由专门的人员与部门组织实施。

2. 存储功能

配送中心的服务对象是为数众多的生产企业和商业网点（比如连锁店和超级市场），配送中心需要按照用户的要求及时将各种配装好的货物送交到用户手中，满足生产和消费需要。为了顺利有序地完成向用户配送商品（货物）的任务，而且为了能够更好地发挥满足生产和消费需要的作用，配送中心通常要兴建现代化的仓库，并配备一定数量的仓储设备，存储一定数量的商品。某些区域性的大型配送中心和开展代理交货配送业务的配送中心，不仅要在配送货物的过程中存储货物，还要存储数量更大、品种更多的货物。

3. 配组功能

由于每个用户对商品的品种、规格、型号、数量、质量、送达时间和地点等的要求不同，配送中心必须按用户的要求对商品进行分拣和配组。配送中心的这一功能是其与传统仓储企业的明显区别之一，这也是配送中心最重要的特征之一。可以说，没有配组功能，就没有所谓的配送中心。

4.分拣功能

作为物流节点的配送中心，其服务对象（即客户或用户）是为数众多的企业（在国外，配送中心的服务对象少则几十家，多则有数百家）。在这些为数众多的客户中，他们彼此之间差别很大，不仅各自的性质不同，而且其经营规模也大相径庭。因此，在订货或进货时，不同的用户对货物的种类、规格、数量会提出不同的要求。针对这种情况，为了有效地进行配送，即为了同时向不同的用户配送多种货物，配送中心必须采取适当的方式对组织进来的货物进行拣选，并且在此基础上，按照配送计划分装和配装货物。

5.分装功能

从配送中心的角度来看，它往往希望采用大批量的进货来降低进货价格和进货费用。但是用户企业为了降低库存、加快资金周转、减少资金占用，则往往要采用小批量进货的方法。为了满足用户的要求，即用户的小批量、多批次进货，配送中心就必须进行分装。

6.集散功能

在物流实践中，配送中心凭借其特殊的地位及其拥有的各种先进的设施和设备，能够将分散在各个生产企业的产品（货物）集中到一起，然后经过分拣、配装向多家用户发运。与此同时，配送中心也可以做到把各个用户所需要的多种货物有效地组合（或配装）在一起，形成经济、合理的货载批量。配送中心在流通实践中所表现出来的这种功能即（货物）集散功能，也称配货、分散功能。

集散功能是配送中心所具备的一项基本功能。实践证明，利用配送中心来集散货物，可以提高卡车的满载率，降低物流成本。

7.加工功能

为了扩大经营范围和提高配送水平，目前，国内许多配送中心都配备了各种加工设备，由此形成了一定的加工（系初加工）能力。这些配送中心能够按照用户提出的要求和根据合理配送商品的原则，将组织进来的货物加工成一定的规格、尺寸和形状。这些加工功能是现代配送中心服务职能的具体体现。

加工货物是一些配送中心的重要活动。配送中心具备加工功能，可积极开展加工业务。这既方便了用户，省却了其烦琐劳动，又有利于提高物质资源的利用率和配送效率。此外，对于配送活动本身来说，客观上则起着强化其整体功能的作用。

三、配送中心的分类

从理论上和作用上划分，可以把配送中心分成许多种类。下面仅就已在实际中运转的配送中心类别概述如下。

1. 按配送中心承担的流通职能分类

1）供应配送中心

供应配送中心是专门为某个或某些用户（如联营商店、联合公司）组织供应的配送中心。例如，为大型连锁超级市场组织供应的配送中心；代替零件加工厂送货的零件配送中心，使零件加工厂对装配厂的供应合理化；我国上海地区六大造船厂的配送钢板中心，也属于供应型配送中心。

2）销售配送中心

销售配送中心是以销售经营为目的、以配送为手段的配送中心。销售配送中心大体有三种类型：一种是生产企业为本身产品直接销售给消费者而建立的配送中心，在国外，这种类型的配送中心很多；另一种是流通企业作为本身经营的一种方式，建立配送中心以扩大销售，我国目前的配送中心大多属于这种类型，国外的例证也很多；第三种是流通企业和生产企业联合的协作性配送中心。比较起来看，国外和我国的发展趋向都以销售配送中心为主。

2. 按配送领域的广泛程度分类

1）城市配送中心

城市配送中心是以城市为配送范围的配送中心。由于城市一般处于汽车运输的经济里程内，这种配送中心可直接配送到最终用户，且采用汽车进行配送，所以，这种配送中心往往和零售经营相结合。由于运距短，反应能力强，因而从事多品种、小批量、多用户的配送较有优势。北京食品配送中心就属于这种类型。

2）区域配送中心

区域配送中心是以较强的辐射能力和库存准备，向省（州）际、全国乃至国际范围的用户进行配送的配送中心。这种配送中心的配送规模较大，一般而言，用户规模和配送批量也较大，而且，往往是既配送给下一级的城市配送中心，也配送给营业所、商店、批发商和企业用户，虽然也从事零星的配送，但不是主体形式。这种类型的配送中心在国外十分普遍，美国沃尔玛配送中心、亚马逊配送中心等就属于这种类型。

3. 按配送中心的内部特性分类

1）储存型配送中心

储存型配送中心是具有很强储存功能的配送中心。一般来讲，在买方市场，企业成品销售需要有较大库存支持，其配送中心可能具有较强的储存功能；在卖方市场，企业原材料、零部件供应需要有较大库存支持，这种供应配送中心也有较强的储存功能。大范围配送的配送中心，需要有较大库存，也可能是储存型配送中心。我国的配送中心，都采用集中库存形式，库存量较大，多为储存型。

2）流通型配送中心

流通型配送中心基本上没有长期储存功能，仅以暂存或随进随出的方式进行配货、送货的配送中心。这种配送中心的典型方式是，大量货物整进并按一定批量零出，采用大型分货机，进货时直接进入分货机传送带，分送到各用户货位或直接分送到配送汽车上。货物在配送中心仅做少许停留。

3）加工型配送中心

加工型配送中心以加工产品为主，因此在其配送作业流程中，储存作业和加工作业居主导地位。由于流通加工多为单品种、大批量产品的加工作业，并且是按照用户的要求安排的。因此，对于加工型的配送中心，虽然进货量比较大，但是分类、分拣工作量并不太大。此外，因为加工的产品品种较少（指在某一个加工中心内加工的产品品种），一般都不单独设立拣选、配货等环节。通常，加工好的产品（特别是生产资料产品）可直接运到按用户户头划定的货位区内，并且要进行包装、配货。

4. 按照配送中心的专业化情况进行分类

1）专业配送中心

专业配送中心有两个含义：①配送对象、配送技术属于某一专业范畴，在某一专业范畴具有一定的综合性，综合这一专业的多种物资进行配送。例如，多数制造业的销售配送中心，我国目前在石家庄、上海等地建的配送中心大多采用这一形式。②以配送为专业化职能，基本不从事经营的服务型配送中心。

2）柔性配送中心

某种程度上讲，柔性配送中心是与专业配送中心相辅相成的配送中心，这种配送中心不向固定化、专业化方向发展，而向能随时变化、对用户要求有很强的适应性、不固定的供需关系、不断发展配送用户并向改变配送用户的方向发展。

3）特殊的配送中心

所谓特殊的配送中心是指某类配送中心在进行配送作业时所经过的程序是特殊的，包括不设储存库（或储存工序）的配送工艺流程和分货型配送中心。

（1）不设储存库的配送中心。在流通实践中，主要从事配货和送货活动（或者说专职于配货和送货），其本身不设储存库和存货场地，而是利用设立在其他地方的公共仓库来补充货物的配送中心。一般配送生鲜食品的配送中心通常属于此类。

（2）分货型配送中心。这种配送中心是以中转货物为主要职能的配送中心。在一般情况下，这类配送中心在配送货物之前都要按照要求先把单品种、大批量的货物（比如不需要加工的煤炭、水泥等物资）分堆，然后再将分好的货物分别配送到用户指定的接货点。

第三节 配送作业

配送作业的过程可以简单地描述为：根据用户的要求，在配送中心或其他物流据点内进行物品配备，并以最合理的方式送交用户。因此，配送一般包含备货、储存、补货、分拣、配装、送货、配送加工等作业环节，如图7-2所示。

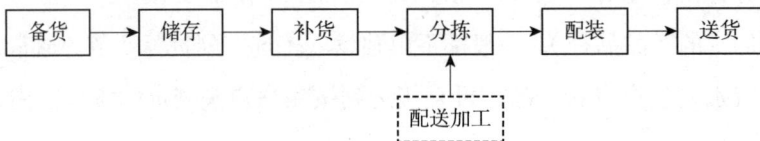

```
┌──────┐   ┌──────┐   ┌──────┐   ┌──────┐   ┌──────┐   ┌──────┐
│ 备货 │ → │ 储存 │ → │ 补货 │ → │ 分拣 │ → │ 配装 │ → │ 送货 │
└──────┘   └──────┘   └──────┘   └──────┘   └──────┘   └──────┘
                                    ↑
                                ┌──────────┐
                                │ 配送加工 │
                                └──────────┘
```

图 7-2 配送的一般作业环节

一、备货作业

配送最主要的优势就在于它可以将众多用户的需求集中起来，统一进行规模化备货，并通过批量折扣和规模化物流降低备货成本。备货是配送最基础的工作，它的具体工作内容包括筹集货源、订货或购货、集货、接货及质检、结算、交接等，其中最主要的是订货、接货和验收。

1. 订货

配送中心或其他配送节点收到并汇总用户的订单后，应首先确定配送物品的种类和数量，然后查询现有库存能否满足配送需要。如果存货数量低于某一特定的水平，则必须及时向供应商发出订单。有的配送中心也有可能根据预测的需求情况提前订货。对于不负责订货的配送中心，其进货工作从接货开始。

2. 接货

当供应商根据订单组织供货后，配送中心就必须及时组织人力、物力接收货物，有时还需要到港站码头去接货。接货的主要工作内容包括卸货搬运、拆装、物品编码与分类等。

3. 验收

验收就是指对物品的质量和数量进行检查。验收的主要内容包括质量和数量两个方面。其中，对质量的检查就是对物品的物理或化学性质进行查对；数量检查需按订购合同的规定对物品的编码、包装、长度、尺寸和重量进行检验。验收合格的物品即可办理登账、信息录入及物品入库等相关手续，组织货物入库。

二、储存作业

配送系统中的存货可分为两大类：一类是需要在配送系统中储存一定时间的物品；一类则是通过型物品。通过型物品无须在配送据点内进行储存，只需经过短暂的分拣或配货作业之后即可直接进入配装与出货阶段。对于需要在配送据点内进行储存的物品，所采用的储存作业方法、储位管理方式等都与一般的储存相似，相关内容已在储存功能中介绍过。

三、补货作业

补货是指当分拣区的存货水平低于设定标准时，将储存于保管区的物品搬运到分拣区的行为。补货作业的目标是确保物品能够保质、保量、按时送达指定的分拣区域。补货作业过程中要进行的主要决策包括补货的基本方式、补货的时机等，见表7-6。

表 7-6　补货作业的主要决策内容

决策内容	概念	定义	适用情形
补货的基本方式	整箱补货	从货架保管区以整箱为单位将物品搬运到分拣区的补货方式	适用于体积小且少量、多样出货的物品
	托盘补货	以托盘为单位进行补货的作业过程	适用于体积大或出货量多的物品
	货架上层至货架下层的补货	利用堆垛机将上层保管区的物品搬运至下层动管区即可	适用于体积不大、存货量不多且主要为中小量出货的物品

续表

决策内容	概念	定义	适用情形
补货的时机	批量补货	每天由计算机计算所需物品的总拣取量，在查询动管区存货量后得出补货数量，从而在分拣作业之前一次性补足，以满足全天的分拣量	较适合每日作业量变化不大、紧急订单不多或每批次拣取量较大的情况
	定时补货	把一天划分为若干个时段，补货人员在固定的时间检查动管区货架上的物品存量，若不足，则及时补货	适合配送时间比较固定、需要分批分拣且紧急订单较多的配送中心

四、分拣作业

分拣的本质就是按订单要求对物品进行整理。《物流术语》（GB/T 18354—2021）对"分拣"的定义为将物品按一定目的进行分类、拣选的相关作业。分拣是配送区别于其他物流功能的核心内容，也是配送经营成败的关键。分拣作业方式可简单地划分为摘果式分拣、播种式分拣及复合分拣。

1. 摘果式分拣

摘果式分拣又称按单分拣，是指分拣人员或分拣工具巡回于物品的储存场所，并按客户订单的要求从所经过的货位或货架上挑选所需物品的分拣方法。一般每巡回一遍就完成一个客户的配货作业任务。这种作业方式类似于人们进入果园，从一棵棵果树上摘取成熟果子的过程，如图 7-3 所示。

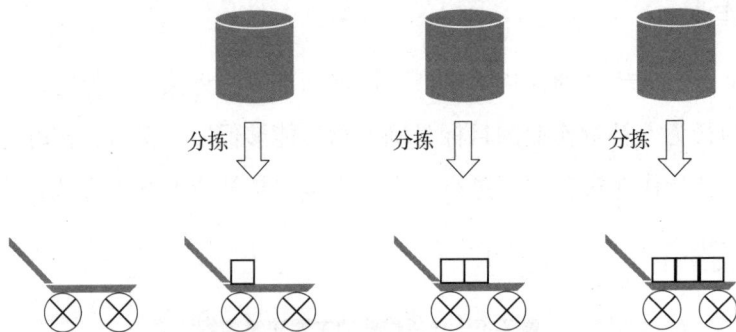

图 7-3　按单分拣（摘果方式）的作业原理

摘果式分拣方式的特点如下：

（1）拣取作业方法单纯，接到订单后可立即直接执行，作业前置时间短。

（2）作业人员责任明确，易于人员的安排。

（3）货物品项较多时，拣货行走路径加长，拣取效率较低。

摘果式分拣方式适用于订单大小差异较大、订单数量变化频繁、商品差异较大、季节性较强的商品配送情况，如化妆品、家具、家电、高级服饰等。

2. 播种式分拣

播种式分拣又称批量分拣，是指将数量较多的同种物品集中到分拣场所，然后根据不同客户的订单要求，将所需数量的物品分别放入各自的货箱或货位的分拣方法。如果订单所需物品是两种或两种以上，则可以再按以上方法重复进行多次作业，直至将客户所需的物品全部配齐。这种作业方式类似于农民的播种过程，如图7-4所示。

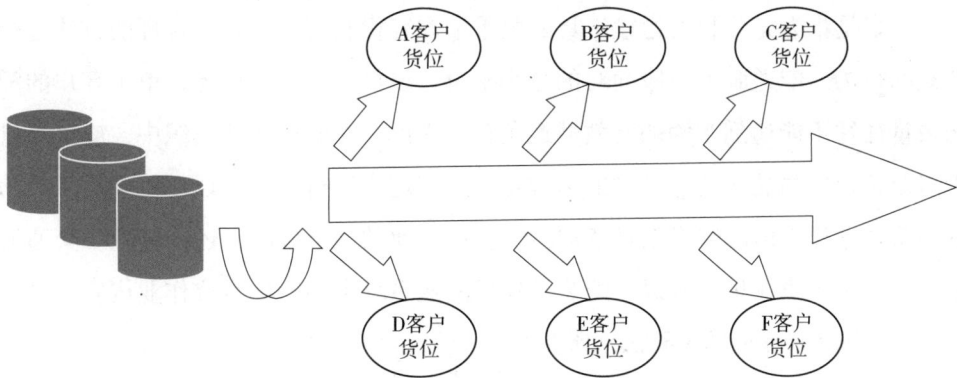

图7-4　批量分拣（播种方式）的作业原理

播种式分拣作业方式的主要特点如下：

（1）由于分拣作业之前要先集中取出共同所需物品，再按不同客户的货位进行分放，所以必须收到一定数量的订单，进行合并统计并安排好各客户的分货货位之后，才能展开分拣作业。因此，这种分拣方式的计划性较强、操作难度较大，与按单分拣相比，错误率较高。

（2）由于对多个客户的分拣任务可以同时完成，因此有利于组织集中送货，以充分利用送货车辆的载运能力。与按单分拣相比，可以更好地发挥配送作业的规模效应。

（3）由于批量分拣不可能针对某个客户单独作业，所以大多数客户的订单不得不花费一定的等待时间。实践中只有对订单的到达情况进行概率统计分析并作适当的优化调整后，才有可能将订单的停滞等待时间降至某一合理的水平。

3. 复合分拣

复合分拣是摘果式分拣与播种式分拣的组合运用，结合两者的特点、克服两者的缺点，根据订单的品项、数量和出库频率等，决定哪些订单或物品采用按单分拣，哪些订单或物品采用批量分拣。

目前，很多先进的配送中心都在应用自动分拣系统，通过数字化、智能化等技术手段实现配送中心"无人化"，极大地提高了分拣作业的效率并降低了差错率。

五、配装作业

配装是指为充分利用运输工具的载重量和容积利用率而采用合理的方法进行装载的行为。配送服务一般面对的是小批量、多批次的送货任务，单个客户的配送数量往往不能达到车辆的有效载运负荷。因此，在配送作业组织中，应该尽量把多个客户的物品或同一客户的多种物品搭配起来进行装载，以便使载运工具满容满载。这样不但能够降低送货成本、提高企业的经济效益，还能够减少交通流量，有利于环境保护。所以，配装是现代配送系统中的一项重要作业内容，也是配送与传统送货作业的重要区别所在。

配装作业的一般原则如下：

（1）重货在下，轻货在上。

（2）后送达的物品先装，先送达的物品后装。

（3）根据物品的性质进行配载。例如，性质上不相容的物品不能同装一车。需要不同送货条件的物品不能同装一车等。

（4）外观相近。容易混淆的物品尽量分开装载。

物品配装时除了要综合考虑以上基本原则，还要根据不同物品的形状、体积以及其他特性（如怕震、怕压、怕撞、怕潮等）进行灵活调整。

六、送货作业

送货作业是指利用配送车辆把客户订购的商品从配送据点送到客户手中的过程，它通常是一种短距离、小批量、高频率的运输形式。送货前需要重点解决的问题之一是确定配送路线。本章第四节中有对配送路线选择的详细介绍。

七、配送加工

配送加工是指在配送作业环节所进行的流通加工。它通过对物品实施包装、分割、计量、印刷标志、拴标签、组装等简单作业，极大地方便了流通作业过程，满足了客户的多样化需求，提高了原材料的利用率。配送加工并不是所有配送业务都必需的活动，但它在配送系统中所起的作用仍然是其他作业所无法替代的。本书将在第八章对流通加工有专门介绍。

第四节 配送合理化

物流配送属于整个现代物流体系的末端运输环节，直接服务于用户，是现代物流体系的关键环节。配送的合理化及专业化程度直接影响到整个物流系统的效益。

一、合理配送的标志

对于配送合理与否的判断，是配送决策的重要内容。目前国内外尚无统一的技术经济指标体系和判断方法。按照一般认识，主要可以参考以下指标（如图7-5所示）。

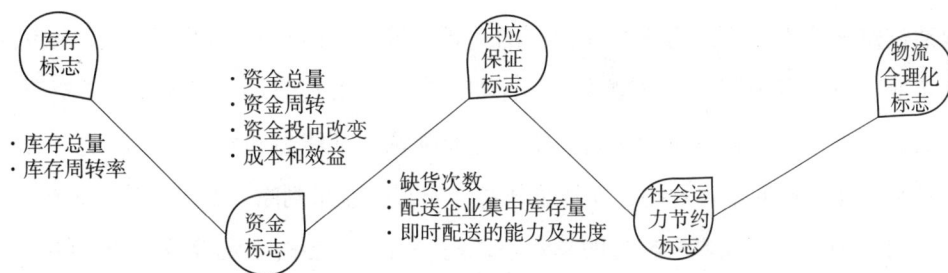

图7-5 配送合理化的主要参考指标

1. 库存标志

库存标志是判断配送是否合理的重要标志，它包括以下两个具体指标：

（1）库存总量。配送中心的库存总量是指配送中心的库存量与各客户库存量之和。一般情况下，各客户会以库存总量为主要判断标准，将实行配送前后的库存量进行比较，判断其配送是否合理。因为客户的生产经营状况是不断变化的，所以库存总量是一个动态量。如果客户的生产规模扩大，库存总量也会增加，因此对于库存总量指标的运用也要考虑客户的生产经营情况。

（2）库存周转率。库存周转率指某时间段的出库总金额（总数量）与该时间段库存金额（或数量）之比。提高库存周转率对于加快资金周转、提高资金利用率和变现能力具有积极的作用。在判断配送是否合理时，各客户会将配送前和配送后的库存周转率进行比较，判断其配送是否合理。

2. 资金标志

有效配送有利于降低资金占用及实现资金运用的科学化。具体可以从资金总量、资金周转、资金投向的改变及成本和效益来判断。

（1）资金总量。一般情况下，配送越合理、有效，所占用的资金就越少。

（2）资金周转。资金周转是指周而复始、不断反复的资金循环。资金运用的周期越短，资金周转的速度越快。高效的配送能减少物流运作时间，使同样数量的资金能够在较短时期内达到供应要求，缩短资金周转时间，所以资金周转是否加快是衡量配送是否合理的标志。

（3）资金投向的改变。资金投向的决定能够直接影响企业投资的效果。资金分散投入还是集中投入是资金调控能力的重要反映。实行配送后，为增加调控力度，资金投向应当从分散投入转变为集中投入。

（4）成本和效益。成本和效益是最直观反映配送是否合理的标志。一方面可以通过财务账本发现配送中可能存在的问题，另一方面对不同的配送方式及不同的企业，可以有不同的判断侧重点，比如总效益、宏观效益、微观效益、资源筹措成本。如果企业自己组织配送，配送主要强调保证能力和服务性，因此不必过多顾及配送企业的微观效益，而从总效益、宏观效益来判断。如果是第三方配送，以利润为中心，不仅要看配送的总效益，还要看对社会的宏观效益及企业的微观效益，需要考虑多方利益。

3. 供应保障标志

有效的配送能够保障客户的供应能力。供应保证能力具体可以从缺货次数、配送企业集中库存量、即时配送的能力及进度三个方面来判断。

（1）缺货次数。缺货次数能够反映供应情况，缺货次数越多，说明供应能力越差，还会间接影响客户的生产与运营。配送企业需要运用科学合理的手段减少缺货次数，保障客户的供给。

（2）配送企业的集中库存量。从客户角度来说，配送中心的库存量所形成的供应能力高于配送前单个企业的保证程度，从供应保证角度来看具有一定的合理性。

（3）即时配送的能力及进度。在客户出现特殊情况时，灵活高效地满足用户的临时需求，解决用户企业担心断供之忧，可以大幅提高供应保证能力。一般情况下，供应保证能力越强，配送越合理，但值得注意的是，配送企业的供应保证能力需要一定的资金投入。如果供应保证能力过高，超过了实际需要，也是一种不合理现象。

4. 社会运力节约标志

绿色低碳发展、改善生态环境、提高资源利用效率，是经济社会可持续发展的重要内容。以节约资源和减少资源消耗为目标，顺应了社会发展需求，也顺应了企业发展需要，是配送合理化的重要标志。在配送过程中，要合理规划配送路线，优化配送系统的流程，致力于解决运能、运力使用不当，浪费较大的状况，实现资源的有效利用和社会运输系统的有效衔接。

5. 物流合理化标志

配送是物流的一部分，配送的合理化体现了物流的合理化，可以从物流费用、物流损失、物流速度、实际的物流中转次数、干线运输和末端运输是否有效衔接、是否发挥最优效果及先进的技术手段采用所占比重等方面来判断。

二、配送合理化的措施

1. 合理规划配送中心

配送中心的建设是一项投资大、涉及面广的系统工程。所以，在配送中心的规划过程中，要考虑成本、质量和效益等多方面因素，同时必须遵循系统工程原则、价值工程原则，尽量实现工艺、设施设备、管理科学化原则以及发展的原则，根据必要性和可能性的实际情况进行规划和设计。作为负责规划工作的经营者要充分细致地做好事前调查、事后系统分析，做好配送信息和配送作业内容等相关情况的调查，并对配送量、进货与出货条件等进行分析和预测。之后，经营者应将上述信息进行汇总和系统分析，再综合考虑内外部基础设施条件，合理规划配送中心的数量、规模与分布。

2. 系统优化配送作业

如果将配送中心看作企业经营的硬件基础，则作业程序就是企业管理的软件工具。配送作业程序涉及的环节多且具有波动性，一个环节的失误会影响下一个环节，所以为了提高配送作业效率，配送中心首先会有针对性地对作业程序进行优化，以减少采购、储存和日常调度占用的时间。配送经营者在一般情况下会大力推行集中采购与共同配送，充分挖掘配送的规模效应，同时针对不同商品的不同特性以及不同客户的特殊要求，也选择实施商物一体或商物分离的配送作业模式，尽量满足所有客户的要求。此外，经营者也会从其他方面入手，如积极采用专业化设备设施，以提高分拣、配货和流通加工的作业效率。

例如，百胜物流为肯德基、必胜客等提供配送服务时，根据实际线路及时调整配送计划。由于连锁餐饮业餐厅的进货时间是事先约定好的，这就需要配送中心按餐厅的需要，制作一个类似列车时刻表的主班表，此表是针对连锁餐饮业餐厅的进货时间和路线详细规划而制定的。餐厅的销售存在季节性波动，因此主班表至少有旺季、淡季两套方案。在主班表确定后，就进入每日运输排程，也就是每天审视各条线路的实际货量，根据实际货量对配送线路进行调整，通过对所有线路逐一进行安排，可以减少某些路线的行驶里程，最终提高车辆利用率。

3. 提高配送工作的可预见性

在整个货物流通过程中，配送企业一直以被动者的身份，积极配合市场的运行，因此很难取得市场主导地位，只能被动地去满足客户和企业提出的要求，容易导致实际业务中无计划配送任务和不必要的配送活动的出现。针对突发性任务，配送企业会被迫采取紧急配送，紧急配送是为满足紧急订货需要而进行的配送。紧急配送时间紧、任务重，大多数情况下只能派专车进行配送。

面对突发性配送任务，一方面事前无法对其做出详细周密的计划安排，容易造成运输里程的浪费，增加配送成本；另一方面有时会打乱正常的工作秩序，间接地影响其他商品的配送成本。为了降低突发性配送事件的影响，配送经营者应加强应急运作预案，制定一系列防御措施和流程，提高配送实际业务的可预见性。

4. 积极开展配送增值服务

增值服务是指对具体顾客提供的特殊服务，是超出基本服务范畴的一种个性化延伸。比如，配送计算机、空调等家电商品时，配送企业可以额外提供安装和维护等方面的附加服务；配送钢管等不方便配送的商品时，配送企业可以将钢管切割成不同长度后，再分别配送给不同工厂，这种做法既方便了配送，又提高了满意度。

企业开展增值服务能够通过独特的方式吸引顾客、巩固市场，推动企业的配送合理化进程。为此，配送经营者应适当站在顾客的立场，了解具体顾客的特定要求和各企业的自身特点，积极探索增值服务的形式和方法，拓展增值服务的对象和内容。

三、配送路线的选择

配送路线是否合理直接影响配送的速度、成本、效益，因而企业会花大量时间来确定配送路线是否最优。许多专家采取各种数学方法，以及在数学方法基础上发展和演变而来的经验方法来规划配送路线。虽说方法不尽相同，但配送路线选择的步骤基本相同：第一，确定目标；第二，考虑实现此目标的各种约束条件；第三，确定配送路线的方法，并在有约束的条件下寻找最佳方案，实现目标。

1. 确定目标

一般情况下，目标的选择是根据配送的具体要求、配送中心的实力及客观条件而定，基本上希望达到的目标如图 7-6 所示。

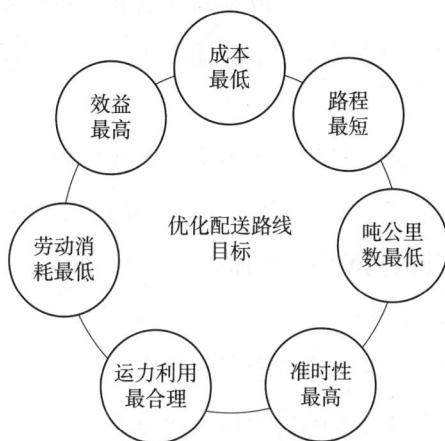

图 7-6 配送路线优化目标

（1）效益最高。效益是企业整体经营活动的综合反映，一般情况下，企业会用利润来表示。设计科学合理的配送方式、车辆及配送路线，有利于实现企业的整体效益最大化。

（2）成本最低。成本和配送路线之间有密切联系，配送路线越合理，配送成本越低，最终效益越高。效益是一个综合性指标，计算相对困难，成本计算相对效益计算更加容易、简单方便。要想达到效益最高，就要尽可能降低成本，因而选择成本最低为目标，实际上就是选择了以效益最高为目标。

（3）路程最短。当成本与路程的相关性较强，而与其他因素相关性较弱时，可以追求路程最短为目标。一般情况下，路程越短，路线越优。但在现实生活中，选择配送路线有很多影响因素，如道路条件、道路收费等，因而路程最短的路线，成本不一定最低。

（4）吨公里最低。货物吨公里是一定时期内的货物运送吨数与运送距离的乘积，追求单位车辆货物装载率高，尽量避免空车运输等不合理现象。

（5）准时性最高。物流配送的准时性是满足客户需求的一个必要条件，对客户而言具有重要意义。一般情况下，配送时间越快，越能满足客户需求，但有时存在特殊情况，如需要当面签收的物品，配送过早或过晚都不能完成配送任务。总之，准时性与各用户的时间要求有关，需要协调安排配送路线以及配送发货时间。同时，如果牺牲一定范围内的成本来满足准时性要求，是可以接受的，但不能一味地浪费成本来满足准时性要求，配送成本应有一定的限制。

（6）运力利用最合理。当运力和成本效益具有一定的相关性时，要充分运用现有运力，尽量不借助外力和增加新的车辆，可以将运力利用最合理作为目标，确定配送路线。

（7）劳动消耗最低。这种情况一般不会作为主要目标，但在特殊情况下，如供油异常紧张、油价非常高、意外事故引起人员减少等，可能以驾驶员最少、驾驶员工作时间最短等劳动消耗最低为目标。

2. 确定配送路线的约束条件

以上目标在实现过程中或多或少会受到约束，然而必须在满足约束条件的前提下实现效益最高、成本最低或吨公里最低等目标。一般配送路线的约束条件如图 7-7 所示。

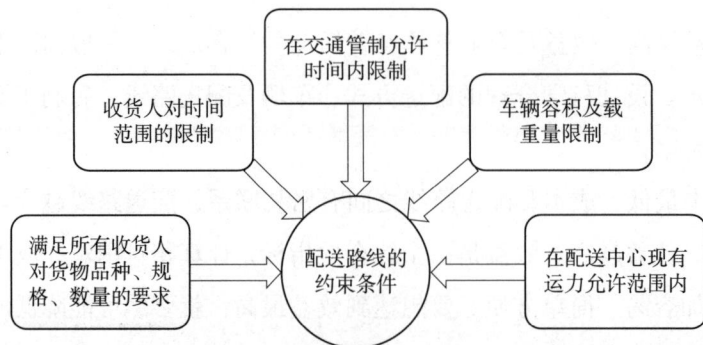

图 7-7　配送路线的约束条件

3. 确定配送路线的方法

1）方案评价法

一般情况下，影响配送路线的因素较多。在难以用某种确定的数学关系表达或者单纯的某种单项依据评定的情况下，可以用方案评价法对配送路线方案进行综合评估。以方案评价法来确定最优方案的一般步骤见表 7-7。

表 7-7　方案评价法的一般步骤

步骤	内容
拟订方案	首先确定判断依据，以某一项较为突出或者较为明确的要求作为依据。例如，以某几个点的配送准时性或驾驶员习惯行驶路线等拟订出几个不同的方案，其中方案要求提出配送路线出发地、经过地及车型等具体参数
系统分析	对引发的数据进行计算，即对配送距离、配送成本、配送行车时间等数据进行计算，将具体数据作为评价依据
评价项目	根据具体参数、评价依据、数据决定从哪几方面对配送方案进行评价，如动用车辆数、驾驶员人数、油耗、总成本、行车难易程度、准时性及装卸车难易程度等方面，将其作为评价依据
综合评价	对所有方案进行综合评价

2）数学计算法

高等数学中常常涉及配送路线的选择与计算。比如，应用线性规划模型求解最优配送路线。

3）节约里程法

节约里程法是选择配送路线的一种常见方法。现实中经常会遇到有多个客户点需要配货，客户点的位置和货物需求状况已知，但是不能够采用一辆车装载所有客户点的货物，这就需要派多辆车来完成配送作业，同样也希望配送成本最低，配送车辆最少，所有车辆的行驶总路线里程最短。这种问题通常称为车辆路径问题。解决这种问题常采用节约里程法。

（1）节约里程法的原理。节约里程法适用于实际工作中要求得较优解或最优的近似解，而不一定需要求得最优解的情况。它的基本原理是三角形的一边之长必定小于另外两边之和，如图 7-8 所示。

在汽车载重量允许的情况下，采用巡回发货比采用往返发货可节约汽车行走里程为：$\Delta L = [2(L_1 + L_2)] - (L_1 + L_2 + L_3) = L_1 + L_2 - L_3$。

节约里程法的核心思想是依次将配送问题中的两个回路合并为一个回路，每次使合并后的总运输距离减小的幅度最大，直到达到一辆车的装载限制时，再进行下一辆车的优化。

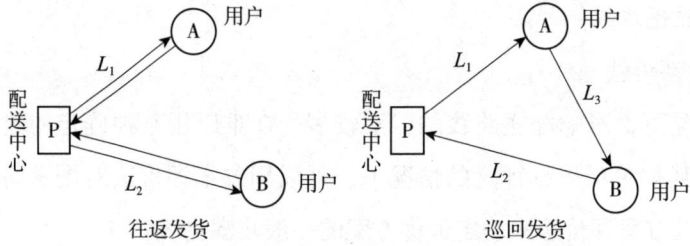

图7-8 往返发货与巡回发货车辆行走距离

（2）节约里程法的步骤。

【例7-1】配送中心 P_0 向7个用户 P_j 配送货物，其配送线路网络如下图7-9所示。配送中心用户的距离及用户之间的距离标示如图7-9，图中括号内的数字表示客户的需求量（单位：t），线路上的数字表示两结点之间的距离（单位：km），现配送中心有2台4t卡车和2台6t卡车两种车辆可供使用。

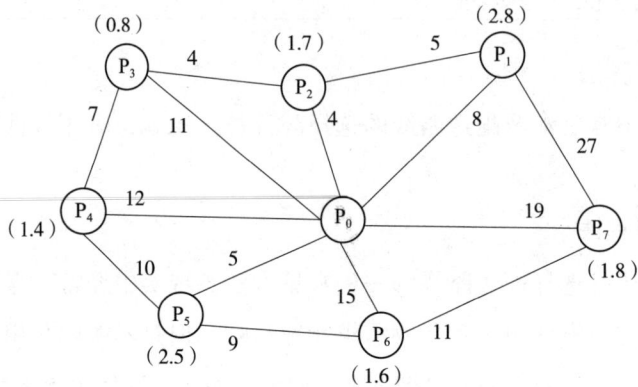

图7-9 配送中心 P_0 配送线路网络

求： ①用节约里程法制定最优的配送方案；②配送中心在向用户配送货物过程中，单位时间平均支出成本为45元，假定卡车行驶的平均速度为25km/h，试比较优化后的方案比单独向各用户分送可节约多少费用？

解： ①第一步：作运输里程表，列出配送中心到用户及用户间的最短距离，见表7-8。

第二步：由运输里程表，按节约里程公式，求得相应的节约里程数，见表7-8所示。

第三步：将节约里程按从大到小的顺序排列，见表7-9。

表 7-8　最短距离表　　　　　　　　　　　　单位：km

需要量/t	P0							
2.8	8	P1						
1.7	4	5（7）	P2					
0.8	8	9（7）	4（8）	P3				
1.4	12	16（4）	11（5）	7（13）	P4			
2.5	5	13（0）	9（0）	13（0）	10（7）	P5		
1.6	14	22（0）	18（0）	22（0）	19（7）	9（10）	P6	
1.8	19	27（0）	23（0）	27（0）	30（1）	20（4）	11（22）	P7

注：（　）内的数字表示所节约里程数。

表 7-9　节约里程排序表　　　　　　　　　　　单位：km

序号	路线	节约里程	序号	路线	节约里程
1	P6P7	22	9	P2P4	5
2	P3P4	13	10	P1P4	4
3	P5P6	10	11	P5P7	4
4	P2P3	8	12	P4P7	1
5	P1P3	7	13	P3P5	0
6	P4P6	7	14	P1P6	0
7	P4P5	7	15	P2P6	0
8	P1P2	7	16	P3P6	0

第四步：确定单独送货的配送线路，如图 7-10 所示。

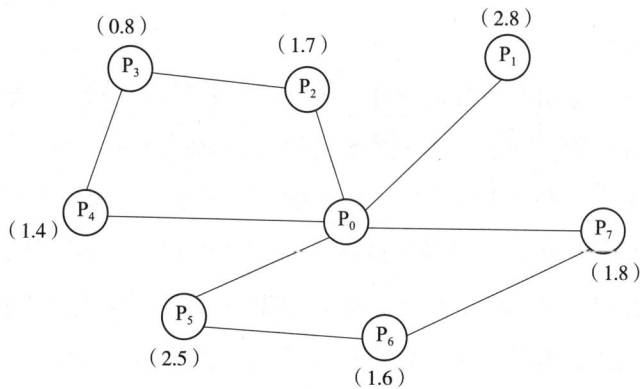

图 7-10　单独送货的配送线路

配送路线如下：

P_5—P_6—P_7 组成共同配送，节约里程 10+22 = 32km，配送重量 2.5+1.6+1.8 = 5.9t，使用一辆 6t 车；

P_4—P_3—P_2 组成共同配送，节约里程 13+8 = 21km，配送重量 1.4+0.8+1.7 = 3.9t，使用一辆 4t 车。

P_1 单独送货，配送重量为 2.8t，使用一台 4t 车配送。

优化后的配送线路，共节约里程为 $\Delta S = 32+21 = 53km$。

② 根据题意，节省的配送时间为 $\Delta T = \Delta S / \overline{V} = 53/25 = 2.12h$。

节省的费用为 $P = \Delta TF = 2.12 \times 45 = 95.4$ 元。

四、配送模式的选择

配送模式是指企业对配送所采取的基本战略和方法。配送模式主要包括四种，见表 7-10。

表 7-10   配送模式

模式	内涵
自营配送模式	自营配送模式指企业物流配送的各个环节由企业自身筹建并组织管理，实现对企业内部及外部货物配送的模式
共同配送模式	共同配送模式是指物流配送企业之间为提高配送效率、实现配送合理化而建立的一种功能互补的配送联合体的模式
互用配送模式	互用配送模式是指几家企业以资源共享形式实现各自利益，通过契约的方式达成某种协议，互用对方配送系统进行配送的模式
第三方配送模式	第三方配送模式是指由物流服务的供方、需方之外的第三方去完成物流服务的物流运作方式

1. 自营配送模式

因为这种模式由企业自身筹建并组织管理，需要拥有雄厚的资金来源，所以一般采取自营配送模式的企业大都是规模较大的集团公司。其中具有代表性的是连锁企业，连锁企业基本上都是自己组建配送系统来完成相应的配送业务。与此同时，相比其他配送模式，这种模式的系统化程度相对较高，具有一定的优势，有利于满足企业内部原材料、半成品及成品的配送需求；有利于企业供应、生产、销售的一体化运作；有利于满足企业对外进行市场拓展的需求。这种模式也具有一定的局限性，比如，企业需要投入大量的资金建立配送体系，然而当面对企业配送规模较小时，其配送成本和费用并不会降低，成本相对较高。

2. 共同配送模式

这种模式又称联盟配送模式，与自营配送模式相比不需要投入较多的资金，但需要各联盟企业的配合。良好的联盟关系有利于优化和强化配送的功能，弥补配送功能的不足；有利于实现配送资源的有效配置；有利于企业配送能力的提高和配送规模的扩大；有利于更好地满足客户需求，提高配送效率，降低配送成本，从而实现配送的合理化和系统化。

截至 2023 年 12 月，我国 2800 多个县级行政区中，已有近一半区域探索了不同形式的快递共配模式。共同配送实现了多个参与方之间的资源整合和优化，使其能以更低成本、更高时效和更优服务，适应农村消费需求和电商发展。深入推进快递进村，更好激活农村市场，进而助推我国"乡村振兴"战略目标的实现。

3. 互用配送模式

这种模式最大的优势在于企业不需要投入较多的资金和人力。上述提到的共同配送模式与互用配送模式具有一定的相似性，但两者之间具有一定的区别，见表 7-11。

表 7-11　共同配送模式与互用配送模式的区别

比较项目	共同配送	互用配送
目的	以社会服务为核心，旨在建立配送联合体，以强化配送功能	以企业自身服务为核心，旨在提高自己的配送能力
作用	强调联合体的共同作用	强调企业自身的作用
稳定性	稳定性较强	稳定性较差
合作对象	经营配送业务的企业	既可以是经营配送业务的企业，也可以是非经营业务的企业

4. 第三方配送模式

这种模式的第三方是指专门为供方与需方提供部分或全部物流功能的外部服务提供者，是服务于配送的专业化团队。采用第三方配送模式的企业可以更加专注于自身优势，减少一定的投资资本，也可以选择性地放弃一定的物流实体，将商品采购、储存和配送都交由第三方完成。

综上所述，选择配送模式主要依据配送企业的自身条件及需要实现的目标，要综合考虑企业的配送能力、配送对企业的重要性、市场规模与地理范围以及保证的服务和配送成本。

本章小结

本章首先介绍了配送的概念和类型、配送的意义和作用；其次介绍了配送中心的概念、功能和分类；然后对配送涉及的作业环节进行了描述；最后从配送合理化的措施、配送路线及配送模式的选择等方面介绍了配送合理化。

即测即练

复习思考题

1. 简述配送与运输的区别。

2. 简述配送与物流的概念关系。

3. 简述配送中心与物流中心的区别。

4. 简述配送作业环节。

5. 简述配送合理化的措施。

6. 简述配送路线的约束条件。

第八章 流通加工管理

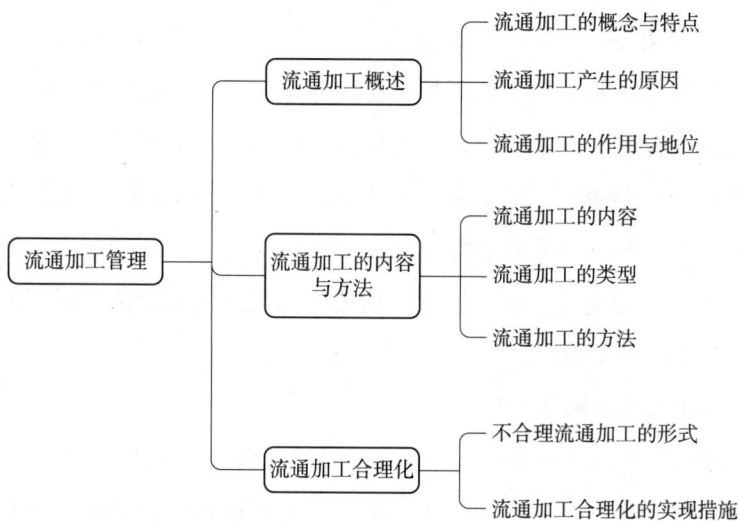

思维导图

```
                                      ┌── 流通加工的概念与特点
                      ┌── 流通加工概述 ──┼── 流通加工产生的原因
                      │                 └── 流通加工的作用与地位
                      │
                      │                 ┌── 流通加工的内容
流通加工管理 ──────────┼── 流通加工的内容 ──┼── 流通加工的类型
                      │      与方法       └── 流通加工的方法
                      │
                      │                 ┌── 不合理流通加工的形式
                      └── 流通加工合理化 ──┤
                                        └── 流通加工合理化的实现措施
```

学习目标

1. 了解流通加工的概念与特点、产生原因、作用与地位等。

2. 熟悉流通加工的主要内容、类型及方法。

3. 掌握流通加工不合理的形式以及流通加工合理化的实现措施。

能力目标

1. 了解流通加工的基本概念，培养对基本概念的认知能力。

2. 熟悉流通加工的基础知识，培养运用知识的基本技能。

3. 掌握流通加工合理化的实现措施，培养在实践中解决问题的能力。

导入案例

第一节　流通加工概述

一、流通加工的概念与特点

1. 流通加工的概念

国家标准《物流术语》（GB/T 18354—2021）给出的流通加工（distribution processing）的定义：根据顾客的需要，在流通过程中对产品实施的简单加工作业活动（如包装、分割、计量、分拣、刷标志、拴标签、组装等）的总称。流通加工是流通中的一种特殊形式，它是在物品从生产领域向消费领域流动的过程中，为了促进销售、维护产品质量和提高物流效率，对物品进行的加工，使物品发生物理、化学或形状的变化。流通加工在物流中只创造附加价值，不创造价值。流通加工的流程如图 8-1 所示。

2. 流通加工与生产加工的区别

流通加工和生产加工在多个方面存在显著的区别，见表 8-1。

（1）加工对象角度。流通加工的对象是进入流通过程的商品，具有商品的属性，以此来区别多环节生产加工中的一环。流通加工的对象是商品，而生产加工的对象不是最终产品，而是原材料、零配件或半成品。

（2）加工程度角度。流通加工大多是简单加工，而不是复杂加工，一般来讲，如果必须进行复杂加工才能形成人们所需的商品，那么，这种复杂加工应该专设生产加工过程。生产过程理应完成大部分加工活动，流通加工则是对生产加工的

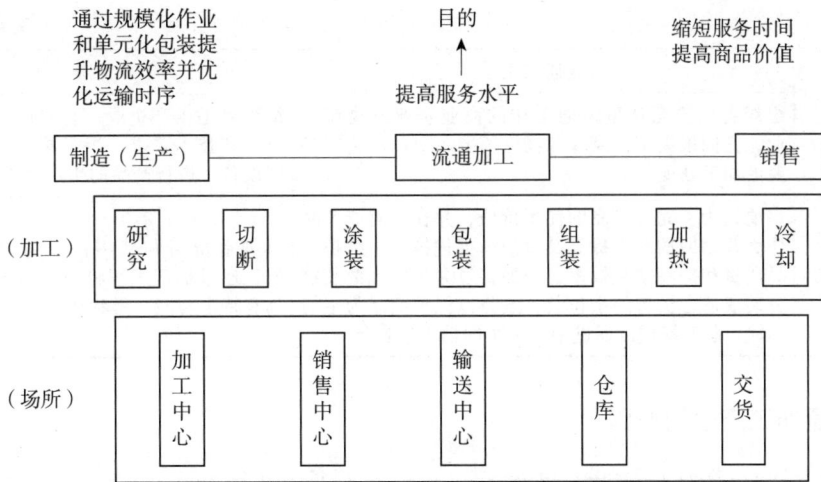

图 8-1　流通加工的流程

一种辅助及补充。特别需要指出的是，流通加工绝不是对生产加工的取消或代替。

（3）价值观点角度。生产加工的目的在于创造价值及使用价值，而流通加工的目的则在于完善其使用价值，并在不做大的改变的情况下提高价值。

（4）加工责任人角度。流通加工的组织者是从事流通工作的人员，能密切结合流通的需要进行加工活动。从加工单位来看，流通加工由商业或物资流通企业完成，而生产加工则由生产企业完成。

（5）加工目的角度。商品生产是为交换、消费而进行的生产，而流通加工的一个重要目的是为了消费（或再生产）所进行的加工，这一点与商品生产有共同之处。但是流通加工有时候也是以自身流通为目的，纯粹是为了流通创造条件，这种为流通所进行的加工与直接为消费进行的加工在目的上有所区别，这也是流通加工不同于一般生产加工的特殊之处。

表 8-1　流通加工与生产加工的区别

	流通加工	生产加工
加工对象	对象是进入流通过程的商品，具有商品的属性，如包装、标签等	对象不是最终产品，而是原材料、零配件或半成品
加工程度	大多属于简单加工，如包装、切割、计量、分拣、刷标志、拴标签、组装等，这些加工往往是生产加工的一种辅助和补充，不能取消或代替生产加工	涉及复杂的加工工序，需要经过多道工序和精细的制造过程，才能制成最终产品
价值观点	目的在于完善其使用价值，并在不做大的改变的情况下提高价值	目的在于创造价值及使用价值

续表

	流通加工	生产加工
加工责任人	组织者主要是从事流通工作的商业企业或物流企业，它们根据市场需求和物流需要，对商品进行必要的加工处理	组织者是生产企业，它们根据产品设计和技术要求，组织原材料和加工设备，进行产品的生产加工
加工目的	主要是为了完善商品的使用价值，并在不对原商品作大改动的情况下提高其价值、促进销售、维护商品质量和提高物流效率，例如将过大包装或散装物分装成适合销售的小包装，或将以保护商品为主的运输包装改换成以促进销售为主的销售包装	以创造价值和使用价值为主要目的，通过加工工序将原材料转化为具有特定功能、形状和质量的产品

二、流通加工产生的原因

随着我国经济体制改革的不断深入，工业企业面临着如何提高自我、改造自我、发展自我的艰巨任务，物资流通企业也面临着这场深刻的变革，改变以往单一经营业务为多种经营业务已成为必然。流通加工活动就是一项具有广阔前景的经营形式，它必将为流通领域带来巨大的社会效益。

1. 流通加工的出现与现代生产方式有关

现代生产发展趋势之一就是生产规模大型化、专业化，依靠单品种、大批量的生产方法降低生产成本，获取规模经济效益，这样就出现了生产相对集中的趋势。这种规模的大型化、生产的专业化程度越高，生产相对集中的程度也就越高。生产的集中化进一步引起产需之间的分离，产需分离的表现首先为人们所认识的空间、时间及人的分离，即生产及消费不在同一个地点，而是有一定的空间距离。生产及消费在时间上不能同步，而是存在着一定的时间差。生产者及消费者不处于同一个封闭的圈内，某些人生产的产品供给成千上万人消费，而某些人消费的产品又来自其他许多生产者。弥补上述分离的手段则是运输、储存及交换。

2. 流通加工不仅是大工业的产物，也是网络经济时代服务社会的产物

流通加工的出现与现代社会消费的个性化有关。消费的个性化和产品的标准化之间存在着一定矛盾，使本来就存在的产需第四种形式的分离变得更加严重。本来弥补第四种分离可以采取增加一道生产工序或消费单位加工改制的方法，但在个性化问题十分突出之后，采取上述弥补措施将会使生产及生产管理的复杂程度及难度增加，按个性化生产的产品难以组织高效率、大批量的流通。所以，在出现了消费个性化的新形势及新观念之后，流通加工为其开辟了道路。

3. 流通加工的出现还与人们对流通作用的观念转变有关

在社会再生产全过程中，生产过程是典型的加工制造过程，是形成产品价值及使用价值的主要过程，再生产型的消费究其本质来看也是和生产过程一样，通过加工制造消费了某些初级产品而生产出深加工产品。历史上在生产不太复杂、生产规模不大时，所有的加工制造几乎全部集中于生产及再生产过程中，而流通过程只是实现商品价值及使用价值的转移而已。

在社会生产向大规模、专业化转变之后，社会生产越来越复杂。生产的标准化和消费的个性化出现，使生产过程中的加工制造常常不能满足消费的要求。而由于流通的复杂化，生产过程中的加工制造也常常不能满足流通的要求。于是，加工活动开始部分地由生产及再生产过程向流通过程转移，在流通过程中形成了某些加工活动，这就是流通加工。

4. 效益观念是促使流通加工发展的重要原因

20 世纪 60 年代后，效益问题逐渐引起人们的重视，过去人们盲目追求高技术，引起了燃料、材料投入的大幅上升，虽然采用了新技术、新设备，但往往得不偿失。70 年代初，第一次石油危机的发生证实了效益的重要性，使人们牢牢树立了效益观念。流通加工可以以少量的投入获得较大的收益，是一种高效益的加工方式，自然获得了很大的发展。尽管流通加工在技术层面未必涉及尖端工艺，但其运作范式深刻体现了现代经济思维，并在当代社会再生产体系中发挥着重要作用。

三、流通加工的作用与地位

1. 流通加工的作用

（1）提高原材料利用率。通过流通加工进行集中下料，将生产厂商直接运来的简单规格产品，按用户的要求进行下料。例如，将钢板进行剪板、裁切；将木材加工成各种长度及大小的木板、木方；等等。集中下料可以优材优用、小材大用、合理套裁，明显提高原材料的利用率，有很好的技术经济效果。

（2）提高加工效率和设备利用率。在分散加工的情况下，加工设备受生产周期和生产节奏的限制，设备利用时松时紧，使加工过程不均衡，设备加工能力不能得到充分发挥。而流通加工面向全社会，加工数量大、加工范围广、加工任务多，采用高效、先进的加工设备，可以显著提高加工效率和设备利用率。

（3）提高被加工产品的质量。流通加工是专业化很强的加工，有利于加工人员掌握作业技术，提高作业的熟练程度，从而提高加工质量。从流通加工中心加工设备的水平来看，它们往往要高于分散加工。因此，产品的加工质量也会高于分散加工。

（4）方便用户。用量小或满足临时需要的用户，不具备进行高效率初级加工的能力。通过流通加工可以使用户省去进行初级加工的投资、设备、人力，更加便捷地获取所需产品。目前发展较快的初级加工有：将水泥加工成生混凝土，将原木或板材、方材加工成门窗，将钢板进行预处理、整形等加工。

（5）桥梁和纽带作用。流通加工在商品从生产领域向消费领域流动的过程中，通过改变或完善商品的形态，起到了桥梁和纽带的作用，促进了物流的合理化。

2. 流通加工的地位

（1）完善物流系统。流通加工是物流系统中的重要环节，它有效地完善了物流系统，使其服务功能大大增强。通过流通加工，物流系统可以更好地满足市场需求，提高物流效率，降低物流成本。

（2）物流的重要利润来源。流通加工是一种低投入、高产出的加工方式，往往以简单加工解决大问题。实践中，有的流通加工通过改变商品包装，使商品档次升级而充分实现其价值。有的流通加工可将产品利用率大幅提高 30% 及以上。这些都是采取一般方法以期提高生产率所难以做到的。实践证明，流通加工提供的利润并不亚于从运输和保管中获取的利润，因此，流通加工是物流业的重要利润来源。

（3）重要的加工形式。流通加工在整个国民经济的组织和运行中也是一种重要的加工形式。它对推动国民经济的发展、完善国民经济的产业结构和生产分工具有一定的意义。通过流通加工，可以促进资源的合理配置和高效利用，推动经济的可持续发展。

第二节　流通加工的内容与方法

一、流通加工的内容

1. 消费资料的流通加工

消费资料的流通加工以服务顾客、促进销售为目的，流通加工最多的是食品。

为便于保存，提高流通效率，食品的流通加工至关重要。例如，鱼和肉类的冷冻、生奶酪的冷藏、将冷冻的肉磨碎、蛋品加工、生鲜食品的原包装、大米的自动包装、上市牛奶的灭菌和摇匀等。纺织品的标志和印记商标、粘贴标价、安装幕墙、家具等组装、地毯剪接等也属消费资料加工的范畴。这种流通加工一方面可以提高客户服务水平，另一方面也可以提高物流效率。

2. 生产资料的流通加工

生产资料的流通加工是进行社会再生产的必要环节，能够实现社会再生产的连续性和高效性。生产资料的流通加工中最具代表性的是钢材、水泥、木材的流通加工。例如，钢材的流通加工是对薄板的剪裁、切断，型钢的熔断，厚钢板的切割、线材切断等集中下料，线材冷拉加工等，在国外有专门进行钢材流通加工的钢材流通中心；水泥的流通加工是利用水泥加工机械和水泥搅拌运输车进行，水泥搅拌车作业可避开繁华闹市区，节省现场作业空间，具有灵活机动的特点；木材的流通加工是在流通加工点将原木锯裁成各种规格木材，同时将碎木、碎屑集中加工成各种规格板，甚至还可以进行打眼、凿孔等初级加工。除此之外，平板玻璃、铝材等同样可以在流通阶段进行剪裁、切断、弯曲、打眼等各种流通加工。这种流通加工以适应顾客需求的变化、服务顾客为目的，不仅能够提高物流系统的效率，还可以促进生产的标准化和计划性，提高商品的价值和销售效率。

二、流通加工的类型

流通加工的形式很多，按照加工的目的可分为以下几种类型。

1. 为弥补生产领域加工不足的流通加工

许多产品在生产领域的加工只能到一定程度，这是由于许多限制因素使生产领域不能实现终极加工，因此，只能将未完成的加工放在流通领域。例如，木材如果在产地制成木制品的话，就会造成极大的运输困难，所以原生产领域只能加工到圆木或板材、方材这个程度，进一步的下料、切裁、处理等则由流通加工完成。这种流通加工实际上是生产的延续，是生产加工的深化，对弥补生产领域加工不足有重要意义。

2. 为满足需求多样化进行的流通加工

为了满足用户对产品多样化的需要，同时又要保证高效率的大生产，可对生产出来的单一化、标准化的产品进行多样化的改制加工，这是在流通加工中占有重要地位的一种加工形式。例如，对钢材卷板的舒展、剪切加工，平板玻璃开片加工，木材改制成枕木、方材、板材等加工，商品混凝土和商品水泥制品的加工等。对于生产型用户而言，这种加工形式可以缩短企业的生产流程，使生产技术密集程度提高，生产周期缩短。同时，这种流通加工作业可以使一般消费者省去烦琐的预处理工作，而集中精力从事较高级、能直接满足需求的劳动。

3. 以保存产品为目的的流通加工

这种流通加工形式的目的是使产品的使用价值得到妥善保存，延长产品在生产与使用间的时间距离。根据加工对象的不同，这种加工形式可表现为生活消费品的流通加工和生产资料的流通加工。生活消费品的流通加工是为了使生活资料消费者对消费对象在质量上保持满意，如水产品、蛋产品、肉产品等要求的保鲜保质的保鲜加工、冷冻加工、防腐加工等，丝、麻、棉织品的防虫、防霉加工等。生产资料的流通加工是为了使生产资料的使用价值下降幅度减小，如为防止金属材料的锈蚀而进行的喷漆、涂防锈油等措施，木材的防腐朽、防干裂加工，水泥的防潮、防湿加工等。一般来说，以保存产品为主要目的的流通加工并不改变物资和产品的外形和性质，加工的水平和深度与被加工物的性质和特点关系密切。

4. 为提高物流效率而进行的流通加工

有一些产品，由于其自身的特殊形状或性质，在运输、装卸搬运作业中效率较低，极易发生损坏，则需要进行适当的流通加工以弥补这些产品的物流缺陷。例如，自行车在消费地区的装配加工可防止整车运输的低效率和高损失；造纸用木材磨成木屑的流通加工，可极大提高运输工具的装载效率；集中燃烧熟料、分散磨制水泥的流通加工，可有效防止水泥的运输损失，提高运输效率；石油气的液化加工，不仅使很难输送的气态物转变为容易输送的液态物，还可提高物流效率。这种加工往往改变"物"的物理状态，但并不改变其化学特性，并最终仍能恢复原物理状态。

5. 为方便消费、促进销售的流通加工

这种流通加工形式在加工的深度上更接近消费者，使消费者感到更加省力省时、更加方便，从而起到促进销售的作用。例如，将定尺、定型的钢材按要求下料；将木材制成可直接投入使用的各种型材，以方便生产的需要；将过大包装或散装物分装成适合单次销售的小包装的分装加工；将以保护产品为主的运输包装

改换成以促进销售为主的装潢性包装，起到吸引消费者、指导消费的作用；将零配件组装成用具以便于直接销售；将蔬菜、肉类洗净切块以方便消费者消费等。此外，副食行业推出的盘菜和半成品加工，商场推出的首饰加工、服装加工等，都不同程度地满足了消费者方便、省力的要求。

6. 为提高原材料利用率和加工效率的流通加工

流通加工利用其综合性强、用户多的特点，可以采用合理规划、合理套裁、集中下料的办法，通过对原材料进行合理的加工和利用，减少浪费，提高原材料的利用率和加工效率。利用在流通领域的集中加工代替分散在各使用部门的分别加工，这样可以大大提高物资的利用率，产生明显的经济效益。

许多生产企业的初级加工往往存在数量有限、加工效率不高、科技含量低的缺陷。流通加工以集中加工形式，以一家流通加工企业代替了若干生产企业的初级加工工序，可以克服物流企业进行流通加工时费用高的缺点，实现集中加工，规模经营。例如，钢材的集中下料，可充分进行合理下料，搭配套裁，减少边角余料，从而达到加工效率高，加工费用低的目的。

7. 以实施配送为目的的流通加工

为实现配送活动，满足用户对物资供应的数量及供应构成的要求，配送中心将通过对物资进行各种加工活动，如拆整化零、定量备货、定尺供应等。随着物流技术水平的不断提高，流通加工活动有时在配送过程中实现，如混凝土搅拌车。流通中心可根据用户的要求，把沙子、水泥、石子、水等各种不同材料按比例要求装入混凝土搅拌车可旋转的罐中，在配送路途中，汽车边行驶边搅拌，到达施工现场后，混凝土已经均匀搅拌好，可直接投入使用。

8. 为衔接不同运输方式，使物流合理化的流通加工

由于现代社会生产的相对集中和消费的相对分散，在流通过程中衔接生产的大批量、高效率的输送和衔接消费的多品种、少批量、多户头的输送之间，存在着很大的矛盾，某些流通加工形式可以较为有效地解决这个矛盾。以流通加工点为分界点，从生产部门至流通加工点可以形成大量的、高效率的定点输送；从流通加工点至用户则可形成多品种、多批量、多户头的灵活输送。例如，散装水泥的中转仓库担负起散装水泥装袋的流通加工及将大规模散装转化为小规模散装的任务，就属于这种流通加工形式。

9. 以提高经济效益、追求企业利润为目的的流通加工

流通加工的一系列优点，可以形成一种利润中心的经营形态。这种类型的流通加工是经营的一环，在满足生产和消费要求的基础上取得利润，同时在市场和利润引导下使流通加工在各个领域能有效地发展。

10. 生产流通一体化的流通加工

依靠生产企业与流通企业的联合，或者生产企业涉足流通，或者流通企业涉足生产，形成对生产与流通加工的合理分工、规划、组织，统筹进行生产与流通加工的安排，这就是生产流通一体化的流通加工形式。这种形式可以促进产品结构及产业结构的调整，充分发挥企业集团的经济技术优势，是目前流通加工领域的新形式。

这些流通加工类型在实际应用中可能相互交叉和融合，以满足不同的市场需求和物流需求。同时，随着技术的发展和市场的变化，流通加工的类型也会不断发展和创新。

三、流通加工的方法

流通加工的方法多种多样，旨在满足不同的生产、消费和物流需求。以下是一些常见的流通加工方法：

（1）剪板加工。在固定地点设置剪板机或各种剪切、切割设备，将大规模的金属板材裁切为小尺寸的板料或毛坯。这种方法适用于钢材等金属材料的加工，能够提高材料利用率，减少浪费。

（2）集中开木下料。在流通加工点，将原木锯裁成各种规格的木板、木方，同时将碎木、碎屑集中加工成各种规格的胶合板板材，甚至还可以进行打眼、凿孔等初级加工。这种方法适用于木材的流通加工，能够方便装载和运输，提高木材的利用率。

（3）配煤加工。在使用地区设置加工点，将各种煤及其他一些发热物资，按不同的配方进行掺配加工，形成能产生不同热量的各种燃料。这种方法适用于煤炭等燃料的流通加工，能够满足不同用户的需求，提高燃料的利用率。

（4）冷冻加工。为解决鲜鱼、鲜肉、药品等在流通中保鲜及装卸搬运问题，采取低温冷冻的方法。这种方法能够延长产品的保质期，保持产品的新鲜度和品质。

（5）分选加工。对于农副产品规格、质量离散较大的情况，为获得一定规格的产品，采取人工或机械方式进行分选。这种方法能够提高产品的规格化和标准化程度，满足市场需求。

（6）精细加工。在农牧副渔等产品的产地或销售地设置加工点，去除无用部分，进行切分、洗净、分装等加工。这种方法能够提升产品的附加值，满足消费者对高品质产品的需求。

（7）分装加工。为了便于销售，在销售地区对商品按零售要求进行重新包装，大包装改小包装、散装改小包装、运输包装改销售包装等，以满足消费者对不同包装规格的需求。这种方法能够方便消费者购买和使用产品。

（8）组装加工。在销售地区，由流通加工点对出厂配件、半成品进行拆箱组装，随即进行销售。这种方法能够减少运输成本，提高物流效率，同时方便消费者购买和使用组装好的产品。

（9）定制加工。特别为用户加工制造适合个性的非标准用品，这些用品往往不能由大企业生产，只能由流通加工企业为其量身定制。这种方法能够满足消费者对个性化产品的需求，提高产品的市场竞争力。

此外，还有一些其他的流通加工方法，如水泥的流通加工（包括熟料形态代替传统的粉状水泥、集中搅拌混凝土等）、平板玻璃的流通加工（如集中套裁、开片供应等）、机电产品的流通加工（如半成品大容量包装出厂、在消费地拆箱组装等）等。这些方法旨在提高产品的附加值、满足市场需求、降低物流成本和提高物流效率。

第三节 流通加工合理化

一、不合理流通加工的形式

流通加工是在流通领域中对生产的辅助性加工。从某种意义来讲，它不仅是生产过程的延续，而且是生产本身或生产工艺在流通领域的延续。这个延续可能有正、反两方面的作用，一方面可能有效地起到补充完善的作用，但是也必须估计到另一个可能性，即对整个过程的负效应。因为各种不合理的流通加工都会产生抵消效益的负效应。不合理流通加工形式如下。

1. 流通加工地点设置不合理

流通加工地点的设置即布局状况是决定整个流通加工是否有效的重要因素。一般而言，为衔接单品种大批量生产与多样化需求的流通加工，加工地设置在需求地区才能实现大批量的干线运输与多品种末端配送的物流优势。

为方便物流的流通，加工环节应设在产出地，在进入社会物流之前。如果将其设置在物流之后，即设置在消费地，则不仅不能解决物流问题，还会在流通中增加一个中转环节，因而也是不合理的。

即使是在产出地或需求地设置流通加工的选择是正确的，还有流通加工在小地域范围内的正确选址问题，如果处理不善，仍然会出现不合理情况。这种不合理主要表现在交通不便，流通加工与生产企业或用户之间的距离较远，流通加工点的投资过高，加工点周围的社会、环境条件不良等。

2. 流通加工方式选择不当

流通加工方式包括流通加工对象、流通加工工艺、流通加工技术、流通加工程度等。流通加工方式实际上与生产加工的合理分工分不开。分工不合理，本来应由生产加工完成的，却错误地由流通加工完成；本来应由流通加工完成的，却错误地由生产过程完成。这些都是不合理的加工方式。

流通加工不是对生产加工的代替，而是一种补充和完善。所以，一般而言，如果工艺复杂，技术装备要求较高，或加工可以由生产过程延续，或可以轻易解决，都不宜再设置流通加工，尤其不宜与生产过程争夺技术要求较高、效益较高的最终生产环节，更不宜利用一个时期的市场压力使生产者变成初级加工或前期加工，而流通企业完成装配或最终形成产品的加工制造。如果流通加工方式选择不当，就会出现与生产夺利的恶果。

3. 流通加工作用不大，形成多余环节

有的流通加工过于简单，或对生产和消费者的作用都不大，甚至有时由于流通加工的盲目性，不能解决品种、规格、质量、包装等问题，反而增加了流通环节，这也是流通加工不合理的重要体现。

4. 流通加工成本过高，效益不佳

流通加工之所以有生命力，一个重要优势是有较佳的投入产出比，因而有效地起到补充完善的作用。如果流通加工成本过高，则不能实现以较低投入获得更高使用价值的目的。

二、流通加工合理化的实现措施

流通加工合理化的含义是实现流通加工的最优配置，不仅要做到避免各种不合理的情形，使流通加工有存在的价值，而且要做到最优选择。为避免各种不合理现象，对是否设置流通加工环节、采用什么样的技术装备等，需要做出正确的抉择。实现流通加工合理化主要考虑以下几方面。

1. 加工和配送相结合

这是将流通加工设置在配送点中，一方面按配送的需要进行加工，另一方面加工又是配送业务流程中分货、拣货、配货的一环，加工后的产品直接投入配货作业，这就无须单独设置一个加工的中间环节，使流通加工有别于独立的生产，而使流通加工与中转流通巧妙地结合在一起。同时，由于配送之前有加工，可使配送服务水平大大提高。这是当前对流通加工做合理选择的重要形式，并在煤炭、水泥等产品的流通中已表现出较大优势。

2. 加工和配套相结合

在对配套要求较高的流通中，配套的主体来自各个生产单位，但是，完全配套有时无法全部依靠现有的生产单位。进行适当的流通加工可以有效地促成配套，大大增强流通的桥梁与纽带功能。

3. 加工和合理运输相结合

流通加工能有效衔接干线运输与支线运输，促进两种运输形式的合理化。利用流通加工，在支线运输转干线运输或干线运输转支线运输本须停顿的环节，不进行一般的支转干或干转支，而是按干线或支线运输合理的要求进行适当加工，从而大大提高运输及转载水平。

4. 加工和合理商流相结合

通过加工有效促进销售，使商流合理化，也是流通加工合理化的考虑方向之一。通过加工提高配送水平，强化了销售，是加工与合理商流相结合的一个成功的例证。

在流通加工领域，通过基础性包装改良实现购买单位的便利化配置，以及借助预组装工艺消除终端用户的装配调试障碍，均构成优化商品流通效能的典型实践范式。

5. 加工和节约相结合

节约能源、节约设备、节约人力、减少耗费是流通加工合理化需要考虑的重要因素，也是目前我国设置流通加工时，考虑其合理化的较普遍形式。

本章小结

本章首先介绍了流通加工的概念与特点、产生的原因、作用与地位；其次说明了流通加工的内容、类型及方法；最后对不合理流通加工的形式和流通加工合理化的实现措施进行了阐述。

即测即练

复习思考题

1. 简述流通加工的定义与特点。

2. 简述流通加工产生的原因。

3. 流通加工有哪些类型？

4. 简述不合理化流通加工的表现形式。

5. 如何做到流通加工的合理化？

6. 简述流通加工的方法。

第九章 物流信息系统

思维导图

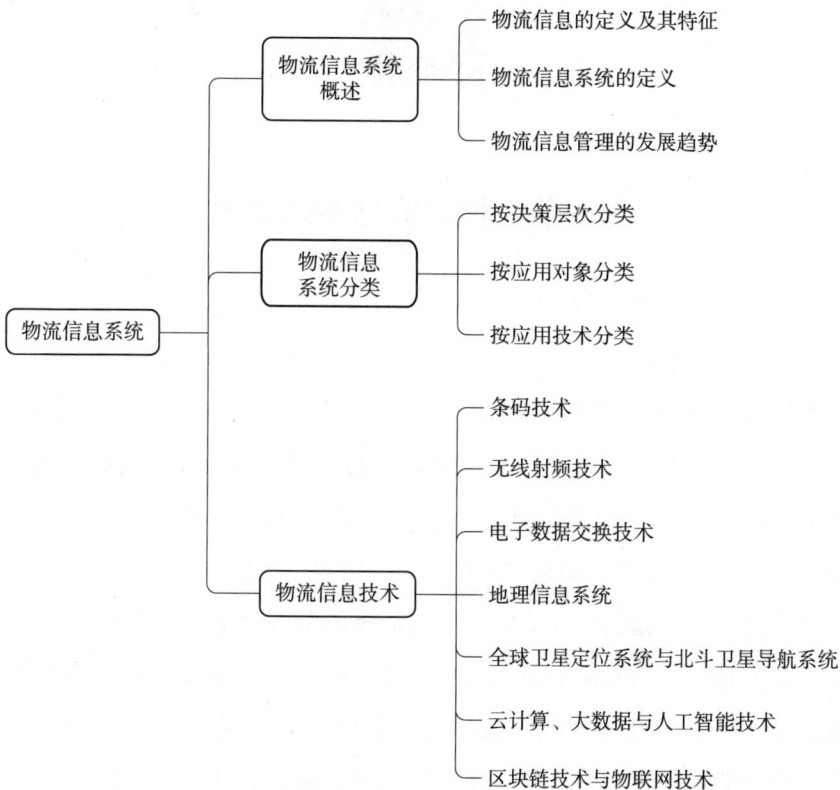

物流信息系统
- 物流信息系统概述
  - 物流信息的定义及其特征
  - 物流信息系统的定义
  - 物流信息管理的发展趋势
- 物流信息系统分类
  - 按决策层次分类
  - 按应用对象分类
  - 按应用技术分类
- 物流信息技术
  - 条码技术
  - 无线射频技术
  - 电子数据交换技术
  - 地理信息系统
  - 全球卫星定位系统与北斗卫星导航系统
  - 云计算、大数据与人工智能技术
  - 区块链技术与物联网技术

🔍 学习目标

1. 理解物流信息以及物流信息系统的概念，了解物流信息管理的发展趋势。

2. 理解物流信息系统的分类。

3. 了解物流信息技术的概念。

4. 了解条码技术、无线射频技术、电子数据交换技术、地理信息系统、全球卫星定位系统等在物流中的应用。

🔍 能力目标

1. 了解物流信息管理的发展趋势，能自主查阅相关资料拓展知识。

2. 熟悉物流信息系统分类方法，培养思辨和解决问题的能力。

3. 掌握最新的物流信息技术，培养探索新知识的能力。

🔍 导入案例

第一节　物流信息系统概述

一、物流信息的定义及其特征

1. 物流信息的定义

物流信息是整个物流过程中所产生的有关信息，主要包括物品信息、物品流转信息、物流作业与管理控制信息、物品交易信息，以及保证信息识别、传递、处理和应用的信息等。我国国家标准《物流术语》（GB/T 18354—2021）中，物流信息的定义是反映物流各种活动内容的知识、资料、图像、数据的总称。

物流信息不仅能起到整合从供应商到最终消费者的整个供应链的作用，而且在应用现代信息技术的基础上还能实现整个供应链活动的效率化。现代物流的重要特征是物流的信息化，现代物流也可以看作是货物实体流通与信息流通的结合。在现代物流运作过程中，通过使用计算机、通信、网络等技术手段，大大加快了物流信息的处理和传递速度，从而使物流活动的效率和快速反应能力得到提高。

2. 物流信息的特征

1）广泛性

由于物流是一个大范围的活动，物流信息源也分布在一个大范围内，信息源点多、信息量大，涉及从生产到消费、从国民经济到财政信贷各个方面。物流信息来源的广泛性决定了其影响也是广泛的，涉及国民经济各个部门、物流活动各环节等。

2）联系性

物流活动是多环节、多因素、多角色共同参与的活动，目的是实现产品从生产地到消费地的顺利移动，因此在该活动中所产生的各种物流信息必然存在十分密切的联系，如生产信息、运输信息、储存信息、装卸信息之间都是相互关联、相互影响的。这种相互联系的特征是保证物流各子系统、供应链各环节以及物流内部系统与物流外部系统相互协调运作的重要因素。

3）多样性

物流信息种类繁多，从其作用的范围来看，本系统内部各个环节有不同种类的信息，如流转信息、作业信息、控制信息、管理信息等，物流系统外也存在各种不同种类的信息，如市场信息、政策信息、区域信息等；从其稳定程度来看，有固定信息、流动信息与偶然信息等；从其加工程度看，有原始信息与加工信息等；从其发生时间来看，有滞后信息、实时信息和预测信息等。在进行物流系统研究时，应根据不同种类的信息进行分类收集和整理。

4）动态性

多品种、小批量、多频次的配送技术与 POS（点销系统）、EOS（电子订货系统）、EDI（电子数据交换）数据收集技术的不断应用使得各种物流作业频繁发生，加快了物流信息的价值衰减速度，要求物流信息不断更新。物流信息及时收集、快速响应、动态处理已成为决定现代物流经营活动成败的关键。

5）复杂性

物流信息的广泛性、联系性、多样性和动态性带来了物流信息的复杂性。在物流活动中，必须对来自不同来源、不同种类、不同时间和相互联系的物流信息进行反复分析和处理，才能得到具有实际应用价值的信息，以指导物流活动，这是一个非常复杂的过程。

二、物流信息系统的定义

物流信息系统就是在物流活动中，对各层次信息进行收集、整理、加工、储存与服务的信息系统。以制造企业为例，它是一个从物料采购、库存管理直至商品配送的全过程控制的信息管理系统，同时也是为物流管理人员及其他企业管理人员提供战略及运作决策支持的人机系统，它是信息系统在物流管理领域的具体应用。建立物流信息系统，提供迅速、准确、及时、全面的物流信息，是现代企业获得竞争优势的必要条件。物流信息系统是为物流系统的目标服务的，由应用于物流领域的计算机软硬件技术和物流信息资源以及人所组成。

物流信息系统是企业管理系统的一个重要子系统，是通过对企业物流相关信息进行加工处理来实现对物流、资金流的有效控制和管理，并为物流管理人员及其他企业管理人员提供信息分析及运作决策支持的人机系统。物流信息系统是提高企业物流运作效率，降低企业物流总成本的重要基础设施。图 9-1 给出了一般物流信息系统的层次结构。

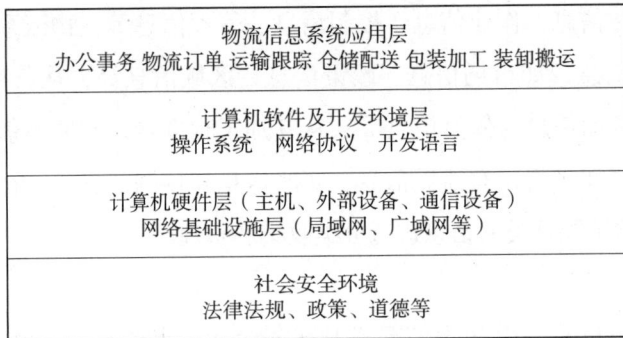

物流信息系统应用层
办公事务 物流订单 运输跟踪 仓储配送 包装加工 装卸搬运
计算机软件及开发环境层
操作系统　网络协议　开发语言
计算机硬件层（主机、外部设备、通信设备） 网络基础设施层（局域网、广域网等）
社会安全环境
法律法规、政策、道德等

图 9-1　物流信息系统的层次结构

三、物流信息管理的发展趋势

物流信息管理是指对物流信息进行采集、处理、分析、应用、存储和传播的过程，也是完成物流信息从分散到集中、从无序到有序的过程。在这个过程中，通过对涉及物流信息活动的各种要素，如人员、技术、工具等进行管理，可以实现资源的合理配置。

随着知识经济的发展和电子商务的兴起，各种人工智能技术不断涌现，极大地提升了人们的信息分析和处理能力。这些技术变革对物流行业产生了深远的影响，物流经营模式、运行机制及组织结构等方面均发生了显著的变化。物流信息管理也随之展现出一些新的特点，并呈现出以下几个主要发展趋势：

1. 大数据开发与利用

随着互联网的发展，数据的来源变得更为广泛，人工智能技术的发展也使大数据的处理变为可能，大数据的应用领域也得到了快速的推广，企业的疆界变得模糊；数据成为核心的资产，并将深刻影响企业的业务模式，甚至重构其文化和组织。而物流信息是大数据的三个主要来源之一。只有利用大数据，才能更加贴近消费者、深刻理解需求、高效分析信息并作出预判，但是其信息量远远超越了现有企业 IT 架构和基础设施的承载能力，其实时性要求则大大超越现有的计算能力。

2. 与资金流融合

在物流信息管理过程中，开展金融服务，对于中小企业、银行和第三方物流企业本身都具有重要意义。大力推广物流过程中的金融服务，不仅能有效提高企业的资金利用率，使资金流和物流信息管理结合得更加紧密，物流环节更加畅通，而且有利于物流业的健康发展，使合作各方"共赢"。第三方物流企业开展金融服务可以结合自身条件进一步创新，选择适合本企业和服务企业的金融服务模式，同时管控好物流金融中的风险，才能更好地发挥物流金融在整个经济社会中的作用。

3. 与电子商务融合

随着新经济时代的到来，电子商务作为一种新兴的商务交易模式，彻底改变了传统的贸易洽谈方式，实现了足不出户的线上交易，为传统经济带来了变革。然而，电子商务交易的顺利完成离不开背后物流产业的支撑。在新经济模式的推动下，传统的运输和仓储方式正在经历着质的变化，现代物流信息管理与电子商务的深度融合已成为不可逆转的趋势。当前，传统运输仓储手段与现代信息技术的重新整合已成为大势所趋。电子商务对物流业提出了更高的要求，包括追求更快的物流速度、更广泛的配送范围、更强的反应能力以及更高水平的服务质量。面对这些挑战，我国物流业正处在一个充满机遇的发展时期。为应对电子商务的快速发展，我国将采用先进的物流信息管理技术和装备，致力于构建多层次、符合市场经济规律、社会化且专业化的现代物流服务体系。这一体系将涵盖全国、区域、企业等多个层面，以满足电子商务对物流行业提出的更高要求，推动物流业的持续健康发展。

第二节　物流信息系统分类

一、按决策层次分类

由于一般的企业组织管理均是分层次的，例如常分为作业管理、管理控制、战略管理三层，所以为它们服务的信息系统也相应地分为三层，即面向作业管理的物流信息系统、面向管理控制的物流信息系统和面向战略管理的物流信息系统。从处理的内容来看，下层系统一般数据处理量大、信息的结构化程度高；上层系统一般数据处理量小、信息的结构化程度低。

1. 面向作业管理的物流信息系统

物流作业层面的信息系统主要处理物流作业过程中相关的物流运作业务、控制物流运作过程和支持物流运作的办公事务，实时采集有关的数据，并更新、查询、使用和传递、存储、维护这些数据。这种物流作业层面的信息系统包括表 9-1 中的三种类型。

表 9-1　物流作业层面的信息系统类型

类型	内容
物流业务处理系统（LTPS）	为及时、正确处理日常物流运作中的大量信息而服务的，如客户订单处理系统、货物存储信息系统、仓储调度系统、运输分派系统等，目标是提高日常运作的管理水平和工作效率
自动化设施系统（AFS）	采用各种由计算机控制的自动化设施，配合相关的业务处理系统，来提高物流作业的工作效率。如自动化仓库系统中配备有自动拣选设备、自动输送设备、自动搬运设备等，配合企业资源计划（ERP）软件，可以实现企业仓库的无人化管理
办公自动化系统（OAS）	常采用先进的信息技术和自动办公设备来支持人的部分办公业务活动的系统，如文字处理设备、电子邮件、扫描系统、文字识别系统等。在企业内部建设基于互联网协议的企业内联网（Intranet），来实现企业内的日常办公事务、办公公文流转和签发、信息交流、公告发布等

2. 面向管理控制的物流信息系统

物流管理层面的信息系统是对一个物流企业进行全面管理的，由人、物流信息资源和计算机结合组成的系统。它综合运用计算机技术、信息技术、决策分析技术与现代物流管理理论和方法，辅助企业管理者进行各种物流运作的监控、管理和决策。这种物流管理层面的信息系统包括表 9-2 中的两种类型。

表 9-2 物流管理层面的信息系统类型

类型	内容
物流信息管理系统（LIMS）	为物流组织的管理层服务，目标是实现管理层面上的计划、控制和决策等的制定过程。物流信息管理系统的数据主要来源于物流作业层面的信息系统，通过对组织日常业务运作的数据进行统计、汇总，使数据按照规定的时间、格式显示在分析报告中
物流决策支持系统（LDSS）	为物流组织的管理层服务，但它与物流信息管理系统的辅助决策方式不同，物流决策支持系统的数据有些来源于组织内部业务运作，但更多来源于组织外部，包括市场数据、客户数据、同行业数据、政策经济数据等。采用的分析方法有数学模型、各种智能的数据分析工具，如数据仓库、数据挖掘、大数据等

3. 面向战略管理的物流信息系统

在物流战略管理的实施过程中，物流信息系统扮演着至关重要的角色，它主要为物流企业的高层管理人员提供全面、准确、及时的信息服务。

物流信息系统不仅仅是一个简单的数据处理工具，它通过对海量业务数据进行提炼和整合，将关键的业务信息以直观、易于理解的方式呈现给高层管理人员。同时，该系统还能够综合外部信息，如市场动态、竞争对手策略等，为高层管理人员提供全面的决策支持。

通过物流信息系统的支持，物流企业的高层管理人员可以更加高效地设计和评价各种物流方案。他们可以根据业务需求和市场变化，快速调整物流策略、优化物流流程、提高物流效率。同时，物流信息系统还能够对物流方案的执行情况进行实时监控和评估，确保物流方案的有效实施和持续改进。

总之，物流信息系统在物流战略管理中发挥着不可替代的作用。它通过提供全面、准确、及时的信息服务，支持高层管理人员做出更为明智的决策，推动物流企业的持续健康发展。

二、按应用对象分类

供应链上不同环节、部门所实现的物流功能都不尽相同。供应链各相关环节的实体如图 9-2 所示。根据实体在供应链上发挥的作用和所处的地位，物流信息系统可以分为面向制造企业的物流信息系统、面向流通商的物流信息系统、面向物流企业的物流信息系统及面向供应链管理的物流公共信息平台。

| 原材料厂商 | →物流企业→ | 产品制造企业 | →物流企业→ | 流通商（中间商） | →物流企业→ | 客户 |

图 9-2　供应链各相关环节的实体

表 9-3 为面向不同类型企业的物流信息系统。

表 9-3　按应用对象分类的物流信息系统

类型	内容
面向制造企业的物流信息系统	制造企业在供应链中处于关键环节，是产品流通的源头。制造企业根据其销售情况确定生产计划后，就须针对需要的原材料物资制订采购计划，以配合生产进度，同时储备一定数量的产成品，以供应销售。当企业的生产管理系统将生产计划、采购计划、销售计划设计出来后转入物流系统，物流系统将采购计划、销售计划分解设计成物流计划，然后对物流计划进行执行、监督直至生产、销售完成
面向流通商的物流信息系统	流通商（中间商、零售商）本身不生产商品，但它们为客户提供商品，为制造企业提供销售的渠道，是客户与制造企业的中介。专业零售商为客户提供某一类型的商品，综合性的零售商如超市、百货商店为顾客提供不同种类的商品。面向中间商、零售商的物流信息系统是对不同商品物流配送的进、销、存进行管理的系统
面向物流企业的物流信息系统	在供应链中专门提供物流服务的物流企业，包括船舶公司、货代公司、拖车公司、仓储公司、专业的第三方物流企业等，这些企业提供的是无形的产品——物流服务。物流企业除提供仓储、运输等专业服务外，还提供一些相关的增值服务
面向供应链管理的物流公共信息平台	物流公共信息平台是运用现代的信息技术、计算机技术、通信技术，整合物流行业相关的信息资源，系统化地采集、加工、传送、存储、交换企业内外的物流信息，从而达到整个社会物流信息的高效传递与共享。通过物流公共信息平台，企业可以快速掌握供应链上不同环节的供求信息和物流信息，实现对不同物流环节的远程控制和实时监控

三、按应用技术分类

根据采用技术的不同，物流信息系统可以分为单机系统、内部网络系统以及与合作伙伴和客户互联的系统。

1. 单机系统

在这种模式下，计算机没有联网，处于单机运行状态。物流信息系统与企业的财务、人事等其他系统各自独立运行。此时，物流信息系统的作用比较有限，内部数据往往难以实现共享，存在大量重复劳动和信息孤岛。

2. 内部网络系统

物流信息系统采用大型数据库技术及网络技术，将分布在不同地理区域的物流管理部门以及分支机构有机地连接在一起，形成物流管理的企业内部网络系统。物流管理部门间的信息流动基本实现无纸化，内部数据可以较好地实现共享；同时结合互联网技术，随时随地向企业的管理层提供所需的各种信息，从而保证供应链各环节的有机结合。

3. 与合作伙伴和客户互联的系统

在这种模式下，企业内部网络系统与外部的其他合作伙伴及客户的管理信息系统（如 ERP）实现互联，通过专门的通道进行数据交换，充分利用互联网技术所带来的便利，为企业的管理层和合作伙伴及客户提供各种可交换的信息，实现供应链整体竞争能力的提升。

以上从不同角度对物流信息系统进行了分类。同时，它们之间是相互联系的，其功能的综合及有机结合构成了支持物流业务发展的物流信息系统。

第三节　物流信息技术

物流信息技术是物流技术中发展最快的领域，从数据采集技术到物流信息系统都发生了日新月异的变化，计算机、网络技术的飞速发展，进一步促进了物流产业的信息化进程，从而在真正意义上提高了现代物流技术和管理水平。

物流信息技术指的是现代信息技术在物流各作业环节中的应用，包括条码、RFID（无线射频识别）、EDI（电子数据交换）、GIS（地理信息系统）、GPS（全球卫星定位系统）、云计算、大数据与人工智能、区块链技术、物联网技术等，它们是物流现代化的重要标志。

一、条码技术

1. 条码技术概述

1）条码概念

条码（bar code）是由一组规则排列的条、空组成的符号，可供机器识读，用以表示一定的信息，包括一维条码和二维条码。这些条和空可以有各种不同的组合方法，构成不同的图形符号，适用于不同的场合。

由于不同颜色的物体，其反射的可见光的波长不同，白色物体能反射各种波长的可见光，黑色物体则吸收各种波长的可见光，所以当条码扫描仪光源发出的光照射到黑白相间的条码上时，反射光聚焦后，照射到条码扫描仪的光电转换器上，于是光电转换器接收到与白条和黑条相应的强弱不同的反射光信号，并转换成相应的电信号输出到条码扫描仪的放大整形电路，白条、黑条的宽度不同，相应的电信号持续时间长短也不同。

2）条码技术的优点

条码是迄今为止最经济、实用的一种自动识别技术。条码技术具有以下几个方面的优点：

（1）输入速度快。与键盘输入相比，条码输入的速度是键盘输入的 5 倍，并且能实现实时数据登录。

（2）可靠性高。键盘输入数据出错率为三百分之一，利用光学字符识别技术出错率为万分之一，而采用条码技术误码率低于百万分之一。

（3）采集信息量大。利用传统的一维条码一次可采集几十位字符的信息，二维条码更可以携带数千个字符的信息，并有一定的自动纠错能力。

（4）灵活实用。条码标识既可以作为一种识别手段单独使用，也可以和有关识别设备组成一个系统实现自动化识别，还可以和其他控制设备连接起来实现自动化管理。条码标签易于制作，对设备和材料没有特殊要求，识别设备操作容易，不需要特殊培训，且设备也相对便宜。

3）码制种类

（1）一维条码。一维条码是指仅在一个维度方向上表示信息的条码符号。一般较流行的一维条码有 39 码、EAN 码、UPC 码、128 码等。几种常见的一维条码如下：

① EAN 条码。EAN 码是国际物品编码协会在全球推广应用的商品条码，是定长的纯数字型条码，它表示的字符集为数字 0～9。在实际应用中，EAN 码有两种版本，标准版和缩短版。标准版是由 13 位数字组成，称为 EAN-13 码或长码（图 9-3）；缩短版 EAN 码是由 8 位数字组成，称为 EAN-8 码或者短码（图 9-4）。

图 9-3 EAN-13 码结构

EAN-13 码按照"模块组合法"进行编码。它的符号结构组成：符号结构、左侧空白区、起始符、左侧数据符、中间分隔符、右侧数据符、校验符、终止符、右侧空白区、模块数。EAN-13 码由 13 位数字组成。根据 EAN 规范，这 13 位数字分别被赋予了不同的含义。厂商识别代码由 7~9 位数字组成，用于对厂商的唯一标识。商品项目代码由 3~5 位数字组成，用以标识商品的代码。校验码用以校验代码的正误，由 1 位数字组成。

图 9-4 EAN-8 码结构

EAN-8 码是 EAN-13 码的压缩版，由 8 位数字组成，用于包装面积较小的商品上。与 EAN-13 码相比，EAN-8 码没有制造厂商代码，仅有前缀码、商品项目代码和校验码。

② UPC 条码。UPC 码是美国统一代码委员会 UCC 制定的商品条码，它是世界

上最早出现并投入应用的商品条码，在北美地区得到广泛应用。

③ 39 码。39 码是 1974 年发展出来的条码系统，是一种可供使用者双向扫描的分布式条码，也就是说相邻两个数据码之间，必须包含一个不具任何意义的空白，且其具有支持字母数字的能力，故应用较广泛。

（2）二维条码。二维条码是在两个维度方向上都表示信息的条码符号。在代码编制上巧妙地利用构成计算机内部逻辑基础的"0""1"比特流的概念，使用若干个与二进制相对应的几何形体来表示文字数值信息，通过图像输入设备或光电扫描设备自动识读以实现信息自动处理。二维条码能够在横向和纵向两个方位同时表达信息，因此能在很小的面积内表达大量的信息，如图 9-5 所示。

图 9-5　一维条码与二维码

二维条码具有以下特点。

（1）高密度编码，信息容量大。可容纳 1850 个大写字母、2710 个数字、1108 个字节或 500 多个汉字，比普通条码信息容量高几十倍。

（2）编码范围广。可以把图片、声音、文字、签字、指纹等以数字化的信息进行编码，用条码表示出来；可以表示多种语言文字；可以表示图像数据。

（3）容错能力强，具有纠错功能。二维条码因穿孔、污损等引起局部损坏时，可以得到正确识读，损毁面积达 50% 仍可恢复信息。

（4）解码可靠性高。二维条码比普通条码的译码错误率（百万分之二）要低得多，其误码率不超过千万分之一。

（5）可引入加密措施，保密性、防伪性好。

（6）成本低，易制作，持久耐用。

（7）条码符号形状、尺寸、比例可变。

二维条码已经在迅速发展，并在许多领域应用。由于二维条码的数据量大、安全性强，已被广泛应用于识别领域，包括护照、身份证、行车证等。

2. 条码技术在物流中的应用

条码作为货物的"身份证"，通过扫描即可快速识别商品信息，极大地提升了物流作业效率。条码技术帮助实时更新库存信息，准确记录货物的出入库情况，有助于仓库管理人员及时掌握库存动态，及时补货或处理过期货物。条码为货物在物流过程中的每一个环节提供了可见性，消费者和物流企业可以通过扫描条码查询物流信息，了解货物的运输进度和预计到达时间。在分拣和配送过程中，条码扫描设备可以快速读取货物信息，指导工作人员进行正确的分拣和配送操作，提高工作效率和准确性。

拓展资料 9-1

二、无线射频技术

1. 无线射频技术（RFID）概述

1）RFID 概念

射频识别（RFID）是在频谱的射频部分利用电磁耦合或感应耦合，通过各种调制和编码方案，与射频标签交互通信唯一读取射频标签身份的技术。与目前广泛应用的自动识别技术，例如摄像、条码、磁卡、IC 卡等相比，RFID 具有很多突出的优点：

（1）非接触操作，长距离识别（几厘米至几十米），因此完成识别工作时无须人工干预，应用便利。

（2）无机械磨损，寿命长，并可工作于各种油渍、灰尘污染等恶劣的环境。

（3）可识别高速运动物体并可同时识别多个电子卷标。

（4）读写器具有不直接对最终用户开放的物理接口，保证其自身的安全性。

（5）数据安全方面除电子卷标的密码保护外，数据部分可用一些算法实现安全管理。

（6）读写器与标签之间存在相互认证的过程，实现安全通信和数据存储。

2）RFID 的类型

根据 RFID 系统完成的功能不同，可以粗略地把 RFID 系统分成四种类型：EAS系统、便携式数据采集系统、物流控制系统、定位系统。

（1）EAS 技术。EAS（electronic article surveillance）是一种设置在需要控制物品出入的门口的 RFID 技术。这种技术的典型应用场合是商店、图书馆、数据中心等地方，当未被授权的人从这些地方非法取走物品时，EAS 系统会发出警告。典型的 EAS 系统一般由三部分组成：附着在商品上的电子卷标，电子传感器；电子卷标灭活装置，以便授权商品能正常出入；监视器，在出口形成一定区域的监视空间。

（2）便携式数据采集系统。便携式数据采集系统是使用带有 RFID 阅读器的掌上型数据采集器采集 RFID 卷标上的数据。这种系统具有较大的灵活性，适用于不宜安装固定式 RFID 系统的应用环境。掌上型阅读器可以在读取数据的同时，通过无线电波数据传输方式实时地向主计算机系统传输数据，也可以暂时将数据存储在阅读器中，再分批向主计算机系统传输数据。

（3）物流控制系统。在物流控制系统中，固定布置的 RFID 阅读器分散布置在给定的区域，并且阅读器直接与数据管理信息系统相连，信号发射机是移动的，一般安装在移动的物体上面。当物体流经阅读器时，阅读器会自动扫描卷标上的信息，并把数据信息输入数据管理信息系统进行存储、分析、处理，达到控制物流的目的。

（4）定位系统。定位系统用于自动化加工系统中的定位以及对车辆、轮船等进行运行定位支持。阅读器放置在移动的车辆、轮船上，或者自动化流水线中移动的物料、半成品、成品上，信号发射机嵌入到操作环境的地表下面。信号发射机上存储有位置识别信息，阅读器一般通过无线或者有线的方式连接到主信息管理系统。

3）RFID 的基本工作原理

射频标签进入电磁场后，接收识读器发出的射频信号，凭借感应电流所获得的能量发送出存储在芯片中的产品信息，或者主动发送某一频率的信号。识读器读取信息并解码后，发送至中央信息系统以处理有关数据。识读器与射频标签之间通过空气介质，以无线电波的形式完成数据传输。

2.RFID 在物流中的应用

在集装箱上安装 RFID 标签，当集装箱从汽车、火车、货船上到达或离开货场时，通过射频识别设备，对集装箱进行自动识别，并将识别信息通过各种网络通信设施传递给信息系统，如港口管理信息系统或仓储管理系统等，可实现集装箱的动态跟踪和管理，提高集装箱的运输效率。集装箱 RFID 自动识别系统可完成装箱点数据输入、集装箱信息实时采集和自动识别。基于 RFID 的集装箱管理系统能够对集装箱运输的物流和信息流进行实时跟踪，从而消除集装箱在运输过程中可能产生的错箱、漏箱事故，加快通关速度，提高运输安全性和可靠性，从而全面提升集装箱运输的服务水平。

拓展资料 9-2

三、电子数据交换技术

1. 电子数据交换技术（EDI）概述

1）EDI 的定义

电子数据交换（EDI）是采用标准化的格式，利用计算机网络进行业务数据的传输和处理。

2）EDI 系统的组成要素

构成 EDI 系统的三个要素是 EDI 软件和硬件、通信网路、EDI 数据标准化。

（1）EDI 软件和硬件。实现 EDI 需要配备相应的 EDI 软件和硬件。EDI 软件具有将用户数据库系统中的信息转换成 EDI 的标准格式，以供传输交换的能力。虽然 EDI 标准具有足够的灵活性，可以适应不同行业的不同需求，但由于每个公司都有其规定的信息格式，因此，当需要发送 EDI 电文时，必须用某些方法从公司的专有数据库中提取信息，并将其转换成 EDI 的标准格式进行传输，这就需要如转换软件、翻译软件、通信软件等 EDI 相关软件的帮助。

（2）通信网路。通信网路是实现 EDI 的手段。EDI 通信方式有多种，早期应用较多的是点对点方式，这种方式只能满足贸易伙伴数量较少的情况。随着贸易伙伴数目的增多，当多家企业直接使用计算机通信时，会出现由于计算机厂家不同、通信协议相异以及工作时间不匹配等问题，造成相当大的通信困难。因此，许多应用 EDI 的公司逐渐采用第三方网络与贸易伙伴进行通信，即加值网络方式。它类似于邮局，为发送者与接收者维护邮箱，并提供存储转发、记忆保管、通信协议转换、格式转换、安全控制等功能。因此通过增值网络传送 EDI 文件，可以大幅降低相互传送数据的复杂度和困难度，大大提高 EDI 的效率。

（3）EDI 数据标准。EDI 标准是由各企业、各地区代表共同讨论、制定的电子数据交换共同标准，可以使各组织之间的不同文件格式，通过共同的标准，实现彼此之间的文档交换。

2. EDI 在物流中的应用

EDI 技术应用在物流运作中的目的是充分利用现有计算机及通信网络资源，提高交易双方信息的传输效率，降低物流成本。具体包括以下几方面。

首先，对于产品制造来说，利用 EDI 技术可以有效地减少库存量及生产线待料时间，降低生产成本；其次，对于运输来说，利用 EDI 技术可以快速通关报检、科学合理地利用运输资源、缩短运输距离、降低运输成本和节约运输时间；再次，对于产品零售来说，利用 EDI 技术可以建立快速响应系统，减少货场库存量与空架率，加速资金周转，降低物流成本；最后，也可以建立起物流配送体系，完成产、存、运、销一体化的供应链管理。

此外，EDI 技术对铁路机车配件企业供应链上的物流信息可以进行有效的运作。例如，机车配件企业的 EDI 系统通过网络收到一份订单，系统便可以自动地处理该订单，检查订单是否符合要求，若符合要求就可向供货方发送确认报文，通知企业内部管理系统安排生产，向零配件供应商订购零配件，向交通运输部门预定货运集装箱，向海关、商检等有关部门申请出口许可证，通知银行结算并开具 EDI 发票，从而将整个订货、生产、销售过程连为一体。EDI 技术的应用大大降低了铁路机车配件企业的经营成本，增强了市场竞争力。根据铁路机车配件企业有关数据统计分析，应用 EDI 技术后，可使商业文件传递速度提高 80%，文件成本降低 40%，因错误造成的商业损失减少 40%，文件处理成本下降 38%，竞争力提升 34%。

四、地理信息系统

1. 地理信息系统（GIS）概述

1）GIS 概念

地理信息系统简称 GIS（geographic information system），是在计算机技术支持下，对整个或部分地球表层（包括大气层）空间中的有关地理分布数据进行采集、储存、管理、运算、分析、显示和描述的系统。

2）GIS 特征

（1）GIS 技术能制作涵盖点、线、面及栅格等多样地图，直观展示地理空间对象分布，支持从全球到城市多层次信息可视化，并允许二维至三维的地理数据展现，帮助用户全面直观理解地理空间数据。

（2）具有采集、管理、分析和输出多种地理空间信息的能力。

（3）以地理研究和地理决策为目的，以地理模型方法为手段，具有区域空间分析、多要素综合分析和动态预测能力，产生高层次的地理信息。

（4）由计算机系统支持进行空间地理数据管理，并由计算机程序模拟常规的或专门的地理分析方法，作用于空间数据，产生有用信息，完成人工难以完成的任务。

3）GIS 的组成

GIS 的应用系统由五个主要部分构成，即硬件、软件、数据、人员和方法。

（1）硬件。硬件是指操作 GIS 所需的一切计算机资源。目前的 GIS 软件可以在很多类型的硬件上运行，从服务器到计算机，从单机到网络环境。一个典型的 GIS 硬件系统除计算机外，还包括数字化仪、扫描仪、绘图仪等外部设备。

（2）软件。软件是指 GIS 运行所必需的各种程序，主要包括计算机系统软件和地理信息系统软件两部分。地理信息系统软件提供存储、分析和显示地理信息的功能和工具。主要的软件部件有：输入和处理地理信息的工具；数据库管理系统工具；支持地理查询、分析和可视化显示的工具；使用这些工具的图形用户界面。

（3）数据。数据是一个 GIS 应用系统的最基础组成部分。空间数据是 GIS 的操作对象，是现实世界经过模型抽象的实质性内容。展示了 GIS 对现实世界的信息表达与分层。一个 GIS 应用系统必须建立在准确合理的地理数据基础上。数据来源包括室内数字化和野外采集，以及转换自其他数据。数据包括空间数据和属性数据，空间数据的表达可以采用栅格和矢量两种形式。空间数据表现了地理空间实体的位置、大小、形状、方向以及几何拓扑关系。

（4）人员。人是地理信息系统中重要的构成要素，GIS 不同于一幅地图，它是一个动态的地理模型，仅有系统软硬件和数据还不能构成完整的地理信息系统，需要人进行系统组织、管理、维护和数据更新、系统扩充完善以及应用程序开发，并采用空间分析模型提取多种信息。因此，GIS 应用的关键取决于实施 GIS 来解决现实问题的人员素质。

（5）方法。这里的方法主要是指空间信息的综合分析方法，即常说的应用模型。它是在对专业领域的具体对象与过程进行大量研究的基础上总结出的规律的表示。GIS 应用就是利用这些模型对大量空间数据进行分析综合来解决实际问题的，如基于 GIS 的矿产资源评价模型、灾害评价模型等。

2. GIS 在物流中的应用

在现代物流仓储与运输体系中，GIS 发挥着重要作用，主要体现在站点的选址、客户的地址定位、投递路线和排序规划，以及对突发应急情况的处理等方面。如海尔公司高质量的服务离不开 GIS 的应用。海尔使用 GIS 后，全国所有县级道路网和 200 个城市的详细道路信息，也包括全国 100 多万条地址信息均能查询且可视，在接到用户报修后，通过 GIS 系统地理信息分析处理，能够快速准确计算出距离用户最近的维修网点，并且实时更新从网点至用户家的详细路况，这些信息也及时发送至维修网点。通过 GIS 系统智能匹配，报修每次处理时间缩短到秒级，大大提高了效率，降低了物流成本，也极大地提升了用户体验。

五、全球卫星定位系统与北斗卫星导航系统

1. 全球卫星定位系统（GPS）概述

1）GPS 概念

在全球范围内提供实时定位、导航的系统，称为全球卫星定位系统，简称GPS。GPS 是由美国军方研制建立的一种全方位、全天候、全时段、高精度的卫星导航系统，能为全球用户提供低成本、高精度的三维位置、速度和精确定时等导航信息，是卫星通信技术在导航领域的应用典范，它极大地提高了全球的信息化水平，有力地推动了数字经济的发展。

2）GPS 系统的组成

（1）地面控制部分。地面控制部分包括 4 个监控站、1 个上行注入站和 1 个主控站。监控站设有 GPS 用户接收机、原子钟，收集当地气象数据的传感器和进行数据初步处理的计算机。监控站的主要任务是取得卫星观测数据并将这些数据传送至主控站。主控站设在美国加州范登堡空军基地，它对地面控制系统实行全面监控。主控站的主要任务是收集各监控站对 GPS 卫星的全部观测数据，利用这些数据计算每颗 GPS 卫星的轨道和卫星时钟的修正值。上行注入站也设在范登堡空军基地，它的任务主要是在每颗卫星运行至基地上空时，把这类导航数据及主控站的指令注入到卫星中。这种注入过程针对每颗 GPS 卫星每天进行一次。

（2）空间部分。24 颗运行高度约 20000km 的卫星联合构成卫星星座，这是GPS 的空间部分。24 颗卫星均拥有近圆形轨道，运行周期约为 11 小时 58 分钟，分布在 6 个轨道面上（每个轨道面 4 颗），轨道倾角为 55°。这种卫星部署方式可以保证在全球任何地方、任何时间都可至少观测到 4 颗卫星，并能保持良好的定位解算精度的几何图形（DOP）。这就实现了时间连续的全球定位与导航能力。

（3）用户装置部分。用户装置部分即 GPS 信号接收机，其主要功能是捕获按一定卫星截止角所选择的待测卫星，并跟踪这些卫星的运行。当接收机捕获到跟

踪的卫星信号后，即可测量出接收天线至卫星的伪距离和距离变化率，解调出卫星轨道参数等数据。根据这些数据，接收机中的微型计算机就可按定位解算方法进行定位计算，最终获得用户所在地理位置的经纬度、高度、速度、时间等信息。

3）GPS 的特点

（1）全球性、全天候连续不断。GPS 能为全球任何地点或近地空间的各类用户提供连续的、全天候的导航服务。由于用户不用发射信号，所以 GPS 能满足无限多用户的使用需求。

（2）实时导航，定位精度高，数据内容多。利用 GPS 定位时，在 1 秒内可以取得几次位置数据。这种近乎实时的导航能力对于高动态用户具有很大意义；同时能为用户提供连续的三维位置、三维速度和精确的时间信息。

（3）抗干扰能力强、保密性好。GPS 采用扩频技术和伪码技术，用户只需接收 GPS 的信号，自身不会发射信号，因而不会受到外界其他信号源的干扰。

（4）功能多、用途广泛。GPS 是军民两用的系统，其应用范围极其广泛，在军事上，GPS 用于自动化指挥系统，在民用上可广泛应用于农业、林业、水利、交通、航空、测绘等多个领域，尤其以地面移动目标监控最具代表性和前瞻性。由于 GPS 技术具有全天候、高精度和自动测量的特点，作为先进的测量手段和新的生产力，已经融入了国民经济建设、社会发展的各个应用领域。随着全球经济的蓬勃发展，GPS 技术的应用将进一步提高生产力、作业效率、科技水平以及人们的生活质量。

2. GPS 在物流中的应用

室内 GPS 具有大尺寸、多任务、实时高精度、快速测量的优点，可同时跟踪多个测量目标，适合为 AGV 提供精确引导信息。考虑到飞机脉动生产线现场的复杂环境，通过 AGV 与室内 GPS 测量技术集成，使 AGV 可以在厂房车间内准确定位，沿预先规划的路径准确行走，实现飞机部件的自动精确引导运输。

例如，以飞机后机身装配脉动生产线为应用场合，在对自动导引需求、工作情况、系统组成等进行调研的基础上，设计了飞机后段自动导引运输技术的系统框架，并集成至车间 MES（制造执行系统）管理系统中，接收物流运输任务。通过构建覆盖机身对合工位、机器人制孔工位的室内 GPS 导引动态测量的控制场，统一了导引运输坐标系与装配工作坐标系。室内 GPS 测量频率不低于 10Hz，AGV 运输单元上设置位置多个（4~6 点）接收器，接收室内 GPS 导航测量场的基准定位信息，实时解算 AGV 的平面位姿，并发送给现场中控台。现场中控台根据实时测量值，将生产运动控制指令下发至 AGV 运动控制器，AGV 按照规划路径，在导航信息指导下，实现精确路径控制和定位，完成 AGV 位置闭环控制，使 AGV 长距离运动轨迹误差不超过 6mm，角度误差不超过 0.1°，接泊区经过位姿修正定位误差不超过 0.5mm，角度误差不超过 0.02°，完全满足物流运输需求，极大提升了脉动生产线物流运输自动化水平，保证了运输精度。通过基于室内 GPS 导航技术的应用，拓展了 AGV 运输单元方向行走、任意旋转的能力，突破了运输单元固定路径的限制，大大增加了自动精确导引运输单元的定位精度和使用灵活性，促进了飞机制造物流运输技术的进步。

3. 北斗卫星导航系统（BDS）概述

北斗卫星导航系统（BeiDou navigation satellite system，BDS）是中国自主研发的全球卫星导航系统，自 2000 年初步建成以来，经过几代人的不懈努力，北斗卫星导航系统已成为全球四大卫星导航系统之一，与美国的 GPS、俄罗斯的 GLONASS 和欧洲的 GALILEO 齐名。北斗系统的建设不仅是中国科技自立自强的标志，也是中华民族自强不息精神的体现。

1）BDS 发展历程

我国高度重视北斗系统建设发展，下决心独立研发卫星导航系统。我国自 20 世纪 80 年代开始探索适合国情的卫星导航系统发展道路，形成了"三步走"发展战略的规划：第一步，建设北斗一号系统。1994 年启动北斗一号系统工程建设；2000 年发射 2 颗地球静止轨道卫星，建成系统并投入使用，采用有源定位体制，为中国用户提供定位、授时、广域差分和短报文通信服务；2003 年发射第 3 颗地球静止轨道卫星，进一步增强系统性能。第二步，建设北斗二号系统。2004 年启动北斗二号系统工程建设；2012 年底，完成 14 颗卫星（5 颗地球静止轨道卫星、5 颗倾斜地球同步轨道卫星和 4 颗中圆地球轨道卫星）发射组网。北斗二号系统在兼容北斗一号系统技术体制基础上，增加无源定位体制，为亚太地区用户提供定位、测速、授时和短报文通信服务。第三步，建设北斗三号系统。2009 年启动北斗三号系统建设；2018 年年底，完成 19 颗卫星发射组网，完成基本系统建设，向全球提供服务；2020 年年底前，完成 30 颗卫星发射组网，全面建成北斗三号系统。北斗三号系统继承北斗有源服务和无源服务两种技术体制，能够为全球用户提供基本导航（定位、测速、授时）、全球短报文通信、国际搜救服务，中国及周边地区用户还可享受区域短报文通信、星基增强、精密单点定位等服务。

2020 年 6 月 23 日，中国在西昌卫星发射中心用长征三号乙运载火箭，成功发射北斗系统第五十五颗导航卫星，暨北斗三号最后一颗全球组网卫星。至此，北斗三号全球卫星导航系统星座部署比原计划提前半年全面完成。

2）BDS 系统的组成

北斗卫星导航系统由空间段、地面段和用户段三部分组成。空间段由若干地球静止轨道卫星、倾斜地球同步轨道卫星和中圆地球轨道卫星组成。地面段包括主控站、注入站和监测站等若干地面站，以及实现时间同步功能的相关设施和星间链路运行管理设施。用户段包括北斗及兼容其他卫星导航系统的芯片、模块、天线等基础产品，以及终端设备、应用系统与应用服务等。

4. BDS 在物流中的应用

例如，粮食作为特殊的物流产品，运输车船通常要行驶在边坡、城市、峡谷、远洋等复杂环境，存在海量多样的定位需求。北斗信号穿越建筑物空间时会产生反射和衍射，信号强度往往会被削弱。随着 5G 通信技术与室内外高精度定位技术的发展，BDS 等高精度室内外定位组合与 5G 通信融合为粮食物流仓储现代化建设提供了便利。BDS 作为室外定位中的定位源，5G 定位技术作为室内、高楼密集区等复杂环境定位中的定位源。当运载车辆进入城市高楼密集区以及粮库内部时，系统自动根据接收到的北斗信号是否衰减自动切换到室内定位模式。在室外时，如果设备模块检测到卫星信号数量 ≥ 4，则开启室外定位模式，由 BDS-3 实施定位；当运输车辆进入高建筑群或者室内时，此时北斗定位信号开始衰弱，此时可视为卫星信号数量 < 4，定位终端切换到室内模式，接收机此时可以捕获到 5G 基站信号，加入 5G 基站的 TDOA 观测量融合解算就可以弥补北斗卫星不足的情况，提升在信号交叠区域的定位精度，保证定位性能。

针对现阶段粮食长距离、跨生态区运输过程中无法对粮情状态实时监测的问题，采用一种基于 BDS、5G 等现代信息化技术的粮食多式联运实时监控方案。在定位方面采用 BDS+5G 融合定位的技术，能够更好地适用于粮库、室内以及多种特殊复杂的运输环境。在粮食出库时对每个集装箱进行单独贴码并与车牌绑定。运输过程中，集装箱内置定位传感器及温湿度传感器将数据传送至车载终端，由车载终端处理后发送至监控后台。当需要转运时，车辆到达转运节点后，集装箱内置设备与车载终端解绑，并与下一阶段的运载工具终端绑定，继续上传粮食位置信息以及粮情状态数据。在整个粮食多式联运过程中采用分阶段实时监控的方法，可以实时了解粮食在整个运输过程中各个阶段采用的运输工具、运输时间、经过的转运节点以及在每个阶段粮食状态的变化情况。最终可形成一套完整的监控信息。

5. GPS 与 BDS 对比分析

GPS 与 BDS 的优缺点对比分析见表 9-4。

表 9-4　GPS 与 BDS 对比分析

	优点	缺点
GPS	全球覆盖，确保地球上任何地点、任何时间都能同时观测到多颗卫星； 综合定位精度极高，适用于多种高精度需求场景； 在军事、航海、航空、公共交通等领域有深入应用	依赖性强，完全依赖美国的卫星和地面控制系统； 安全性问题，存在被干扰或关闭的风险
BDS	信息安全性更高，对于一些较为机密的运输监控，北斗系统更加可靠； 北斗系统具有短报文功能，可以弥补无线网络通信的不足，使系统更加稳定	BDS 仍处于建设和优化阶段，部分功能和服务可能尚不完善； 在全球范围内的知名度和应用广度尚需进一步提升

六、云计算、大数据与人工智能技术

1. 云计算

1）云计算概述

云计算（cloud computing）指通过计算机网络（多指互联网）形成的计算能力极强的系统，可存储、整合相关资源并可按需配置，向用户提供个性化服务。

根据服务内容的差异，可以将云计算服务体系分为三层结构：基础设施即服务层（infrastructure service，IaaS）、平台即服务层（platform service，PaaS）、软件即服务层（software service，SaaS），如图 9-6 所示。

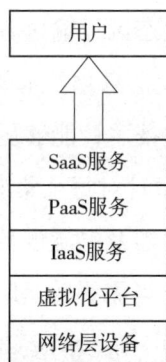

图 9-6　云计算服务体系结构

（1）基础设施即服务层（IaaS）。IaaS主要是将虚拟机等资源作为服务提供给用户，它可以为用户提供按需租用的计算能力和存储能力。IaaS通过互联网提供了数据中心、基础架构硬件和软件资源，如服务器、操作系统、磁盘存储、数据库、信息资源。

（2）平台即服务层（PaaS）。PaaS将应用程序开发及部署平台作为服务提供给用户，提高了Web平台上可利用资源的数量和效率。PaaS提供了基础架构平台，用户可以在这个基础架构平台上建设新的应用，或者扩展已有的应用。

（3）软件即服务层（SaaS）。SaaS将应用作为服务提供给用户。采用这种服务时，用户无须购买软件，而是从网络获得软件，经过云计算分析处理的感知数据，由Web浏览器将应用和服务提供给用户。

2）云计算的关键技术

云计算的关键技术包括虚拟化、分布式存储和计算以及多租户等。

（1）虚拟化。云计算平台最大的特点是依靠虚拟化等一系列技术实现对硬件资源的虚拟化控制、管理、调度及应用。用户通过虚拟平台使用云服务供应商提供的网络资源、计算资源、数据库资源、存储资源等，操作时与使用本地计算机的感觉是一样的，但可以完成本地计算机无法完成的复杂计算。

（2）分布式存储和计算。云计算技术的兴起让数据量迅猛增长，计量单位将采用TB或者更高的级别。数据类型繁多，包括结构化、半结构化、非结构化等数据类型。如何存储大量数据成为云计算的关键问题。分布式存储是云计算中用来存储数据的一种方式，这种方式经济性高、可靠性强。

（3）多租户。多租户技术的目的在于使大量用户能够共享同一套已建的软硬件资源，每个用户按照需求使用资源，能够对软件服务进行个性化配置，而且不影响其他用户的使用。

3）云计算在物流中的应用

基于云计算技术搭建智慧物流平台将推动中小民营物流代理商进行信息化建设，大幅提升物流整体作业的效率和质量，显著提升代理商的竞争力。传感器技术收集每日来自传感器和分拣线上的数据，使用云计算技术进行处理。云计算技术可以贯穿整个作业的始终，每日的快递量监测、投诉预警、营业数据的处理，以及对成本进行预测，使代理商可以不断改进，从而控制成本，获取更高的利润，并且评估及优化后续发展规划。

例如，客服部门可以对任务单进行相应的分配，通过云计算对各类问题进行归类处理，以提供最优的解决方案，并且可以依据系统提供的方案进行快速应答，实现服务质量的统一化；还可以面对不同客户的需求，通过智能物流平台，提供专属定制化的服务。智慧化物流平台使得客服、客户和快递人员三者联系更加紧密，减少因沟通不及时而造成的工作错误；通过在平台内设置成本统计，便于客服部门计算，关注运营成本的变化，实现利润最大化，避免大额亏损的出现。

2. 大数据

1）大数据概述

大数据（big data）是指无法在一定时间范围内用常规软件工具进行捕捉、管理和处理的数据集合，是需要新处理模式才能具有更强的决策力、洞察发现力和流程优化能力来适应海量、高增长率和多样化的信息资产。

一般而言，大数据有 4 个 "V"，也可以说成大数据的四个特点：①数据体量巨大（volume）。从 TB 级别跃升到 PB 级别。②数据类型繁多（variety）。网络日志、视频、图片、地理位置信息等都是大数据的来源。③价值密度低、商业价值高（value）。以视频为例，在连续不间断的监控过程中，可能有用的数据仅仅有一两秒。④处理速度快（velocity）。大数据时代对数据的处理速度要求符合 "1 秒定律"。

2）大数据的结构类型

大数据包括结构化、半结构化和非结构化数据，非结构化数据越来越成为数据的主要部分。

（1）结构化数据是指可以使用关系型数据库表示和存储，表现为二维形式的数据。

（2）半结构化数据是结构化数据的一种形式，它并不符合关系型数据库或其他数据表的形式关联起来的数据模型结构，但包含相关标记，用来分隔语义元素以及对记录和字段进行分层。

（3）非结构化数据是没有固定结构的数据。各种文档、图片、视频、音频等都属于非结构化数据。对于这类数据，通常直接整体进行存储，并且一般存储为二进制的数据格式。

3）大数据在物流中的应用

物流企业可以借助大数据技术，开发多样化的物流服务产品和服务方案，满足不同客户的个性化需求，包括加强对特殊货物、特殊场景的物流服务支持，提供定制化的物流解决方案，提升客户满意度和忠诚度。物流企业应通过大数据技术积极强化对相关运作管理需求的分析，全方位地推进高端设备以及信息技术的应用，以此为资源的运用提供保障，使其能够朝着更好的方向发展。

3. 人工智能技术

1）人工智能技术概述

人工智能（artificial intelligence，AI）是利用计算机来模拟人类的思维和行为方式，处理和解决人类难以处理与解决的复杂问题。人工智能是智能学科的重要组成部分，它试图了解智能的实质，并生产出一种新的能以与人类智能相似的方式作出反应的智能机器。

2）人工智能的关键技术

人工智能技术的核心思想是让计算机模仿人类的思维方式来完成复杂的任务，将计算机科学的自然规律与人类意识和思维结合起来。人工智能关键技术主要包括计算机视觉、机器学习、自然语言处理和语音识别。

（1）计算机视觉。计算机视觉是研究如何使计算机系统理解和解释图像和视频数据的领域。计算机视觉的目标是让计算机具备类似于人类视觉的能力，包括感知、理解、分析和解释图像和视频数据。通过计算机视觉技术，计算机可以自动提取图像中的特征、识别和分类图像中的对象、检测和跟踪运动、测量物体的尺寸和形状、重建三维场景等。

（2）机器学习。机器学习是指计算机自身具有获取知识的能力，它具有通过分析和学习大量现有数据来预测、判断并做出最优决策的能力。

（3）自然语言处理。计算机拥有人类般的文本处理能力，将人类语言转换成可由计算机程序处理的形式，并将计算机数据转换成人类自然语言的形式。

（4）语音识别。语音识别是通过识别及理解过程，计算机可以自动且准确地转录人类语音的技术。

3）人工智能在物流中的应用

将人工智能技术运用于客服领域，能够提高顾客满意度和服务品质。通过智能客服的设立，能够使用自然语言处理、语音识别等技术，达到对顾客的询问进行智能化的回应。此外，人工智能还可以通过实时数据分析和机器学习算法，提供个性化的客户推荐和定制化的服务，满足不同客户的需求和偏好。同时，智能客服系统还能提供智能化的问答与顾客关系管理等功能，从而提高客服人员的服务水平，为顾客提供更好的服务。比如，中国顺丰速递就采用了一种基于自然语言处理的智能化客户服务体系。客户可以与智能客服进行语音和文本的互动，询问送货情况，修改送货地址等。智能客服采用自然语言处理技术对用户的需求进行分析、理解，并对所获取的数据做出相应的解答，从而提升服务效率与用户满意度。

七、区块链技术与物联网技术

1. 区块链技术

1）区块链技术概述

区块链（block）技术是一种按照时间顺序将数据区块以顺序相连的方式组合成链式数据结构，并以密码学方式保证不可篡改和不可伪造的分布式账本技术。它依赖于密码学和数学巧妙的分布式算法，以低成本解决了互联网中没有第三方中介介入时出现的信任和价值的可靠性传递问题，使参与者更方便达成共识。我国已经建立了中国分布式总账基础协议联盟、金融区块链合作联盟、中国区块链应用研究中心等，推动区块链产业的研究与发展。

2）区块链技术的特征

区块链技术具有去中心化、开放性、独立性、防篡改性和匿名性等诸多优点。

（1）去中心化。区块链技术是一种不依赖第三方管理和中心管制的技术解决方案，它通过自身的分布式节点，存储、验证、传输和交流其网络数据。去中心化是区块链最突出、最本质的特征。

（2）开放性。在区块链系统中，有节点的公有链上除了交易各方私有信息被加密外，其他信息都可被所有人通过公用的接口查询和使用，因此整个系统信息高度透明。

（3）独立性。基于密码学和数学的巧妙分布式算法，不需要第三方机构进行背书，所有节点不需要人工干涉就可以自动安全地验证和交换系统中的数据。

（4）防篡改性。为避免主观人为改变区块链中的信息，区块链技术要求必须攻击全部数据节点的51%才能修改网络数据，因此篡改数据的难度非常大。

（5）匿名性。因为是点对点的交易，所以除非有法律规范要求，否则区块链节点之间并不需要公开或验证身份信息，信息传递可以匿名进行。

（6）可追溯性。区块链采用带时间戳的链式存储结构，有利于追溯交易从源头状态到最新状态的整个过程。时间戳作为区块数据存在的证明，有助于将区块链应用于公证、知识产权注册等时间敏感领域。

3）区块链技术在物流中的应用

目前物流行业的共享已出现多种形式，但均处于初级阶段。菜鸟驿站有效实现快递公司的"最后一公里"的快递集聚服务，如共享快递柜、共享收货站等形式。并且引入区块链技术，通过区块链平台、中间件技术以及相关产品等一系列解决方案为行业提供开箱即用的区块链服务。

拓展资料9-3

2. 物联网技术

1）物联网技术概述

物联网（the internet of things，IoT）是指通过各种传感器、射频识别技术、全球定位系统等各种装置与技术，实时采集任何需要监控、连接、互动的物体或过程，采集其声、光、热、电、力学、化学、生物、位置等各种需要的信息，通过各类可能的网络接入，形成物与物、物与人的泛在连接，实现对物品和过程的智能化感知、识别和管理。物联网是一个基于互联网、传统电信网等的信息承载体，它让所有能够被独立寻址的普通物理对象形成互联互通的网络。

物联网是在相关协议的基础上，通过信息传感设备将物品连接到互联网，通过互联网对物品进行监控和定位，实现物流、资金流、信息流和价值流的流通、传输和共享的网络系统。从体系结构上来看，物联网主要包括感知层、网络层和应用层三层，如图9-7所示。

（1）感知层。感知层主要由不同类型的采集与控制模块构成，主要是为了实现对物联网末端的智能感知进行信息采集，其中各种各样的传感器、RFID、无线传感器网络等基本感应器件及其组成的网络，都可用于数据采集和设备控制。

（2）网络层。网络层作为纽带，连接着感知层和应用层。网络层承载着大量数据，需要一个承载能力很高的网络来支持其信息传输功能。目前，各行业主要使用移动网络和专业网络。

（3）应用层。应用层是用户与物联网之间的接口，主要功能是完成数据的管理和应用。应用层包括支持服务层和用户服务层。各种支持平台和中间件构建了

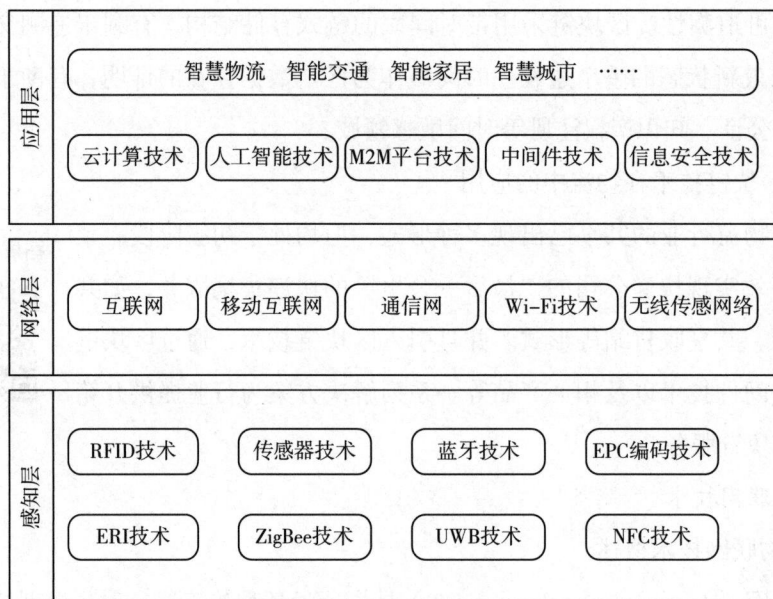

图9-7　物联网体系结构

支持服务层，支持服务层的目的是收集、分析和转换数据，如云计算平台和信息协同处理平台；用户服务层提供物流交通、智能电网、环境监测、智能家居等多种行业的服务。

2）物联网技术在物流中的应用

物联网技术的发展离不开物流行业的支持。例如，RFID、GPS、GIS、视频与图像感知、传感器感知技术，都属于物联网在物流信息化领域的应用。

拓展资料9-4

本章小结

本章首先介绍了物流信息和物流信息系统的相关概念，物流信息管理的发展趋势，指出了物流信息系统可以按决策层次、应用对象及应用技术进行分类；其后，详细介绍了物流管理中所应用的各类信息技术，包括条码技术、射频识别技术、电子数据交换技术、地理信息系统、全球卫星定位系统与北斗卫星导航系统、云计算、大数据与人工智能技术、区块链技术与物联网技术，以及这些信息技术在物流中的具体应用，进而强调了信息技术对于推动物流行业高质量发展的重要性。

即测即练

复习思考题

1. 物流信息有哪些特征？物流信息系统有哪些分类？

2. 条码技术有哪些特点？其应用系统是如何构成的？

3. 无线射频技术系统由哪几部分组成？有何特点？

4. EDI 系统由哪几部分组成？其工作流程是怎样的？

5. GPS 系统由哪几部分构成？ BDS 系统由哪几部分组成？

6. 云计算的服务体系结构有几层？各部分包括哪些内容？

7. 物联网的服务体系结构有几层？各部分包括哪些内容？

第十章 第三方物流

🔍 思维导图

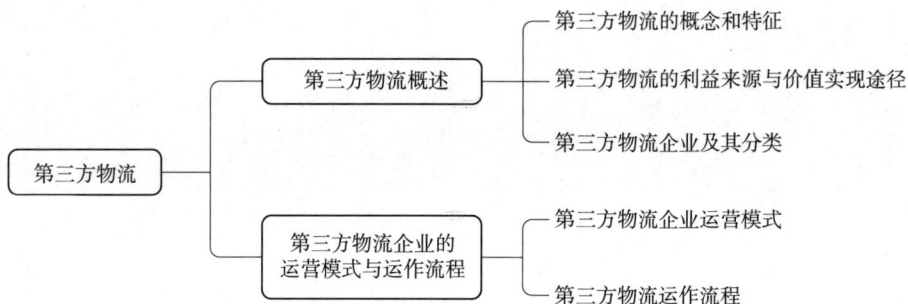

第三方物流
- 第三方物流概述
  - 第三方物流的概念和特征
  - 第三方物流的利益来源与价值实现途径
  - 第三方物流企业及其分类
- 第三方物流企业的运营模式与运作流程
  - 第三方物流企业运营模式
  - 第三方物流运作流程

🔍 学习目标

1. 理解第三方物流的概念与特征，掌握其利益来源与价值实现途径。

2. 理解第三方物流企业的分类。

3. 熟悉第三方物流的运营模式，了解第三方物流的运作流程。

4. 了解第三方物流的发展方向，以及第三方物流企业技术应用新趋势。

🔍 能力目标

1. 了解第三方物流发展趋势，能自主查阅相关资料拓展知识。

2. 熟悉第三方物流的概念，培养思辨和解决问题的能力。

3. 掌握第三方物流的利益来源、理论基础与现实条件，培养探索理论知识的能力。

🔍 导入案例

第一节　第三方物流概述

一、第三方物流的概念和特征

1. 第三方物流的概念

第三方物流（the third party logistics，TPL 或 3PL）的概念源于工商企业物流业务外包：工商企业将一些物流业务外包给第三方企业去完成，利用外部资源为企业的生产经营服务。和社会经济领域的许多概念一样，第三方物流有广义和狭义的区分，因而在不同的领域涵盖的范围不同。

1）广义的第三方物流

广义的第三方物流是借用了广义的"第三方"思想，以商品交易为参照来定义第三方物流。因此，凡是由社会化的专业物流企业为他人提供物流服务的物流活动，都包含在第三方物流范围之内，既包括传统的运输企业、仓储企业等单一环节的服务提供商，也包括国际快运、快递企业等。

《物流术语》（GB/T 18354—2021）对第三方物流的定义是独立于物流服务供需双方之外，且以物流服务为主营业务的组织提供物流服务的模式。

从第三方物流概念可以得出：第三方物流服务的核心特征之一在于其服务主体的独立性。第三方物流企业是作为一个完全独立的经济组织存在于市场之中，它们不直接拥有或经营货物本身，而是专注于为外部客户（包括制造商、零售商、批发商等）的物流流程提供全面而专业的管理、控制及优化服务。这种独立性确保了第三方物流企业在提供服务时能够保持客观、专业，并依据客户需求灵活调整策略，以最大化物流效率与客户满意度。其次，强调第三方物流服务内容的独特性与专业性。第三方物流企业所从事的是现代物流活动的最前沿实践，它们提供的服务远远超出了传统物流的范畴。这些服务不仅涵盖专项或全面的物流系统设计与规划，确保物流网络的高效布局与资源优化配置；还深入到系统运营的每一个细节，包括仓储管理、运输组织、配送服务、信息处理及客户关系维护等全方位、多层次的物流服务。这种综合性的服务模式，使第三方物流企业能够为客户提供量身定制的物流解决方案，以应对市场变化与客户需求的多样化。所以，广义的第三方物流是商品供需双方之外的第三方物流企业提供的物流服务。

2）狭义的第三方物流

狭义的第三方物流主要是指能够提供现代化的、系统的物流服务的第三方物流活动。其具体标志有：

（1）具有提供现代化的、系统化物流服务的企业素质。

（2）可以向货主提供包括供应链物流在内的全程物流服务和特定的、定制化服务的物流活动。

（3）不是货主与物流服务提供商偶然的、一次性的物流服务活动，而是采取委托－承包形式的长期业务外包形式的物流活动。

（4）不是向货主提供一般性物流服务，而是提供增值物流服务的现代化物流活动。

因此，第三方物流这一术语的使用，因人、因地的不同其含义也有所区别。一般而言，在研究和建立现代物流系统时，第三方物流并不是单纯按照自营物流与否来进行区分的。因此，在讲第三方物流时，应当从狭义的角度去理解，把它看成是一种高水平、专业化、现代化的物流服务形式。

3）第三方物流概念的延伸

为了更好地理解第三方物流概念，以商品交易为参照，首先要明确：物流服务从第一方、第二方、第三方发展到第四方的过程，事实上是第三方物流概念延伸的过程；其次要明确：第一方物流到第四方物流，都是各方企业在提供物流服务，并且物流服务取得了初步效果。第三方物流与第一方物流、第二方物流的关系如图 10-1 所示。

第一方物流、第二方物流、第三方物流与第四方物流的各项内容对比情况见表 10-1。

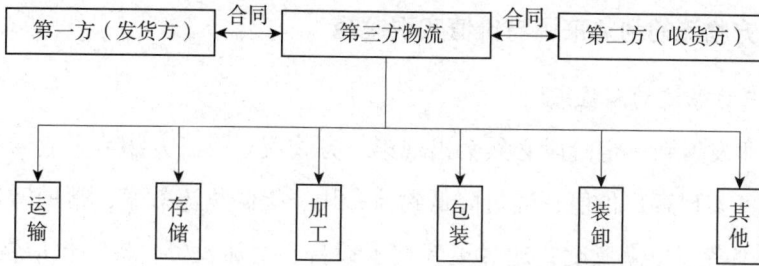

图 10-1　第三方物流与第一方物流、第二方物流的关系

表 10-1　不同概念的对比情况

	第一方物流	第二方物流	第三方物流	第四方物流
含义	第一方物流指的是卖方，即生产者或供应方为了自身生产和销售的需要而进行的物流网络及设施设备的投资、经营与管理活动	第二方物流是指买方、销售者或流通企业为了销售业务需要而投资建设物流网络、物流设施，并进行具体的物流业务运作和管理	第三方物流是独立于供需双方，以合同方式委托给专业的物流服务企业，为客户提供专项或全面的物流系统设计或系统运营的物流服务模式	第四方物流通过调配与管理组织本身和其他互补性服务的所有资源、能力和技术来提供综合的供应链解决方案
示例	生产企业自备仓库储存原料及产成品，利用自有车队对外发货，即属此种类型	产品经销商或代理商，利用自备车队从上游厂家提货，在自身仓库储存，并根据需要对下游客户配送即属于第二方物流	京东物流不仅为自营商品提供高效配送服务，还广泛承接外部商家的仓储、运输及配送业务，属于典型的第三方物流服务商	埃森哲作为领先的咨询公司，不仅提供战略咨询，还通过整合供应链上的各种资源、能力和技术，为客户提供全面的供应链解决方案，体现了第四方物流的核心价值
优点	在特定情况下，如货物满载或运输距离较近时，第一方物流能够直接将物流支出降到最低，有利于企业控制物流成本；企业自己管理物流，能够更快地响应市场变化，灵活调整物流策略，以满足客户需求	企业通过自建的物流体系，可以更好地掌握物流过程，保持对物流环节的直接控制；第二方物流通常能够减少物流过程的中间环节，使产品能够更直接、快速地到达最终用户手中，从而降低整体物流成本	不仅可以得到更加专业的物流服务，也可以集中精力开展核心业务；通过提高各环节资源的利用率实现费用节省；最大限度地减少库存，以信息换库存，降低成本，改善企业的现金流量；分散企业风险；增强市场应变能力	供应链再造，重新设计参与者之间的供应链关系；业务流程再造，开展多功能、多流程的供应链业务；第四方物流关注的是整条供应链，因此它为客户及自身带来的综合效益是丰厚的；运作效率的提高以及采购成本的降低促成运营成本降低
缺点	从事物流业务的成本一般比专业物流企业高；随着市场环境的变化，消费需求的特点表现为品种多、批量小、批次多以及周期短等，非物流企业的物流服务几乎难以达到及时性、快捷性等要求	商业企业自备运输工具和仓库使物资需求者的经营成本提高；由于商品的市场需求在时间上存在不平衡性，商业企业自身难以合理配置物流设施设备，可能造成物流资源的浪费或紧张	将物流需求的不确定性和复杂性所带来的财务风险转嫁给第三方物流企业，尤其是季节性比较强的产品；对物流过程的直接控制力会减弱，可能导致企业在面对物流问题时反应不够迅速，难以立即调整物流策略	与第三方物流相比，第四方物流的市场认知度较低，其市场推广和业务拓展有一定的困难；由于涉及多个合作伙伴，第四方物流在协调各方利益、确保服务一致性方面面临较大挑战

二、第三方物流的利益来源与价值实现途径

1. 第三方物流的利益来源

物流业发展到一定阶段必然会出现第三方物流。第三方物流企业通过一系列的物流服务实现客户价值；通过降低物流费用、提高物流效率，帮助客户并赢得客户，并维持客户满意度；通过更新技术设备、增加投资，提高供应链灵活性，满足客户个性化需求，给客户带来利润。第三方物流的利润来源主要表现在以下几个方面，如图 10-2 所示。

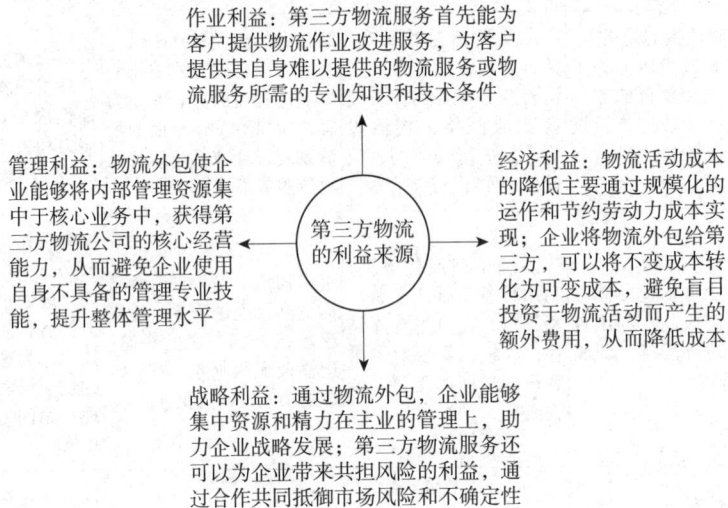

作业利益：第三方物流服务首先能为客户提供物流作业改进服务，为客户提供其自身难以提供的物流服务或物流服务所需的专业知识和技术条件

管理利益：物流外包使企业能够将内部管理资源集中于核心业务中，获得第三方物流公司的核心经营能力，从而避免企业使用自身不具备的管理专业技能，提升整体管理水平

第三方物流的利益来源

经济利益：物流活动成本的降低主要通过规模化的运作和节约劳动力成本实现；企业将物流外包给第三方，可以将不变成本转化为可变成本，避免盲目投资于物流活动而产生的额外费用，从而降低成本

战略利益：通过物流外包，企业能够集中资源和精力在主业的管理上，助力企业战略发展；第三方物流服务还可以为企业带来共担风险的利益，通过合作共同抵御市场风险和不确定性

图 10-2　第三方物流的利益来源

第三方物流发展的推动力就是要为客户及自身创造利润。第三方物流企业的利润不仅仅来自运费、仓储费等直接费用收入，更多来源于科学的物流管理实现物流合理化而产生的价值。这是第三方物流发展的根本原因。

2. 第三方物流价值实现的途径

物流企业运作的目的在于帮助工商企业以最低的总成本创造价值。第三方物流企业在物流运作中从快速反应、最小变异、最低库存、整合运输、物流服务专业化等方面为客户创造价值。表 10-2 为第三方物流价值实现的途径介绍。

第三方物流企业以精准捕捉市场需求为核心导向，依托物流系统的持续优化作为坚实基础，并巧妙运用先进的信息技术与管理技术作为驱动工具，致力于推动资源的精准配置与社会优势资源的深度融合。通过这一系列努力，它们成功构

筑起一条完整的、高效的综合价值链，为客户提供全方位、专业化、贯穿全程的一体化物流服务。这种服务模式不仅为客户企业减轻了物流负担，更使客户能够更专注于其主营业务的发展，从而在激烈的市场竞争中占据有利位置，提升整体竞争力。

表 10-2 第三方物流价值实现途径

实现途径	内容
快速反应	它直接关系到物流企业能否迅速且有效地满足客户多样化的服务需求。快速反应能力是物流服务的核心所在，它要求物流企业展现出高度的灵活性和敏捷性，将物流作业的重心聚焦于即时响应客户的每一个需求上，并持续优化以提升整体运作效率
最小变异	最小变异就是尽可能控制任何破坏物流系统的意想不到的事件。这些事件包括客户收到订货的时间被延迟、物流运作中发生意想不到的损坏，货物交付到不正确的地点等。现代第三方物流企业利用物流管理技术使积极的物流异常控制成为可能
最低库存	其目标是减少资产负担和提高资金的周转速度。存货的高周转率意味着分布在存货上的资产得到了有效利用。保存最低库存就是要把存货减少到与客户的要求一致，使库存水平达到最低
物流整合	其目标是降低物流成本。首先是客户资源的整合，通过引入多客户运作模式，第三方物流企业能够形成显著的规模效应，这是实现服务增值的重要方法之一；其次是物流企业资源的整合，既包括横向的资源整合也涵盖纵向的整合策略，通过采取共同配送等科学的管理手段，进一步优化运输流程，提高运输效率，最终为客户带来更加经济、高效的物流服务体验
物流服务专业化	第三方物流可以理解为物流专业化的一种表现形式，第三方物流企业在一定的范围内，按一定的价格向客户提供个性化、系列化的服务，其本质是从专业化的角度协调好物流活动、降低物流成本、提高客户价值和客户服务水平

三、第三方物流企业及其分类

《物流术语》（GB/T 18354—2021）对物流企业的定义：从事物流基本功能范围内的物流业务设计及系统运作，具有与自身业务相适应的信息管理系统，实行独立核算、独立承担民事责任的经济组织。物流企业的范畴较广，其中包括经营各种货运站（中转站）、集装箱码头（多式联运中转站）、车站、港口、机场，各种物流设施配送中心、仓库，各种货物运输方式及多式联运，各个物流要素以及货运代理、配载服务，提供物流信息服务的企业等。这些组织都是独立于供方与需方以外的专业物流企业，从广义上讲，物流企业等同于第三方物流企业。第三方物流企业是专业的物流服务提供商，为了更深入地了解第三方物流企业，可以从多个角度对其进行分类。

1. 按照企业资源占有情况划分

按照企业资源占有情况可将第三方物流企业划分为资产型、管理型与综合型（优化型），见表10-3。

表 10-3　按照企业资源占有情况划分

类型	内容
资产型	拥有自己的运输、仓储设施设备等物流资产，能够为客户提供基于自有资产的物流服务。通常能够为客户提供全方位的物流服务，包括运输、仓储、配送、包装等。在实际运营中，企业实际掌握物流作业的操作流程，对物流服务质量有更强的控制力。在我国，大部分第三方物流企业都属于资产型，这类企业在市场上占据主导地位
管理型	一般通过系统数据库和咨询服务来提供物流管理服务。它们与发货人合作，自身并不拥有运输和仓储设施，而是提供人力资源和物流管理服务，以管理、信息、人才等优势作为核心竞争力。信息技术是管理型第三方物流赖以存在的先决条件，不需要大量的资金投入，运行风险较小，最大优势是可以有效运用虚拟库存等降低成本，这类企业甚至可以成为供应链的主导物流企业。它们能够较好运行的前提条件是物流市场很成熟，社会资源容易获取而且选择余地较大
综合型（优化型）	一般拥有一定的资产，如卡车、仓库等，但它们提供的服务又不只限于使用自有的资产。除了完全拥有管理型第三方物流在信息、组织、管理的优势外，还建立必要的物流设施装备系统，但不是全面建设这种系统。综合型第三方物流企业能获得上述两种第三方物流的优点，又避免了投资过大、系统灵活性不足的缺点

2. 按照物流企业的来源划分

按照物流企业来源不同，可将第三方物流企业划分为从传统物流相关企业转化而来，从工商企业原有物流服务职能剥离而来，不同企业、部门之间物流资源互补式联营而来以及新兴民营的第三方物流公司，见表10-4。

表 10-4　按照物流企业来源划分

类型	内容
从传统物流相关企业转化而来	运输业是第三方物流企业最主要的来源之一。许多原本从事运输业务的企业，如陆运、海运、空运等，随着市场的变化和客户需求的多样化，逐渐转型为提供综合物流服务的第三方物流企业。国外如UPS、FedEx、TNT、DHL等，这些以陆运和空运为主的快运、快递公司，凭借其强大的运输网络和物流管理能力，成功转型为第三方物流企业。国内如中外运、上海交通运输集团、广州市交通运输集团等，这些原本以陆上运输为主的企业，也纷纷将第三方物流作为新的发展方向，拓展其业务范围
从工商企业原有物流服务职能剥离而来	一些大型工商企业将其原有的物流服务职能剥离出来，成立独立的第三方物流企业。这些企业利用原有的物流网络资源和客户基础，迅速在第三方物流市场上占据一席之地。如海尔物流，海尔集团作为中国家电制造业的领导者，其物流系统最重要的特征是"一流三网"，"一流"是指订单信息流；"三网"分别是全球供应链资源网络、全球用户资源网络和计算机信息网络

续表

类型	内容
不同企业、部门之间物流资源互补式联营而来	企业以原有物流资源入股,与第三方物流公司共同设立新的物流公司,这种合作方式既能够发挥企业的资源优势,又能够借助第三方物流公司的专业管理能力,实现资源的优化配置和共享。能够实现资源互补的不同部门(如运输部门、仓储部门等)联手进军物流领域,共同成立第三方物流企业,这种合作方式有助于打破部门壁垒,实现资源的整合和共享,提高物流服务的整体效率和质量
新兴民营的第三方物流公司	这些公司通常具有创新性的商业模式和先进的技术手段,能够迅速适应市场变化和客户需求。通过提供专业的物流解决方案和优质的服务体验,在第三方物流市场上赢得了一席之地。如广州的宝供物流集团,从1992年承包铁路货物转运站开始,1994年成立广东宝供储运公司,承接美国宝洁公司在中国市场的物流业务,目前已成为国际性的物流集团公司

3. 按照第三方物流企业物流服务功能划分

按照第三方物流企业物流服务功能的不同,可将第三方物流企业划分为运输型第三方物流企业、仓储型第三方物流企业与综合型第三方物流企业,不同物流企业的概念见表10-5。

表10-5　物流服务功能不同的第三方物流企业概念

类型	概念
运输型	运输型第三方物流企业主要专注于运输服务,包括陆运、海运、空运等多种运输方式;通过整合运输资源,为客户提供高效、安全的货物运输服务;拥有大量的运输车辆、船舶或飞机等运输工具,以及完善的运输网络和调度系统
仓储型	仓储型第三方物流企业主要专注于仓储服务,包括仓库的租赁、管理、货物的存储、分拣、包装等;拥有现代化的仓储设施和先进的仓储管理系统,能够确保货物的安全和有序存储;提供专业的库存管理服务,帮助客户降低库存成本并提高运营效率
综合型	综合型第三方物流企业能够提供包括运输、仓储、配送、信息管理、供应链咨询等多种物流服务;通过整合多种物流资源和服务,为客户提供一站式的物流解决方案;具备强大的资源整合能力,能够根据客户需求灵活调配各种物流资源,提高物流效率

1)运输型第三方物流企业

运输型第三方物流企业服务范围广泛,能够覆盖国内和国际多个地区,满足不同客户的运输需求。它们在运输领域具有深厚的专业知识和丰富的经验,能够提供定制化的运输解决方案。如中国远洋运输(集团)总公司(简称中远集团)是典型的运输型第三方物流企业。

中远集团是中国较早成立的运输企业之一,具有悠久的历史和丰富的行业经验。以航运为核心，涵盖集装箱运输、干散货运输、油气运输、特种船运输、码头运营、物流、航运金融、修造船等多个领域。中远集团是全球领先的航运企业之一，拥有庞大的船队和完善的全球运输网络。中远集团提供从发货地到收货地的全程运输服务，包括内陆运输、海上运输以及目的地的配送服务，确保货物安全、准时到达。除了传统的海上运输外，中远集团还提供包括空运、陆运在内的多种运输方式，以满足客户的不同需求。针对特定货物（如危险品、大件货物等），中远集团能够提供专业化的运输方案和定制化服务，确保货物在运输过程中的安全和稳定。中远集团拥有完善的全球运输网络，能够为客户提供全球范围内的运输服务。同时采用先进的信息技术，建立了完善的信息系统，能够实时跟踪货物的运输状态，为客户提供准确的物流信息。除了运输服务外，中远集团还提供包括仓储、配送、报关等在内的一站式物流解决方案，帮助客户降低物流成本，提高物流效率。

中远海运始终坚持全球化布局，致力于承运全球。依托海洋联盟，目前已在"一带一路"沿线开辟集装箱航线近 200 条，紧随产业转移、货流变化，先后开辟了多条 RCEP（《区域全面经济伙伴关系协定》）成员国航线，织密了我国至南亚、东南亚、澳新的外贸航线网络，并延伸至中东、非洲等市场，进一步强化了全球均衡布局；同时，做优做强中欧陆海快线，有效扩大了比港辐射功能。基于全球化布局不断完善，中远海运集运、中远海运港口同时充分发挥"航运＋港口＋物流"一体化运营服务优势。近年来，尤其是在服务"新三样"、家电、化工等国际贸易方面，成功为众多品牌打造海外仓新业务模式、端到端供应链解决方案。2024年6月24日，武汉中远海运集运协同海南中远海运集运及青岛中远海运集运新疆公司为客户量身定制了"小铲滩—海口—武汉—新疆—阿拉木图"的全链运输解决方案，通过安装货柜专用的物联网设备，满足客户对货物状态实时监控和跟踪的诉求，有效解决了海南 PET 产业客户拓展中亚市场的物流瓶颈问题。

2）仓储型第三方物流企业

仓储型第三方物流企业除了基本的仓储服务外，还提供分拣、包装、贴标等增值服务，满足客户多样化的需求。如科捷物流。

科捷物流于 2003 年在北京正式成立，注册资金 5000 万元，是神州数码控股的全资子公司。科捷物流是一家为客户提供整体供应链解决方案和服务的第三方物流企业。年进口额超过 18 亿美元，年储运货物价值超过 160 亿美元。科捷物流在全国拥有 200 多个仓储中心，其中电商仓分布在北京、上海、广州、深圳、厦门、成都、武汉、沈阳等地。标准的操作流程及自主研发系统可以协助物流业务迅速复制，实现客户分仓需求。

科捷物流在北京、上海、广州、深圳等地设有电子商务仓，仓储面积超过 20 万平方米。提供库房布局、设计与先进设备配置、订单响应和库内操作、收货预约及上架、库存管理、退货逆向物流、订单导入、日常作业报表监控、流程服务持续改进、大促保障响应机制等服务。通过科捷物流自主研发的支持多平台化操作的仓储管理系统（WMS），对仓库作业进行可视化应用和管理，极大地控制作业风险和盲点，可以有效地降低商家容易出现的库存积压、库存不准、超卖、退货处理难等问题。

3）综合型第三方物流企业

综合型第三方物流企业通常拥有先进的物流信息系统，能够实现物流信息的实时跟踪和管理，提高物流透明度，如深圳市兆速达物流有限责任公司（简称"速达物流"）。

速达物流成立于 2005 年，总部在中国广州，主要提供国际货运代理、海运、空运、陆运、仓储等综合性物流服务。速达物流提供从发货地到收货地的整体物流服务，包括海运、空运、陆运等多种运输方式。通过合理安排运输路线和时间，提高物流效率，节约运输成本。公司拥有现代化的仓储设施，提供货物的储藏、管理和整理服务。仓储服务占据了物流实施的主要节点，确保货物的安全、清洁和有序。速达物流根据货物的特性提供不同类型的包装服务，以减少运输过程中的损耗，并确保货物的安全送达。除了基本的物流服务外，速达物流还提供货物跟踪、报关、保险等增值服务，以满足客户对物流服务的全面需求。

速达物流引进了先进的物流管理系统，实现了信息化、智能化的管理。通过对物流运输过程的实时监控，可以及时发现并处理问题，提高运输的安全性和准时性。信息化工具的应用，如计算机和信息系统，使速达物流能够追踪、记录货物的运输及整体服务流程，为客户提供更加透明和高效的服务。

速达物流始终坚持"客户至上"的原则，为客户提供个性化、定制化的物流解决方案。无论是货物的包装、运输、清关，还是仓储、配送等环节，公司都能根据客户的需求提供优质的服务。公司具备专门的机构和人员，建立了完备的客户服务体系，能够及时、有效地为客户提供服务，确保客户满意度。

第二节　第三方物流企业的运营模式与运作流程

一、第三方物流企业运营模式

第三方物流运营模式是企业在实现物流服务全过程中所涉及的软、硬件等一系列环节和手段的集合。

1. 第三方物流运营模式的构成要素

第三方物流运营模式的构成要素主要包括资源整合和服务提供，这两个要素共同构成了第三方物流企业运营的基础框架和核心竞争力。

1）资源整合

资源整合方式分为资产型和非资产型。资产型第三方物流公司投资购买各种物流设备并建立自己的物流网点，或者通过兼并重组、建立战略联盟等方式获得或利用资源。它们拥有自己的网络与设备，能够更好地掌握控制物流服务过程，物流服务质量更有保证。同时，雄厚的资产也有利于同客户建立信任关系，促进品牌推广和市场拓展。非资产型第三方物流公司不拥有大量固定资产，仅拥有少数必要的设施设备，不进行大规模的固定资产投资。它们依靠企业协调外部资源进行运作，通过整合社会资源提供物流服务。这种模式要求企业具备先进的技术支撑，并拥有一个成熟的底层物流市场。

资源整合内容包括硬件要素和软件要素。硬件要素包括运输基础设施（如铁路、公路、机场、港口等）和运行设备（如集装箱装卸搬运车、汽车、火车、船舶、飞机等），以及储存基础设施（如仓库、货场等）和利用这些基础设施进行储存运作的设备（如货架、托盘、叉车等）。软件要素指物流系统的体制、制度、法律法规、行政命令、标准化系统等。这些要素在协调物流系统与其他系统的关系时不可或缺。

2）服务提供

服务内容包括基本服务和增值服务。基本服务如运输、仓储、装卸、搬运、配送等。增值服务如包装、流通加工、客户订单处理、逆向物流等。第三方物流企业应根据客户需求，提供定制化的物流解决方案。

服务质量保证是通过建立完善的服务质量管理体系，确保物流服务过程的高效、准确和安全；同时定期收集客户反馈，了解客户需求和期望，不断优化服务流程，提高客户满意度和忠诚度。

2. 第三方物流企业运营模式

第三方物流企业的运营模式多种多样，每种模式都有其独特的特点和适用场景。表 10-6 列出了主要的第三方物流企业运营模式。

表 10-6　第三方物流企业运营模式

运作模式	资源整合	服务提供	
		服务内容	服务范围
理论模式一	资产型	高集成	广
理论模式二	非资产型	高集成	广
综合物流模式	资产型	高集成	窄
综合代理模式	非资产型	高集成	窄
功能物流模式	资产型	低集成	广
功能代理模式	非资产型	低集成	广
集中物流模式	资产型	低集成	窄
缝隙物流模式	非资产型	低集成	窄

1）理论模式一

此类第三方物流企业的主要特点是规模庞大，网络体系遍布全国甚至全球，拥有先进的物流装备、强大的信息管理能力和高水平的物流人才，可以同时为多个行业的客户提供高集成度的物流服务。由于高端的物流服务涉及对客户的几种物流功能甚至是整个供应链的整合，需要个性化定制，因此第三方物流企业参与客户运营的程度深，投入大。因此，尽管拥有大量的资产，同时为多个行业提供高集成度的物流服务难度非常大，因此采用这种模式的第三方物流企业几乎不存在。

2）理论模式二

此类第三方物流企业基本上不进行固定资产的投资，而是通过强大的信息管理能力和组织协调能力来整合社会资源，为多个行业的企业提供高集成度的物流服务。同样道理，由于服务需要个性化定制，而且物流企业的精力有限，这种高集成度的服务很难大规模运作，而且无资产的物流企业操作起来更加复杂。

3）综合物流模式

综合物流模式的特点是第三方物流企业拥有大量的固定资产，为少数行业提供高集成度的服务，它与第一种模式的区别在于其业务范围集中在自己擅长的领域。一些从大型生产制造企业中剥离出来的第三方物流企业由于拥有自己的网络和营销渠道，也集中面向专长的行业提供高集成度物流服务。由于提供高集成度的物流服务参与客户内部运营的程度较深，为了更好地实施物流管理，也为了降低客户完全外包物流的巨大风险，一种常见的操作方式是第三方物流企业与客户共同投资新的物流公司，由这个公司专门为该客户提供一体化的物流服务。

4）综合代理模式

综合代理模式的特点是第三方物流企业不进行固定资产投资，对公司内部及具有互补性的服务提供商所拥有的不同资源、能力、技术进行整合和管理，为少数行业提供高集成度的一体化供应链服务，它与第二种模式的区别是其业务范围集中在自己的核心领域。采用综合代理的物流运作模式，不仅降低了大规模投资的风险，还可以有效地整合社会资源，提高全社会的物流运作效率。但是底层物流市场的极度不规范也使整合社会资源的难度变大，目前这种模式仍处于概念和探索阶段。

5）功能物流模式

功能物流模式的特点是第三方物流企业使用自有资产为多个行业的客户提供低集成度的物流服务。这类第三方物流企业为客户提供的服务功能单一，大量地提供运输、仓储服务，一般不涉及物流的整合与管理等较高端的服务。功能物流模式是目前我国第三方物流企业运作的一种主要模式，许多以传统运输、仓储为基础的大中型企业，以及一些新兴的民营物流公司，都属于这种模式。从国内的物流市场来看，由于客户企业仍倾向于外包部分功能性的物流活动而不是全部物流，因此定位在低集成度上仍然有很大的空间，功能物流模式仍将是主要的物流服务形式。采用功能物流模式的第三方物流企业应该不断加强自身的运作能力，在强化核心能力的基础上，可逐步拓展服务的种类，提升服务层次，向综合物流模式发展。

6）功能代理模式

这种模式的第三方物流企业与功能物流模式一样，也是为多个行业的客户提供低集成度的服务，只不过是通过委托他人操作来提供服务，自身不进行固定资产投资。这类企业一般由货代类企业经过业务拓展转变而来，客户分布比较广泛，服务层次相对较低，但它具有较强的整合社会公共资源的能力，能够充分利用闲置的社会资源，使其在效益方面产生乘数效应，一般取得物流项目的总承包后整合社会资源再进行二次外包。这类企业对固定设备、设施的投资少，以业务灵活、服务范围广和服务种类多等优势获得企业的竞争力。

7）集中物流模式

集中物流模式的特点是第三方物流企业拥有一定的资产和范围较广的物流网络，在某个领域提供集成度较低的物流服务。由于不同领域客户的物流需求千差万别，当一个物流企业能力有限时，它们就可以采取这种集中战略，力求在一个细分市场上做精做强。例如，同样是以铁路为基础的物流公司，某铁路快运公司是在全国范围内提供小件货物的快递服务，而另一物流公司则是提供大件物品的长距离运输。由于在特定领域有自己的特色，这种第三方物流企业运作模式也是需要重点培育和发展的。

8）缝隙物流模式

缝隙物流模式的特点是第三方物流企业拥有较少的固定资产甚至没有固定资产，以局部市场为对象，将特定的物流服务集中于特定顾客层。这种模式非常适合一些从事流通业务的中小型物流公司，特别是一些伴随电子商务而发展起来的小型物流企业。采用缝隙物流运作模式的第三方物流企业应该充分发挥自身在特定服务领域的优势，积极提高服务水平，实现物流服务的差异化和成本最小化。

二、第三方物流运作流程

第三方物流企业的运作流程是一个系统化、精细化的过程，旨在为客户提供高效、准确的物流服务。以下详细描述运作流程，如图10-3所示。

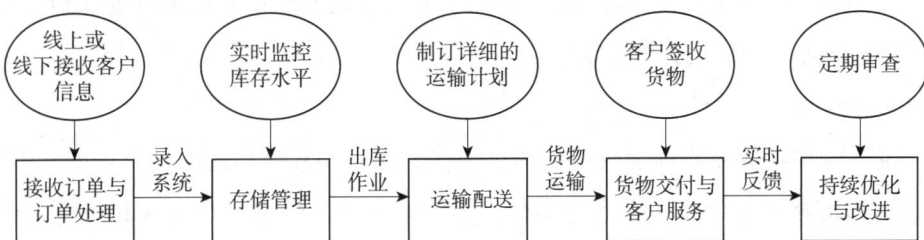

图10-3　第三方物流运作流程

1. 接收订单与订单处理

第三方物流企业通过线上或线下渠道接收客户的订单信息，包括产品名称、数量、规格、收货地址等。系统自动或人工验证订单的有效性，确认库存是否充足。订单信息录入系统,进行订单拆分、合并等处理,以满足不同的配送需求。根据订单内容安排拣选、打包等作业,准备出库。

2. 仓储管理

接收客户商品,进行验收、登记、编码等操作,确保商品质量和数量无误。根据商品的属性和特点进行分类、存储,优化仓库空间利用。利用先进的库存管理系统(WMS)实时监控库存水平,及时更新库存记录。设置库存预警机制,当库存低于安全库存时自动触发补货流程。根据订单需求,从仓库中拣选商品,进行出库作业。对出库商品进行复核,确保与订单一致。

3. 运输配送

根据订单地址、商品特性、运输成本等因素,选择合适的运输方式和路线。制订详细的运输计划,包括装车顺序、运输路线、预计到达时间等。根据运输计划,安排合适的运输车辆和司机。打印运输单据,如派车单、运输合同等。将出库商品装载到运输车辆上,确保货物稳固安全。核对装车商品与订单的一致性,确认无误后发车。利用车辆定位系统(GPS)实时监控货物运输状态,包括车辆位置、行驶速度、预计到达时间等。及时处理运输过程中的异常情况,如交通拥堵、车辆故障等。

4. 货物交付与客户服务

运输车辆到达收货地址后,按照客户要求进行卸货、验收等操作。客户签收货物后,收集签收单作为交付凭证。通过信息化系统实时向客户反馈货物的运输状态和到达信息。接收客户反馈,处理客户投诉和咨询,提供解决方案。根据运输合同和收费标准,与客户进行运费结算。对运输过程中的数据进行统计和分析,为后续的物流服务优化提供依据。

5. 持续优化与改进

定期对物流运作流程进行审查和优化,消除瓶颈环节,提高运作效率。引入先进的物流技术和设备,提升自动化、智能化水平。根据客户需求和市场变化,不断创新物流服务模式,提供定制化、个性化的物流解决方案。加强与客户的沟通和合作,共同推动物流服务的持续改进。

综上所述,第三方物流企业的运作流程是一个从接收订单到货物交付,再到持续优化与改进的闭环过程。通过高效、精细的运作管理,第三方物流企业能够为客户提供优质的物流服务,提升客户满意度和市场竞争力。

本章小结

　　本章首先介绍了不同范围的第三方物流的概念，接着分析了第三方物流的利益来源与价值实现途径；同时详细介绍了第三方物流企业从不同角度进行分类；最后，探讨了第三方物流企业的主要运营模式及从接收订单到货物交付、再到持续优化与改进的运作过程，展现了第三方物流在提升物流服务中的关键作用。

即测即练

复习思考题

　　1. 简述第三方物流的概念和利益来源。

　　2. 第三方物流价值实现途径有哪些?

　　3. 第三方物流企业的运营模式有哪些?

　　4. 第三方物流运营模式的构成要素是什么?

　　5. 第三方物流企业可以从哪些角度进行分类?

　　6. 举例说明新型民营第三方物流公司。

　　7. 简述第三方物流公司运作流程。

第十一章 企业物流管理

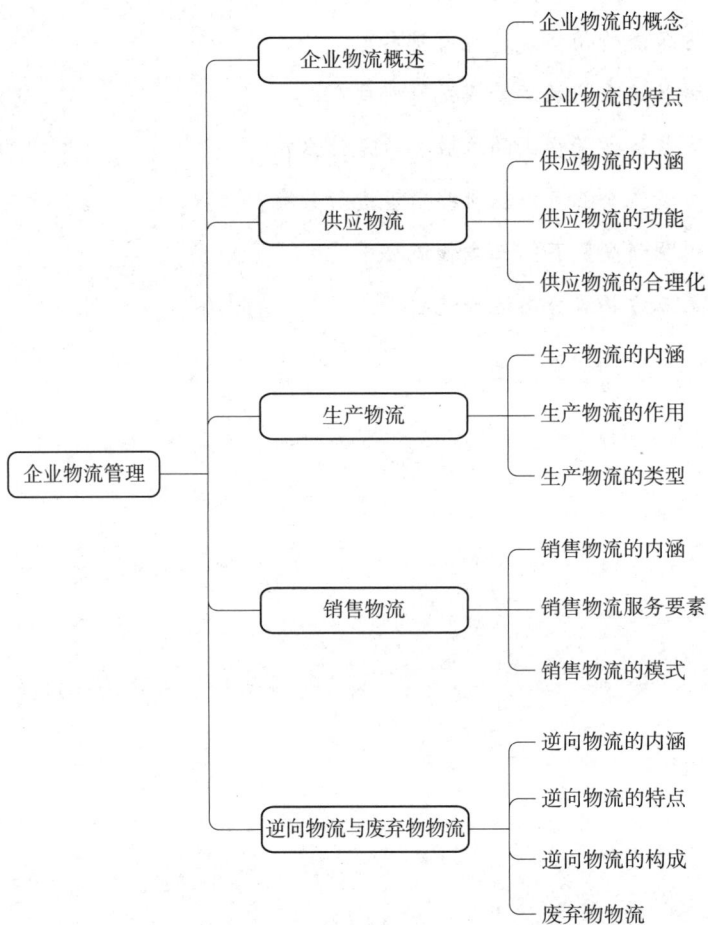

🔍 思维导图

企业物流管理
- 企业物流概述
  - 企业物流的概念
  - 企业物流的特点
- 供应物流
  - 供应物流的内涵
  - 供应物流的功能
  - 供应物流的合理化
- 生产物流
  - 生产物流的内涵
  - 生产物流的作用
  - 生产物流的类型
- 销售物流
  - 销售物流的内涵
  - 销售物流服务要素
  - 销售物流的模式
- 逆向物流与废弃物物流
  - 逆向物流的内涵
  - 逆向物流的特点
  - 逆向物流的构成
  - 废弃物物流

学习目标

1. 理解生产物流的特点。

2. 理解逆向物流和废弃物物流的特点。

3. 熟悉销售物流的服务要素和模式。

4. 掌握供应物流的合理化思路。

5. 掌握企业物流以及供应、生产、销售物流的内涵。

能力目标

1. 了解企业物流管理的发展，能自主查阅相关资料拓展知识。

2. 理解制造企业与流通企业的物流异同，培养辩证思维能力。

导入案例

第一节　企业物流概述

企业物流与物流企业的物流是现代物流管理中最重要的两个领域。企业物流是为企业内部经营活动提供物流支持的物流系统。物流企业是为社会用户提供物流服务，是社会化物流系统。企业物流与物流企业的物流，既相互衔接，又相互替代，共同构成国民经济物流体系的主要内容。

企业活动的基本结构是投入→转换→产出。对生产型企业来讲，是原材料、燃料、人力、资本等要素的投入，这些要素经过制造或加工转换为产品或服务；对于服务型企业来讲，则是设备、人力、管理和运营，这些要素会转换为对用户的服务。企业物流活动伴随着企业的投入→转换→产出，渗入到企业的各项经营管理之中。

一、企业物流的概念

《物流术语》（GB/T 18354—2021）将企业物流（enterprise logistics）定义为：

生产和流通企业围绕其经营活动所发生的物流活动。

由定义可见，企业物流是以企业经营活动为中心的活动。具体地说，企业物流是指企业生产经营过程中，物品从原材料的采购供应，经过生产加工到产成品和销售，以及废弃物的回收和再利用所发生的运输、储存、装卸搬运、包装、流通加工、配送及信息处理等活动。按企业中物流活动的环节划分，企业物流可分为供应物流、生产物流、销售物流、逆向物流及废弃物物流。

二、企业物流的特点

供应物流和销售物流是企业物流与社会物流的接口，这两种物流形态是为企业经营服务的，是企业生产物流向前、向后两个方向的延伸。因此，真正反映企业物流特点的是生产物流。以工业企业为例介绍企业物流的特点。

1. 企业物流主要创造形态价值

企业物流的本质特点是创造形态价值，并不是如社会物流一样实现时间价值和空间价值。企业中的物流伴随加工活动而发生，以实现加工附加价值。由于企业物流通常在一个较小的范围内完成，空间距离的变化不大，因此创造的空间价值有限。

2. 企业物流是一种工艺性物流

企业生产工艺、生产设备及生产流程是确定的，企业物流也因此成为一种稳定的物流，是工艺流程的重要组成部分。由于设备的稳定性，企业物流的可控性、计划性很强，一旦进入这一物流过程，选择性和可变性很小。

3. 企业物流的运行具有极强的伴生性

企业物流是生产的组成部分或一个伴生部分。这决定了企业物流很难与生产过程分开而形成独立的系统，企业内部生产物流更是如此。但是，在具有总体伴生性的同时，企业物流中也有与生产工艺可分的局部物流活动。例如，车间仓库的储存活动、接货物流活动、车间或分厂之间的运输活动等。

4. 企业生产物流的连续性

企业的生产物流活动不仅完善了企业生产过程中的作业活动，而且把整个生产企业中所有孤立的作业点、作业区域有机地联系在一起，构成了一个连续不断的企业内部生产系统。

5. 企业生产物流的关键特征是物料流转

物料流转的手段是物料搬运。在企业生产中，物流流转贯穿于生产、加工制造过程的始终。生产物流的目标应该是提供畅通无阻的物料流转，以保证生产过程顺利高效地进行。

6. 企业物流成本具有效益背反性

效益背反是指企业各物流功能之间或物流成本与服务水平之间的双重矛盾，即追求一方必须舍弃另一方的状态，即两者之间的对立状态。企业物流管理肩负着降低企业物流成本和提高服务水平两大任务，这是一对相互矛盾的关系。

第二节　供应物流

一、供应物流的内涵

1. 供应物流的定义

根据《物流术语》（GB/T 18354—2021）的定义，供应物流（supply logistics）是指为生产企业提供原材料、零部件或其他物料时所发生的物流活动。

它是企业物流系统中独立性较强的子系统，且与生产系统、财务系统等生产企业各部门以及企业外部的资源市场、运输部门密切联系。

2. 供应物流的作用

1）保障供给

供应物流是保证企业顺利进行生产经营活动的先决条件，是企业物流过程的起始阶段。在物流快速反应的要求下，经采购、保管后的物品应按生产流程和物品需求计划被准确地输送到生产或工作场所。

企业的供应物流有两种形式：一种是各供应厂商外购原材料、协作件等的采购物流；另一种是同一企业所属各分厂之间相互提供零部件的调拨物流。美国通用汽车公司装配一辆汽车，需要 13000 多种零部件，由 20000 多家供货厂家和本公司所属的 100 多家配件制造分厂供应给 30 余家汽车装配工厂。所以，有效计划和组织供应物流，保证企业不间断生产，是一项复杂且重要的工作。

2）节省成本

供应物流除了保证生产所需物流外，更重要的是必须以最低的成本和资金占用来实现这一目标。美、英等国的工业企业年生产成本中用于采购原材料、外协件等支出款所占比例为 40%~60%。因此，合理组织供应物流活动，如采购、运输、搬运等，对降低产品成本有着重要的意义。在现代化大生产中，企业的储备资金在流动资金中占 50%~60%。因此，合理储备对压缩储备资金、节约占用资金、加快流动资金的周转起着重要作用。

二、供应物流的功能

1. 采购

采购是供应物流与社会物流的衔接点，具体是指依据企业生产计划所要求的供应计划，制订采购计划并进行原材料外购，需要承担市场资源、供货厂家、市场变化等信息的采集和反馈任务。

2. 供应

供应是供应物流与生产物流的衔接点，是依据供应计划和消耗定额进行生产资料供给的作业层，负责原材料消耗的控制。

3. 库存管理

库存管理是供应链物流的核心部分。库存管理部门依据企业生产计划的要求和库存状况制订采购计划，并负责制定库存控制策略及计划的执行和反馈修改。

4. 仓储管理

仓储管理是供应物流的关键环节，负责购入生产资料的接货和发货以及物料的保管工作。

三、供应物流的合理化

供应物流不仅对企业管理具有重要作用，其合理化还可以为企业创造可观的经济效益。合理组织供应物流的基本工作包括以下几方面。

1. 准确预测需求

以企业生产计划对各类物资的需求为依据，确定物资供应需求量。供应计划只有做到对各种原材料、购入件的需要量（包括品种、数量等）和供货日期的准确预测，才能保证生产正常进行，降低成本，加速资金周转，提高企业经济效益。

2. 合理控制库存

供应物流中断将使企业生产陷于停顿，因此必须持有一定数量的物资储备，以保证生产的正常进行。企业一方面必须做好物资储备，保证生产所需（正常库存），并能够应付紧急情况（安全库存）；另一方面要合理控制库存，进行库存动态调整，减少资金占压。

3. 科学制定采购决策

采购决策的主要内容包括市场资源调查、市场变化信息的采集与反馈、供货厂家的选择和进货批量、进货时间的间隔等。其中，如何综合评价质量与价格因素是一项十分复杂的工作。

4. 确保供应保障

供应保障包括运输、仓储管理、服务等方面。企业应采用合理的运输方案、先进的仓储管理方式、合适的供应模式和供应手段。

5. 健全组织机构

企业应设立健全的管理组织机构，比如物资供应计划管理、物资消耗定额管理、物资采购管理、物资运输管理、物资仓储管理、物资供应管理、物资回收与利用管理以及监督检查管理等部门。

第三节　生产物流

一、生产物流的内涵

1. 生产物流的定义

根据《物流术语》（GB/T 18354—2021）的定义，生产物流（production logistics）是指为生产企业内部进行的涉及原材料、在制品、半成品、产成品等的物流活动。从本质上来说，生产物流是指按照生产工艺流程的要求组织和安排物品在各个生产环节之间进行流转的内部物流活动，即在各种外来料、半成品投入生产之后，按照规定的工艺过程进行加工、存储，借助一定的装卸搬运设备，以在制品的形态，从一个生产场所流入另一个生产场所，直至生产加工结束，再进入产成品仓库，最终成为客户需要的产成品的物流过程。

2. 生产物流的特点

1）伴生性

生产物流是伴随着生产制造过程的物流活动，与生产过程平行、交叉。平行是指相同的物品在不同的生产线上加工流动；交叉是指前期的在制品在前道工序未完成时，将已完成的部分转到后道工序加工。物料平行与交叉流动作业，缩短了产品的生产周期。

2）连续性

企业生产是按照工艺要求的一道道工序进行的，这就要求物料能够顺畅、快速、省时地完成各道工序，直至成为成品。整个生产过程是连续、顺延、有组织地按进度保质、保量地进行的，因此物流过程也就具有连续性。

3）节奏性

企业生产产品是分阶段进行的，从投料开始到产成品完工入库，整个生产过程是按照计划、有节奏、均衡地进行的，因此物流过程具有节奏性。

4）应变性

企业生产产品的型号和种类发生变化时，生产过程具有较强的应变能力，物流过程也需要具备相应的应变性。

5）时间性

企业生产要按照客户的时间要求和数量要求，生产所需要的零部件。只有保证准时性，才有可能推动物流过程的连续性和节奏性。

二、生产物流的作用

生产物流的组织与生产过程的组织是同步进行的。企业内部的生产物流系统连接企业外部的供应物流系统和销售物流系统。在制造企业的物流过程中，生产物流是核心环节。生产物流的作用表现在以下两个方面。

1. 保障生产过程的连续性

在企业生产加工过程中，物流对生产秩序和生产环境有着决定性的影响。物流在生产空间中始终处于运动状态。如果物流线路不合理，运行节奏不协调，就会造成生产秩序的混乱，使生产过程发生停滞。因此，在现代化生产制造高技术、大规模、快速化的状态下，要求以生产物流的系统化、柔性化提供畅通无阻的物料流转，以保证生产过程顺利、高效地进行。

2. 降低生产制造成本

加工制造花费的时间与物流活动占用的时间有一定的比例。原材料制造型的制造加工时间与物流活动各占50%；物品加工型的加工时间占10%~20%，物流活动时间占80%~90%。由于物流活动的时间消耗比制造加工时间消耗还多，因此生产物流对总体生产成本的影响很大。技术先进、生产流程复杂的大规模制造企业，按照规模经济的原则，增加生产物流的投资，在生产物流系统中采用自动化立体仓库，配置顺畅与快速的物料运行路线，自动上下传输设备等，减少物料搬运的时间和距离，减少无效搬运的费用，降低总生产成本。

三、生产物流的类型

由于生产物流类型与决定生产类型的产品产量、品种和专业化程度有着内在的联系，所以可以把生产物流的类型与生产类型看成是同一问题的两种说法。

1. 从生产专业化的角度分类

可以根据产品在生产中的重复程度把生产过程分为单件生产、大量生产和成批生产三种类型。单件生产的产品种类繁多，但每种仅生产一件，生产重复程度低；大量生产的产品种类单一，产量大，生产重复程度高；介于二者之间的是成批生产，即品种不单一，生产有一定的重复性。成批生产通常又分为大批生产、中批生产和小批生产。

2. 从物料流向的角度分类

根据物料在生产工艺过程中的特点，将生产物流划分为项目型、连续型和离散型三种。

项目型生产物流（固定式生产）的特点是生产过程中物料的流动性不强。它分为两种状态：一种是物料进入生产场地后就被凝固在场地中，和生产场地一起形成最终产品，如住宅、厂房、公路等；另一种是物料流入生产场地后，滞留时间很长，形成最终产品后再流出，如大型的水电设备、飞机等。

连续型生产物流（流程式生产）的特点是物料均匀、连续地流转，不能中断；生产出的产品及使用的设备和工艺流程都是固定且标准化的；工序之间几乎没有在制品库存。

离散型生产物流（加工装配式生产）的特点是各个零部件的加工过程彼此独立；制成的零件通过部件装配和总装配，最后成为产品。整个产品生产工艺是离散的，各个生产环节之间要求有一定的在制品储备。

第四节　销售物流

在现代社会中，市场环境是一个完全的买方市场，因此销售物流活动便带有极强的服务性，以满足买方的要求，最终实现销售。

一、销售物流的内涵

销售物流的起点一般是生产企业的产成品仓库，经过分销物流，完成长距离、干线的物流活动，再经过配送完成市内和区域范围的物流活动，到达企业、商业用户或最终消费者。销售物流是一个逐渐发散的物流过程，这和供应物流形成了一定程度的镜像对称，通过这种发散的物流，使资源得以广泛配置。

1. 销售物流的概念

根据《物流术语》（GB/T 18354—2021）的定义，销售物流（distribution logistics）是指企业在销售商品过程中所发生的物流活动。

销售物流既是企业物流系统的最后一环，又是企业物流与社会物流的一个衔接点。它与企业销售系统相配合，共同完成产成品的销售任务。销售活动的作用是企业通过一系列营销手段进行产品出售，满足消费者的需求，实现产品的价值和使用价值。销售物流就是储存、运输、配送等环节的统一。

1）销售物流是一个系统，具有系统性

销售物流是企业为保证自身的经营利益，伴随销售活动，将产品所有权转给用户的物流活动，包括订货处理、产成品库存、发货运输、销售配送等物流活动。

2）销售物流是连接生产企业和用户的桥梁

销售物流是企业物流活动的一个重要环节，它以产品离开生产线进入流通领域为起点，以送达用户并经过售后服务为终点。

3）销售物流是生产企业赖以生存和发展的条件

对生产企业来讲，物流是企业的第三利润源，降低销售物流成本是企业降低成本的重要手段。销售物流成本占据了企业销售总成本的 20% 左右，销售物流直接关系到企业利润。

4）销售物流具有服务性

在现代社会中，市场环境是一个完全的买方市场，只有满足买方需求，卖方才能最终实现销售。在这种市场前提下，销售往往以送达用户并经过售后服务才算终止。因此，销售物流要以满足用户的需求为出发点，树立"用户第一"的观念，必须做到快速、及时、安全。

2. 销售物流的作用

销售物流是企业物流的输出活动，是企业为了满足客户的物流需求而进行的一系列物流活动的结果。销售物流的作用主要体现在以下三个方面。

1）销售物流是满足客户需求、实现企业效益的必经之路

企业经过供应、生产等活动，将各种原材料、半成品转换成客户需要的产品或服务后，必须经过销售服务活动，才能将产品或服务送到消费者手中，在满足他们需求的同时，自身也获得经济效益。

2）销售物流是企业开拓市场、提升客户满意度的重要途径

销售物流不仅提供客户需要的产品和服务，还要高质量、低成本地为客户提供差异化的产品和服务。只有这样，企业才能不断提升客户的价值，提高客户满意度，扩大市场份额。

3）销售物流是推动供应链有效运作的关键

现代供应链的运作只有围绕市场，以客户的需求为中心，才能获得最佳的经济效益。而销售物流是企业连接客户的物流活动，是供应链末端的物流活动。因此，要构建以客户为中心的拉动式供应链，就不能离开销售物流活动。

二、销售物流服务要素

影响销售物流服务质量与成本的要素有四个，即时间、可靠性、沟通和便利性。

1. 时间

时间要素通常是指订货周期。订货周期（order cycle）是指从客户确定对某种产品有需求到需求被满足之间的时间间隔，也称为提前期（lead time）。时间要素主要受订货传递、订单处理、订单准备和订单装运的影响。

2. 可靠性

可靠性是指根据客户订单的要求，按照预定的提前期，安全地将订货送达客户指定的地点。对于客户来说，在多数情况下，可靠性比提前期更加重要。可靠性主要有三类：提前期的可靠性、安全交货的可靠性及正确供货的可靠性。

3. 通信

与客户通信是监督客户服务可靠性的关键手段。通信渠道应对所有客户开放并准入，因为这是摆脱销售物流外部约束的信息来源。然而，通信必须是双方的，

卖方必须能够把关键的服务信息传递给客户。

4. 便利性

便利性是指服务水平必须灵活。为了更好地满足客户要求，就必须确认客户的不同需求，根据客户规模、市场区域、购买的产品及其他因素将客户细分，为不同客户提供适宜的服务，这样可以使管理者针对不同客户以最经济的方式满足其需求。

三、销售物流的模式

销售物流有三种主要模式：生产企业自己组织销售物流、第三方物流企业组织销售物流和用户自己提货。

1. 生产企业自己组织销售物流

生产企业自己组织销售物流是买方市场环境下的主要销售物流模式之一，也是我国当前绝大部分企业采用的物流形式。

它实际上把销售物流作为企业生产的一个延伸，或者是生产的继续。此时，生产企业将销售物流当作企业经营的一个环节，而且这个经营环节是和用户直接联系、直接面向用户提供服务的一个环节。在企业从"以生产为中心"转向"以市场为中心"的情况下，这个环节逐渐变成了企业的核心竞争环节，已经不再是生产过程的继续，而是企业经营的中心，生产过程变成了这个环节的支撑力量。

生产企业自己组织销售物流的益处在于可以将自己的生产经营和用户直接联系起来，信息反馈速度快、准确程度高，信息对生产经营的指导作用大。因此，企业往往把销售物流环节看成是开拓市场、进行市场竞争的一个环节，尤其在买方市场前提下，企业格外看重这个环节。

生产企业自己组织销售物流，可以对销售物流的成本进行大幅调节，充分发挥其成本中心的作用，同时能够从整个生产企业的经营角度出发，合理安排和分配销售物流环节的资源。

虽然由生产企业自己组织销售物流能够促进企业的发展，但必须以企业规模可以达到销售物流的规模效益为前提，否则将会阻碍企业的发展。原因如下：①生产企业的核心竞争力的培育和发展问题，如果生产企业的核心竞争力在于产品的开发，那么销售物流可能占用过多的资源，对核心竞争力的培育与发展造成不利影响。②生产企业销售物流专业化程度有限，自己组织销售物流缺乏优势。

③一个生产企业的规模终归有限，即便是分销物流的规模达到经济规模，延伸到销售物流之后，就很难再达到经济规模，因此可能反过来影响市场开拓。

2. 第三方物流企业组织销售物流

由专门的物流服务企业组织企业的销售物流，实际上是生产企业将销售物流外包，使销售物流社会化。

由第三方物流企业承担生产企业的销售物流，其最大优点在于第三方物流企业是社会化的物流企业，它向很多生产企业提供物流服务。因此，它可以将企业的销售物流和企业的供应物流一体化，将很多企业的物流需求一体化，采取统一的解决方案，从而实现物流的专业化和规模化，并通过技术、组织等方面的相关措施，降低运营成本，提高服务水平。第三方物流企业组织销售物流已经成为网络经济时代销售物流的一个发展趋势。

3. 用户自行提货

用户自行提货实际上是将生产企业的销售物流转嫁给用户，变成用户自行组织供应物流的形式。对于销售方来讲，已经没有了销售物流的职能。这是在计划经济时期被广泛采用的模式，这种模式不再具有生命力。

第五节　逆向物流与废弃物物流

从整个供应链角度而言，完整的物流系统应包括正向物流和逆向物流。但长期以来，企业只重视正向物流活动，而忽视沿供应链逆向渠道所进行的逆向物流活动，对顾客退回物品以及产品使用后废弃物品的处理一直被排除在企业经营战略之外。但是，随着人们保护环境、节约资源意识的增强以及环保法规约束力度的加大，逆向物流逐渐受到重视。

一、逆向物流的内涵

"逆向物流"（reverse logistics）这个名词最早由詹姆斯·斯托克（James Stock）在 1992 年给美国物流管理协会的一份研究报告中提出。后来，随着人们环保意识的增强，环保法规约束力度的加大，逆向物流的经济价值逐步提高，促使人们对逆向物流内涵的理解进一步深化。

根据《物流术语》（GB/T 18354—2021）的定义，逆向物流也称反向物流，是指为恢复物品价值、循环利用或合理处置，对原材料、零部件、在制品及产成品从供应链下游节点向上游节点反向流动，或按特定的渠道及方式归集到指定地点所进行的物流活动。

从上述关于逆向物流的定义可以看出，逆向物流的内涵与外延都得到了拓展和全面的深化，概括起来主要体现在以下五个方面。

（1）逆向物流是将原材料、半成品、制成品及相关信息从供应链下游的消费一端返回上游的生产一端的过程。

（2）实施逆向物流的目的是重新获得废弃产品或有缺陷产品的使用价值，或者对最终的废弃产品进行正确的处置。

（3）逆向流动的对象是产品、用于产品运输的容器、包装材料及相关信息，将它们从供应链终点沿着供应链渠道的反方向流动到相应的各个节点。

（4）为了实现物流的目的，必须对退回产品进行回收、分类、检验、拆卸、再生产及报废处理等活动。

（5）尽管逆向物流是指物品的实体流动，但同正向物流一样，逆向物流中也伴随着资金流、信息流和商流的流动。

二、逆向物流的特点

根据逆向物流的内涵可知，逆向物流具有以下六个特点。

1. 逆向性

逆向物流中退回的商品或报废的物品的流动与正常的商品流动方向刚好相反，即从消费者→中间商→制造商→供应商。

2. 不确定性

这表现在逆向物流产生的地点、时间和数量是不确定的。正向物流则不然，按量、准时和指定发货点是其基本要求。

3. 复杂性

这表现为发生逆向物流的地点较为分散、无序，不可能集中一次向接收点转移；另外，退货商品或报废商品处理过程复杂，从而导致管理复杂。

4. 处理费用高

这主要是因为这些商品通常缺少规范的包装，又具有不确定性，难以充分利用运输和仓储的规模效益；另一个重要原因在于许多商品需要人工的检测、判断和处理，极大地增加了人工的费用，同时效率也低下。

5. 价值的递减性

对退回或召回的商品而言，由于在逆向流动过程中产生的一系列运输、仓储、处理等费用都会冲减其价值，因此，这类产品的价值具有递减性。

6. 价值的递增性

对有些报废商品而言，它们对消费者没有价值，但通过逆向流动并经过再处理后，又重新获得了它们的价值。因此，这类产品具有价值的递增性（主要是针对废弃物而言）。

三、逆向物流的构成

从逆向物流的内涵可知，逆向物流是一种包含了产品退回、物料替代、物品再利用、废弃处理、再处理、维修与再制造等流程的物流活动，其实施的目的是重新获得产品的使用价值或者正确处置废弃产品。

由此可见，逆向物流由退货逆向物流和回收逆向物流两部分构成（图 11-1）。其中，逆向物流是由下游顾客将不符合订单要求的产品退回给上游供应商，其流程与常规产品流向正好相反；回收逆向物流则是将最终顾客所持有的废旧物品回收到供应链上的各节点企业，并由它们进行相关的回收、分类、检验、分拆、再加工或报废处理。

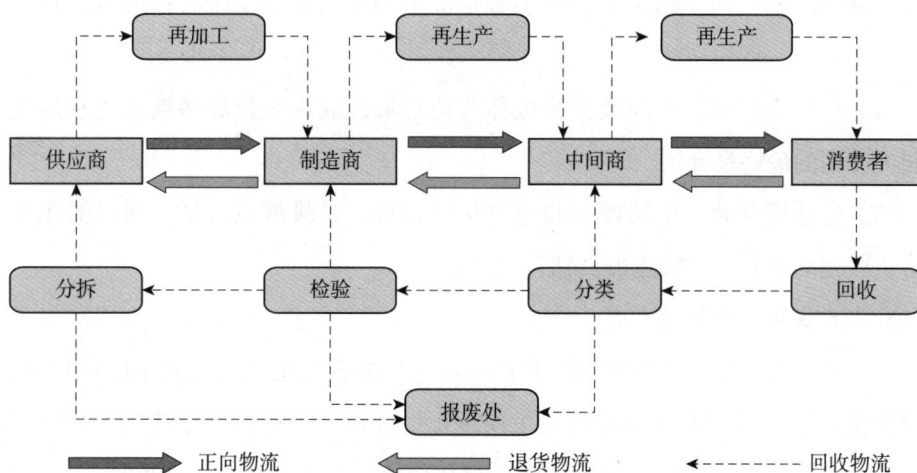

图 11-1　逆向物流模型

四、废弃物物流

根据《物流术语》（GB/T 18354—2021）的定义，废弃物物流（waste logistics）是指将经济活动或人们生活中失去原有使用价值的物品，根据实际需要进行收集、分类、加工、包装、搬运、储存等，并分送到专门处理场所的物流活动。

废弃物是指在生产、流通和消费过程中产生的基本上或完全失去使用价值，无法再被重新利用的最终排放物。废弃物的概念不是绝对的，它们只是在现有技术和经济水平条件下暂时无法被利用。

目前，许多发达国家的最终废弃物为原垃圾的 50% 以下。我国也在加强这方面的研究，许多地区将生活垃圾用于堆肥，使之资源化。国务院办公厅印发（国办发〔2024〕7号）《关于加快构建废弃物循环利用体系的意见》，指出构建废弃物循环利用体系是实施全面节约战略、保障国家资源安全、积极稳妥推进碳达峰碳中和、加快发展方式绿色转型的重要举措。

1. 企业废弃物的种类及物流特点

（1）固体废弃物。固体废弃物也称为垃圾，其形态是各种各样的固体物的混合杂体。这种废弃物一般采用专用垃圾处理设备进行处理。

（2）液体废弃物。液体废弃物也称为废液，其形态是各种成分的液体混合物。对于这种废弃物，通常采用管道方式进行处理。

（3）气体废弃物。气体废弃物也称为废气，主要是工业企业尤其是化工类工业企业的排放物。对于这种废弃物多数情况下是通过管道系统直接向空气排放或加以利用。

（4）产业废弃物。产业废弃物也称产业垃圾，通常是指那些被再生利用之后不能再使用的最终废弃物。

（5）生活废弃物。生活废弃物也称生活垃圾，其排放点分散，所以需用专用的防止散漏的半封闭的物流器具储存和运输。

2. 废弃物的几种物流方式

（1）废弃物掩埋。大多数企业将产生的最终废弃物运到政府规定的规划地区，并将其倒入原有的废弃坑塘或用人工挖掘出的深坑，表面用好土掩埋。掩埋后的垃圾场，可作为农田种植，也可以用于绿化用地。其优点是不形成堆场、不占地、不露天污染环境；缺点是挖坑、填埋需要投资，在未填埋期间仍有污染。

（2）垃圾焚烧。垃圾焚烧是指在一定地区用高温焚毁垃圾。这种方式只适用于有机物含量高的垃圾或经过分类处理将有机物集中的垃圾。

（3）垃圾堆放。在远离城市的沟、坑、塘、谷中，选择合适位置直接倾倒垃圾，也是一种物流方式。这种方式物流距离较远，但垃圾无须再处理，通过自然净化作用逐渐沉降风化，是低成本的处置方式。

（4）净化处理加工。净化处理加工是指对垃圾（废水、废物）进行净化处理，以降低环境危害的一种物流方式。废水的净化处理，就是有代表性的流通加工方式之一。

📖 本章小结

本章首先介绍了企业物流的概念和特点；然后分别介绍了供应物流的内涵、功能及合理化，生产物流的内涵、作用及类型，销售物流的内涵、服务要素及模式，逆向物流的内涵、特点及构成，废弃物物流的概念及废弃物的物流方式。

📖 即测即练

📖 复习思考题

1. 简述企业物流的概念和特点。

2. 简述生产物流的特点。

3. 简述销售物流的服务要素。

4. 简述逆向物流的特点。

5. 销售物流的主要模式有哪几种？

第十二章 国际物流管理

🔍 **思维导图**

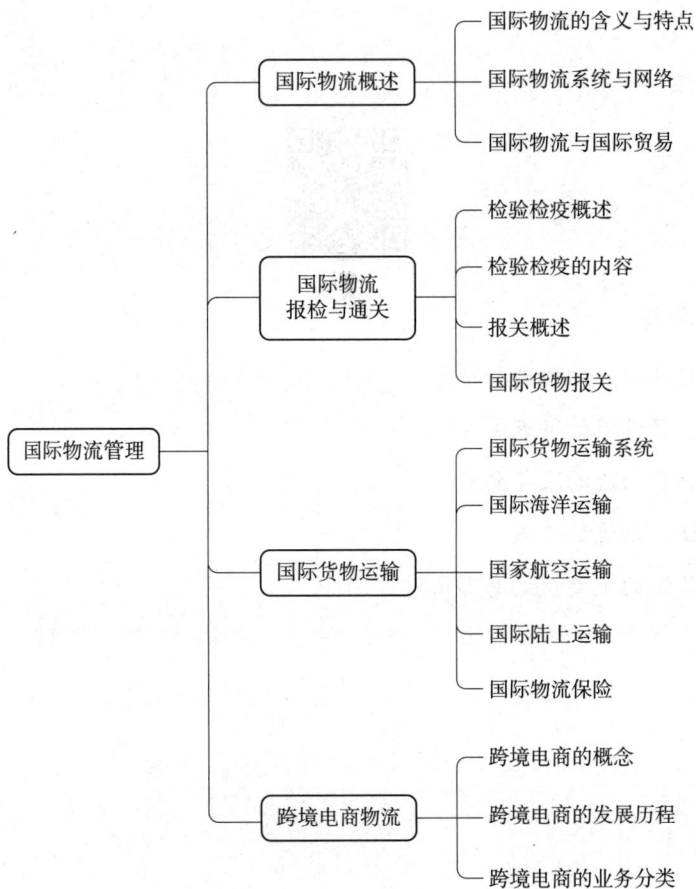

学习目标

1. 了解国际物流的概念和系统构成要素。

2. 理解国际物流与国际贸易的关联。

3. 掌握国际物流报检、通关流程。

能力目标

1. 了解国际物流的特点，培养学生国际物流业务分析能力。

2. 熟悉国际物流的构成要素，培养学生国际物流能力。

3. 掌握国际物流运作流程，能够将相关理论运用于实践。

导入案例

第一节　国际物流概述

一、国际物流的含义与特点

1. 国际物流的含义

《物流术语》（GB/T 18354—2021）中定义国际物流是跨越不同国家（或地区）之间的物流活动。国际物流的实质是按国际分工协作的原则，依照国际惯例，利用国际化的物流网络、物流设施和物流技术，实现货物在全球的流动与交换，以促进区域经济的发展和世界资源优化配置。

国际物流基本上是为国际贸易和跨国经营服务，即选择最合适的运输方式与路径，以最低的费用和最小的风险，使各国物流系统相互接轨，高效、优质、快捷地将货物从某国的供方运到另一国的需方。国际物流可分为出口物流和进口物流。

国际物流是现代物流系统的重要领域，伴随着国际贸易壁垒的拆除，以及跨境电子商务的快速发展，国际物流形式也随之不断变化。

对跨国公司来讲，国际物流不仅是国际贸易的派生需求，而且也是自身生产活动的必然环节。全球化生产，通常是在一些国家采购原材料或者进行研发设计，又在另外一些国家生产零配件或组装，跨国公司这种远距离的生产经营同样依靠国际物流完成。

从一般企业角度看，不仅是具备国际化特征的跨国企业，即便是普通企业也有很多在实施国际战略，从全球范围寻找商业机遇、潜在市场、生产基地等，这些需求必然将企业的活动范围由一个地区或国家扩展到国际。国际物流需求也应运而生，企业必须为支撑国际战略更新物流软硬件环境，按国际物流要求对自身的物流系统进行改造。

国际物流是国际贸易的必然组成部分。各国之间的贸易活动最终都需要通过国际物流实现。随着全球经济一体化的趋势不断增强，在国际分工基础上形成的合作交往日益密切，互联互通、彼此依赖、共同发展是当今世界经济发展的主要特征。各个国家都积极顺应这一发展趋势，在商贸流通中提升本国的国际竞争力。日益繁荣的国际贸易加剧了货物和物品在不同国家间的流动和转移，这离不开高效的国际物流系统的支持。

2. 国际物流的特点

1）国际物流的经营环境差异较大

国际物流具有非常明显的特征，因为每个国家的物流经营环境不同。造成这种差异的原因，一方面是经济水平及技术水平不同反映出的物流设施设备差异，另一方面是政治、文化、风土人情不同导致的物流管理方式方法差异。因此，国际物流的经营复杂性非常明显，经营难度远超国内物流。

2）国际物流的操作风险高

物流涵盖多个运作环节，国际物流在一般物流运作的基础上增加了国际化特点，这不仅是空间范围的简单延伸，而且涉及更多复杂的状况，增加了操作的风险。运输环节的周转装卸次数多、计费汇率波动、政治外交关系变化等因素都可能给国际物流带来严重影响。

3）国际物流更加依赖信息化

国际物流的发展依赖于高效的国际化信息系统的支持。由于参与国际运作的物流服务企业及政府管理部门众多，如货运代理企业、报关行、对外贸易公司、海关、商检等机构，使国际物流的信息系统更为复杂，国际物流企业不仅要制作大量的单证，而且要确保其在特定的渠道内准确地传递，因此耗费的成本和时间巨大。

4）国际物流标准化要求高

国际贸易密切的国家在物流基础设施、信息处理系统乃至物流技术方面需要形成相对统一的标准，否则会造成物流资源浪费和成本增加，最终影响产品在国际市场上的竞争能力。国际物流标准化的重点内容包括物流设施设备的统一标准及物流管理规则的统一标准等。

二、国际物流系统与网络

1. 国际物流系统

国际物流系统是由商品的包装、储存、装卸、运输、报关、流通加工及其前后的整理、再包装以及国际配送等子系统组成。运输和储存子系统不仅是物流系统的主要组成部分，也是国际物流系统的主要组成部分。国际物流通过物品的储存和运输，实现时间效益和空间效益，满足国际贸易活动和跨国公司经营的要求。

1）运输子系统

国际货物运输是国际物流系统的核心子系统，其作用是通过使物品实现空间移动而实现其使用价值。国际物流系统依靠运输作业克服物品在不同国家或地区的生产地点和需求地点的空间距离，创造空间效益。物品通过国际货物运输作业由供方转移给需方。国际运输费用在国际贸易成本中占有很大的比重。国际运输管理主要考虑运输方式的选择、运输路线的选择、承运人的选择、运输费用的节约、运输单据的处理以及货物保险等方面的问题。

2）储存子系统

即使是在零库存的概念下，国际物流中物品的储存也是完全必要的，因为国际物品的流通是一个由分散到集中，再由集中到分散的源源不断的流通过程。例如，国际贸易或跨国经营中的物品从生产厂或供应部门被集中运送到装运港口，通常需要临时存放一段时间，再装运出口，这就是一个"集"和"散"的过程。它主要是在各国的保税区和保税仓库进行的，因此会涉及各国保税制度和保税仓库建设等方面的问题。从现代物流的理念来看，在国际物流中，应尽量减少储存时间和储存数量，加速物品的周转，实现国际物流的高效运转。由于储存保管可以克服物品在时间上的差异，所以能够创造时间效益。

3）检验子系统

国际物流中的物品是国际贸易交易的货物或跨国经营的商品，其具有投资大、风险高、周期长等特点。通过检验可以促进销售，维护产品质量，提高国际物流效率，这就使商品检验成为国际物流系统中的一个重要子系统。通过商品检验，可以确定交货品质、数量和包装等条件是否符合合同规定，如发现问题，可分清责任。在国际货物买卖合同中，一般都订有商品检验条款，主要包括检验时间与检验地点、检验机构与检验证明、检验标准与检验方法等内容。

4）通关子系统

国际物流的一个重要特点就是跨越国境。由于各国海关的规定并不完全相同，所以，对于国际货物的流通而言，各国的海关可能会成为国际物流中的瓶颈。要消除这一瓶颈，就要求物流经营者熟知各国的通关制度，在适应各国通关制度的前提下，建立安全有效的快速通关系统，保证货畅其流。我国的海关和检验检疫等口岸机构为进出境的货物制定了相关的监管规定和程序，以促进我国对外贸易的发展，并为办理相关手续提供便捷条件。

5）装卸搬运子系统

国际物流运输、储存等作业离不开装卸搬运，装卸搬运子系统是短距离的物品搬移，是储存和运输作业的纽带和桥梁。它也能提供空间效益，能够高效地完成物品的装卸搬运，能够更好地发挥国际物流节点的作用。同时，节省装卸搬运费用也是降低物流成本的重要途径之一。

6）信息子系统

国际物流信息子系统的主要功能是采集、处理和传递国际物流的信息情报。在现代物流背景下，如果没有功能完善的信息系统，国际贸易和跨国经营就会寸步难行。国际物流信息的主要内容包括进出口单证的作业过程、支付方式信息、客户资料信息、市场行情信息、供求信息及物品在国际物流环节中的位置和状况等。国际物流信息系统的主要特点是信息量大、交换频繁，因此需要建立技术先进的信息系统以支撑国际物流在信息传输方面的高质量要求。

2. 国际物流网络

1）国际物流网络的概念

国际物流网络是由多个收发货的节点和它们之间的连线所构成的物流抽象网

络，以及与之相伴随的信息流动网络的集合。

所谓收发货节点是指进出口过程中所涉及的国内外的各层储货仓库、站场，如制造厂商仓库、中间商仓库、货运代理人仓库、口岸仓库、各类物流中心、保税区仓库等。节点内商品的收发、储运是依靠运输连线和物流信息的沟通、协调来完成的。在节点中，除可以实现收发和储存保管功能外，还可以实现包装、流通加工、装卸等功能。

连线是指连接上述国内众多收发货节点的运输线路，如各条海运航线、铁路线、飞机航线以及海陆空联合运输线路。这些网络线路代表库存货物的移动，即运输的路线与过程。

每一对节点有许多连线以表示不同路线、不同产品的各种运输服务；各节点表示存货流动的暂时停滞，其目的是更有效地移动；信息流动网的连线通常包括国内外的邮件或某些电子媒介，其信息网络的节点则是各种物流信息汇集及处理之点。

2）国际物流网络的构成要素

国际物流的流动路径即国际物流网络。随着国际物流的发展，国际物流网络包括国际远洋航线及海上通道、航空网线、公路网线、铁路网线、管道网络等。

三、国际物流与国际贸易

1. 国际贸易的概念

国际贸易是指世界各国（地区）之间的商品以及服务和技术交换活动，包括出口和进口两个方面。从国家角度看，这种交换活动称为该国的对外贸易。从国际上看，世界各国对外贸易的总和构成了国际贸易，也称世界贸易。随着生产力的发展、科学技术的进步和国际经济联系的增强，国际贸易这一概念所包含的内容进一步扩大。早期的国际贸易实际上只包括实物商品的交换，而现在还包括服务和技术等非实物商品的交换。所谓实物商品交换是指原材料、半制成品及工业制成品的买卖；服务交换是指在运输、邮电、保险、金融、旅游等方面为外国人提供服务，或本国工人技术人员在国外劳动、服务，从而获得外国货币报酬。技术交换包括专利、商标使用权、专有技术使用权的转让以及技术咨询和信息等的提供和接受。

2. 国际贸易的分类

国际贸易按货物的流动方向划分，可分为出口贸易、进口贸易、过境贸易。出口贸易是指将本国所生产或加工的商品（含劳务）输往国外市场进行销售的商品交换活动。进口贸易是指将外国所生产或加工的商品（含劳务）购买后在本国市场进行销售的商品交换活动。过境贸易是指商品生产国与商品消费国之间进行的商品买卖活动，其实物运输过程必须穿过第三国的国境，第三国要对货物进行海关监管并作为过境贸易额统计。

3. 国际贸易与国际物流的关系

国际物流是随着国际贸易的发展而产生和发展起来的，在当前已成为影响和制约国际贸易进一步发展的重要因素。国际贸易与国际物流之间存在着非常紧密的关系。

1）国际物流是国际贸易的必要条件

世界范围的社会化大生产必然会引起不同的国际分工，因而需要国与国之间的合作。国与国之间的商品和劳务流动是由商流和物流组成，前者由国际交易机构按照国际惯例进行，后者由物流企业按各个国家的生产和市场结构完成。对于出口国企业来说，只有物流工作做好了，才能将国外客户需要的商品适时、适地、按质、按量、低成本地送到，从而提高本国商品在国际市场上的竞争力，扩大对外贸易。

2）国际贸易促进物流的国际化

第二次世界大战以后，出于恢复重建工作的需要，各国积极研究和应用新技术、新方法，从而促进生产力迅速发展，世界经济呈现繁荣兴旺的景象。国际贸易也因此发展得极为迅速。同时，由于一些国家和地区资本积累达到了一定程度，本国或本地区的市场已不能满足其进一步发展的需要，加之交通运输、信息处理及经营管理水平的提高，出现了为数众多的跨国公司。跨国经营与国际贸易的发展，促进了货物和信息在世界范围内的大量流动和广泛交换。

3）国际贸易对国际物流提出新要求

随着世界经济技术的发展和政治格局的变化，国际贸易表现出一些新的趋势和特点，从而对国际物流提出了更新、更高的要求。

（1）质量要求。国际贸易的结构正在发生巨大变化，传统的初级产品、原料等贸易品种逐步让位于高附加值、精密加工的制成品。由于高附加值、高精密度的商品数量增加，这对物流工作质量提出了更高的要求。同时由于国际贸易需求的多样化，形成了物流多品种、小批量化的趋势，要求国际物流向优质服务和多样化发展。

（2）效率要求。国际贸易活动的集中表现就是合约的订立和履行，而国际贸易合约的履行很大一部分涉及国际物流活动，因而要求物流有很高的效率。从进口方看，提高物流效率最重要的是如何高效地组织所需商品的进口、储备和供应。也就是说，从订货、交货，直至运入国内保管、组织供应的整个过程，都应加强物流管理。

（3）安全要求。由于社会分工和社会生产专业化的进展，大多数商品在世界范围内分配和生产。国际物流所涉及的国家多，地域辽阔，在途时间长，受气候、地理等自然条件和各种社会政治经济因素的影响。因此，在组织国际物流时，当选择运输方式和路线时，要密切注意所经地域的气候条件、地理条件，还应注意沿途所经国家和地区的政治局势、经济状况等，以防某些人为因素和不可抗拒的自然力造成货物灭失。

（4）经济要求。国际贸易的特点决定了国际物流的环节多、储运期长。随着经济全球化的深入，降低物流成本以获得价格优势是大势所趋。从可能性上看，全球卫星定位系统在国际物流上的应用，为降低物流成本提供了很大的空间。对于国际物流企业来说，选择最佳物流方案，提高物流经济性，降低物流成本，保证服务水平，是提高竞争力的有效途径。

总之，国际物流必须适应国际贸易结构和商品流通形式的变革，向国际物流合理化方向发展。国际贸易的巨大变化，需要专业化、国际化的物流运作。如果国际物流从业者无法保障在合理的成本范围内准确、准时、安全地交付货物，国际贸易就会受到限制，进而会影响国际贸易企业的生存和发展。

第二节　国际物流报检与通关

一、检验检疫概述

1. 出入境检验检疫的含义

出入境检验检疫是指由国家主管部门依法对所有出入境货物、人员、交通工具、行李邮包等实施卫生检疫、动植物检疫及商品检验的活动，旨在保障国家生物安全、产品质量及公众健康。出入境检验检疫是国际贸易的重要环节，其核心职责有三项：①一是商品检验，对进出口商品进行检验、鉴定和监管，确保符合质量标准要求，维护贸易公平。②动植物检疫，防止动植物疫病、有害生物跨境传播，保护农林牧渔业及生态环境。③卫生检疫，监测出入境人员、交通工具及物品，防止传染病传入或传出，保护人类健康。出入境检验检疫原来由国家质检总局负责，自2018年以后其职责与队伍划归海关总署统一管理。

2. 出入境检验检疫制度的组成

我国出入境检验检疫制度内容包括：进出口商品检验制度、进出境动植物检疫制度以及国境卫生监督制度。

1）进出口商品检验制度

进出口商品检验制度是根据《中华人民共和国进出口商品检验法》及其实施条例的规定，海关总署及其口岸出入境检验检疫机构对进出口商品所进行品质、质量检验和监督管理的制度。其目的是保证进出口商品的质量，维护对外贸易有关各方的合法权益，促进对外经济贸易关系的顺利发展。

2）进出境动植物检疫制度

进出境动植物检疫制度是根据《中华人民共和国进出境动植物检疫法》及其实施条例的规定，海关总署及其口岸出入境检验检疫机构对进出境动植物、动植物产品的生产、加工、存放过程实行进出境动植物检疫的监督管理制度。其目的是防止动物传染病、寄生虫病和植物危险性病、虫、杂草以及其他有害生物传入、传出国境，保护农、林、牧、渔业生产和人体健康，促进对外经济贸易发展。

3）国境卫生监督制度

国境卫生监督制度是出入境检验检疫机构根据《中华人民共和国国境卫生检疫法》和《中华人民共和国食品安全法》及其实施细则以及国家其他的卫生法律、法规和卫生标准，在进出口口岸对出入境的交通工具、货物、运输容器以及口岸辖区的公共场所、环境、生活设施、生产设备所进行的卫生检查、鉴定、评价和采样检验的制度。其目的是防止传染病由国外传入或者由国内传出，实施国境卫生检疫，保护人体健康。其监督职能主要包括：进出境检疫、国境传染病监测、进出境卫生监督等。

3. 检验检疫在国际物流中的作用

国际物流运作中与检验检疫密切相关的环节是包装和信息处理。例如《出境危险货物运输包装使用鉴定结果单》，可以用来证明危险货物的包装容器是否适当、包装外观是否清洁、包装标识是否正确、包装容器是否出现撒漏等。再如，检验检疫部门出具的各种《出入境检验检疫证书》，是检验检疫人员通过对企业的日常检验监管和抽样检测，符合相关要求后出具的产品合格证明，用来证明国际货物是否符合进口国法律法规和相关标准的要求。可见，检验检疫部门对国际货物的检验鉴定是国际物流业务中的关键环节，其所出具的各类合格证明文件表明了产品的合格信息，证书具有权威性和公正性，一旦出具，检验检疫部门及相关责任人就要承担义不容辞的责任和不可避免的风险。

二、检验检疫的内容

1. 法定检验检疫

法定检验检疫是我国检验检疫机构的第一项职责。凡列入出入境检验检疫机构实施检验检疫的进出境商品目录的进出口商品和其他法律、法规规定须经检验的进出口商品，必须经过出入境检验检疫部门或其指定的检验机构检验。

2. 进出口商品检验

进出口商品检验包括一般进出口商品检验、进口废物原料装运前检验、旧机电产品装运前检验和出口危险货物运输包装检验等。

3. 动植物检疫

动植物检疫的范围包括：进境、出境、过境的动植物、动植物产品和其他检疫物；装载动植物、动植物产品和其他检疫物的装载容器、包装物、铺垫材料；来自动植物疫区的运输工具；入境拆解的废旧船舶；有关法律、行政法规、国际条约规定或者贸易合同约定应当实施进出境动植物检疫的其他货物、物品，由检验检疫部门依法实施动植物检疫。

4. 卫生检疫和食品卫生监督检验

出入境检验检疫部门统一负责对出入境人员、交通工具、集装箱、行李、货物、邮包等实施医学检查和卫生检查。进口食品、食品添加剂、食品容器、包装材料、食品用工具及设备须向检验检疫机构申报并接受卫生监督检验，检验合格后方准进口。

5. 进口商品认证管理

国家对涉及人类健康、动植物生命和健康，以及环境保护和公共安全的产品实行强制性认证制度。列入《强制性产品认证目录描述与界定表》（2023年修订）内的商品，必须经过指定的认证机构认证合格，取得指定认证机构颁发的认证证书，并加施认证标志后方准进口。

6. 出口商品许可证管理

国家对重要出口商品实施质量许可制度。出入境检验检疫部门单独或会同有关主管部门共同负责发放出口商品质量许可证的工作，未获得质量许可证的商品不准出口。检验检疫部门对机械、电子、轻工、机电、玩具、医疗器械、煤炭等类商品实施出口产品质量许可制度。

7. 注册登记和备案登记

国家对部分涉及安全卫生、环境保护、人身健康安全的有关出入境货物和与之有关的专用场所设定了注册登记审批制度。如国家对出口的食品及其生产企业实施卫生注册登记制度。实施卫生注册登记制度的出口食品生产企业，应向检验检疫机构申请卫生注册登记，取得登记证书后，方可生产、加工、储存出口食品。

三、报关概述

1. 报关的含义

报关是指进出口货物收发货人、进出境运输工具负责人、进出境物品的所有人或者代理人向海关办理货物、物品或运输工具进出境手续及相关海关事务的过程。

2. 报关的范围

报关的范围包括：进出境运输工具报关、进出境货物报关和进出境物品报关。

（1）进出境运输工具，主要包括用以载运人员、货物、物品进出境，并在国际运营的各种境内外船舶、车辆、航空器等。

（2）进出境货物，包括所有进出境货物以及一些特殊形态的货物，如以货品为载体的软件等也在报关范围之内。

（3）进出境物品，主要包括进出境的行李物品、邮递物品和其他物品。其他物品主要包括暂时免税进出境物品、享有外交特权和豁免的外国机构或者人员进出境物品等。

3. 报关监管制度

报关的法律依据以《海关法》《关税法》为核心，整合《国境卫生检疫法》《进出口商品检验法》等多部法律，形成综合监管制度。进出口收发货人或报关企业需预先向海关备案方可申报。报关企业需满足独立法人资格、固定场所、合格报关员等条件。

四、国际货物报关

一般进出口货物的报关程序可分为四个基本环节：申报→查验→征税→放行。

1. 进出口申报

1）申请

在一般情况下，进出口货物收发货人或其代理人在申报前需备齐报关单证，包括合同、发票、装箱单、提单、许可证等。申报主体通过中国电子口岸等系统录入报关数据，提交电子报关单，并对报关单内容的真实性、准确性、完整性和规范性承担法律责任。目前报关主要采用电子报关单，纸质报关单需经海关同意，两者效力等同。

2）申报期限

进口货物的申报期限为自装载货物的运输工具申报入境之日起14日内。出口货物需在货物运抵海关监管区后，装货前24小时完成申报。

3）申报单证

准备申报单证是整个报关工作能否顺利进行的关键一步。申报单证可以分为报关单和随附单证两大类，其中随附单证包括基本单证和特殊单证。

2. 查验

海关查验是指海关为确定进出境货物收发货人向海关申报的内容是否与进出口货物的真实情况相符，或者为确定商品的归类、价格、原产地等，依法对进出口货物进行实际核查的执法行为。查验应在海关监管区内实施，不宜在监管区内实施查验的，可书面申请区外查验。查验方法可以彻底查验，也可以抽查。自行查验是指海关在进出口货物收发货人或其代理人不在场的情况下，自行开拆货物进行查验。但海关应通知货物存放场所的管理人员或其他见证人到场，并由其在海关的查验记录上签字。

3. 征税

海关根据国家有关政策、法规对进出口货物征收关税及进口环节的税费。进出口货物除国家另有规定外，均应征收关税。关税由海关依据《中华人民共和国进出口税则》征收。我国对进口货物除征收关税外，还要征收进口环节增值税，少数商品要征收消费税。根据国家法律规定，上述两种税款应由税务机关征收。为简化征税手续，方便货物进出口，同时又可有效地避免货物进口后另行征收可能造成的多征，国家规定进口货物的增值税和消费税由海关在进口环节代税务机关征收。

4. 海关放行

对进出口货物的放行是海关对进出口货物进行现场监管的一项工作，也是口岸海关通关程序的最后一个环节。除海关特准外，进出口货物在收发货人缴清税款或提供担保后，由海关签印放行。海关完成进出境现场放行和货物结关手续后，由海关签发进口付汇证明、出口收汇证明、出口收汇核销单、出口退税证明、进口货物证明书等报关单证。

第三节 国际货物运输

一、国际货物运输系统

国际物流运输是指国际货物在国家与国家、国家与地区之间的运输，它包括国际贸易物资运输和非国际贸易物资运输。由于国际货物运输主要是国际贸易物资运输，非贸易物资的运输往往只是物流企业的附带业务，所以国际货物运输又称国际贸易运输，简称外贸运输。

货物运输按照运输工具及运输设备的不同可分为海洋运输、铁路运输、航空运输、公路运输和管道运输等几种方式，此外还有集装箱运输、国际多式联运和大陆桥运输等不同的分类方法。各种运输方式有其自身的特点，并且分别适合于运输不同距离、不同形式、不同运费负担能力和不同时间需求的物品。国际运输最常用的运输方式是海洋运输，其次是航空运输。

二、国际海洋运输

海洋运输是国际贸易中最主要的运输方式。我国对外贸易货物运输中大多数是通过海洋运输的。海洋运输具有运量大、运费低廉、不受道路和轨道限制等优点，具体又可分为班轮运输和租船运输。

1. 班轮运输

班轮运输又称定期船运输，是指在一定的航线上，按照公布的船期表，以既定挂靠港口顺序进行规则的、反复的航行和运输的船舶营运方式。班轮运输的特点可归纳为"四固定一负责"：固定航线、固定挂靠港口、固定船期、相对固定的运输费率和负责装卸货。"四固定一负责"为交易双方制定交货条款、掌握交接货时间、安排货物运输等提供了必要依据。班轮运输是目前海运货物的主要形式，特别是传统件杂货运输和集装箱运输基本采用班轮运输，这是因为该营运方式给交易双方带来了巨大的便利。

2. 租船运输

租船运输又称不定期船运输，是相对于班轮运输而言的另一种方式。与班轮运输不同，租船运输没有固定的船期表，也没有固定的航线和挂靠港口，运输时间、货物种类、航线、经停港等都要以船舶所有人与承租方根据事先签订的租船合同为依据。租船运输主要适用于大宗散货的运输，如谷类、油类、矿石、煤炭、木材、砂糖、化肥等，其营运费用开支取决于不同的租船方式，船舶租金的高低视当时的世界经济、政治状况及船舶运力供求变化而定，船舶所有人与承租人之间的权利与义务也根据不同当事双方而有所不同。

三、国际航空运输

航空运输是一种现代化的运输方式，与海洋运输及铁路运输相比，航空运输具有交货迅速、货运质量高、不受地面条件限制等优点，适用于易腐商品、鲜活商品、季节性强的商品以及贵重物品的运送。随着国际贸易的发展和人们对商品运输在质量和时间要求上的提高，航空运输方式正日趋普遍。航空运输业务中，航空公司只负责货物由起飞机场至降落机场的空中运输，而航空货运公司负责从发货人处的揽货、订舱、报关以及货到目的站后的接货、报关、拨交等业务。航空货运公司可以是货主的代理，也可以是航空公司的代理，也可以两者兼而有之，如我国的中国对外贸易运输总公司即同时是中国民航的代理和各进出口公司的代理。由航空公司和航空货运代理公司签发的航空运单法律效力是相同的。国际航空运输方式有班机运输、包机运输、集中托运和航空急件四种。

四、国际陆上运输

1. 国际铁路运输

铁路运输是国际贸易运输中仅次于海洋运输的运输方式。铁路运输本身不仅可承担跨越国界的货物运输，也可为海洋运输提供货物集散。铁路运输具有运量大、连续性强、安全性高、不受气候影响等优点，而且铁路运输手续相比海洋运输更简单。

我国的铁路国际货运按照业务类型可分为整车货物运输、零担货物运输、集装箱货物运输、货物随旅客列车挂运（图 12–1）。

图 12–1   国际铁路运输业务种类

2. 国际公路运输

公路运输是陆上运输的基本方式之一，它不仅可直接进行国际贸易运输，而且也为海洋运输、铁路运输、航空运输等运输方式起到良好的辅助、连接作用。公路运输具有机动灵活、速度快、简捷方便和可延伸至内陆各地区的优点，是我国和周边国家贸易的主要运输方式。借助与周边国家相通的公路进行运输，不仅缩短了运输距离、节省了费用，而且促进了边境贸易的发展。我国与周边国家的贸易也有部分是通过公路完成的。特别是在集装箱日益普及的情况下，"门到门"服务使公路运输体现出灵活性与便捷性。公路运输也存在一些不足之处，如载货量有限、运输成本高、运输风险较大。

载货汽车种类繁多，不同的车型具有不同的特点和使用范围。根据有关规定，从结构上划分，有厢式、罐式、集装箱式三类车型可以用于国际道路运输。以上从事国际道路运输的车辆，需要在外廓尺寸、最大允许总质量、性能、配置等方面满足规定要求。

五、国际物流保险

国际货运保险是为货物在运输过程中可能遭受的损失或损坏提供风险保障的金融工具，涵盖海运、空运、陆运及多式联运等。海运保险主要适用"一切险"、

"水渍险"和"平安险"等，承保范围包括自然灾害、意外事故及共同海损；空运保险通常采用"航空运输一切险"，重点保障起飞降落阶段的货物风险；陆运保险则针对公路或者铁路运输中的碰撞、倾覆等事故设计专项条款。多式联运保险需明确"仓至仓"责任期间，衔接不同运输区段的承保范围。

第四节　跨境电商物流

一、跨境电商的概念

跨境电商也称跨境电子商务，是指分属不同关境的交易主体，通过电子商务平台达成交易、进行支付结算，并通过跨境物流送达商品、完成交易的一种国际商业活动。跨境电商产业链涉及的主体和基本的运作流程如图 12-2 所示。

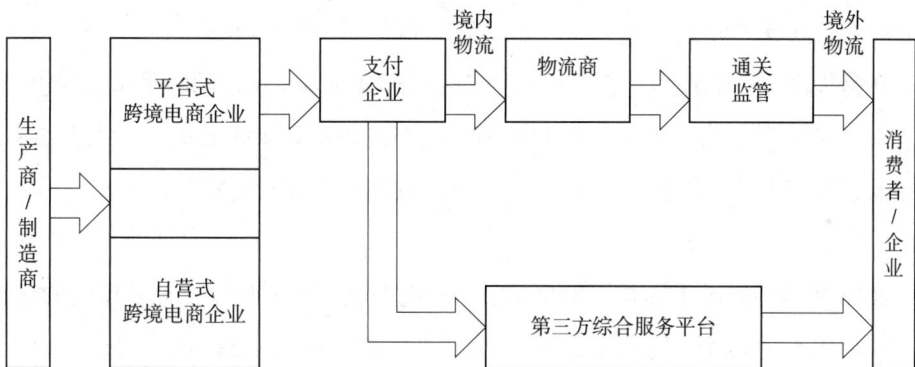

图 12-2　跨境电商产业链的主体和基本的运作流程

跨境电商作为一种国际贸易新业态，是将传统国际贸易进行网络化、电子化的新型贸易方式，以电子技术和物流为手段，以商务为核心，把原来传统的销售、购物渠道转移到互联网上，打破国家和地区间的壁垒，减少各类中间环节，从而实现贸易全球化、网络化。

跨境电商不仅冲破了国家间的障碍，使国际贸易走向无国界贸易，同时它也正在引起世界经济贸易的巨大变革。对企业来说，跨境电商构建的开放、多维、立体的多边经贸合作模式，极大地拓宽了进入国际市场的路径，大大促进了多边资源的优化配置与企业间的互利共赢。对于消费者来说，可以容易地获取其他国家的信息并买到物美价廉的商品。

二、跨境电商的发展历程

跨境电商的发展大体经历了四个阶段。

1. 跨境电商 1.0 阶段

跨境电商 1.0 阶段的主要商业模式是 1999 年之后开始的网上展示、线下交易的外贸信息服务时期。第三方平台的主要功能是为企业信息以及产品提供网络展示平台，并不在网络上涉及任何交易环节，其盈利模式主要是通过向进行信息展示的企业收取会员费（如年服务费）。在跨境电商 1.0 阶段发展过程中，也逐渐衍生出竞价推广、咨询服务等为供应商提供一条龙的信息流增值服务。

2. 跨境电商 2.0 阶段

2004 年，随着敦煌网的上线，跨境电商 2.0 阶段来临。这个阶段，跨境电商平台开始摆脱纯信息黄页的展示业务，将线下交易、支付、物流等流程实现电子化，逐步实现在线交易。B2B 平台模式成为跨境电商主流模式，通过直接对接中小企业商户实现产业链的进一步缩短，提升商品销售利润空间。

在跨境电商 2.0 阶段，第三方平台实现了营收的多元化，同时采用后置收费模式，将会员收费改为以收取交易佣金为主，即按成交效果来收取百分点佣金；同时还通过平台上的营销推广、支付服务、物流服务等获取增值收益。

3. 跨境电商 3.0 阶段

2013 年成为跨境电商重要转型年，跨境电商全产业链出现了商业模式的变化。随着跨境电商的转型，跨境电商 3.0 "大时代"随之到来。跨境电商 3.0 具有大型工厂上线、B 类买家成规模、中大额订单比例提升、大型服务商加入和移动用户量爆发等特征。用户群体由草根创业向工厂、外贸公司转变，且具有极强的生产设计管理能力。平台销售产品由网商、二手货源向一手货源优质产品转变。

4. 跨境电商 4.0 阶段

2018 年《中华人民共和国电子商务法》正式通过，对跨境电商等电商平台进行法律监督和指导，完善监管流程和制度，促进行业走向程序化、规范化。另外，各地政府也在加快跨境电商综试区建设力度，跨境电商在全球范围内发展态势良好。2022 年国内电商平台纷纷出海，跨境电商迎来了新的发展高峰，进入了全面出海的新时代。

近 30 年的沉淀，使跨境电商在业态、技术和产业链上不断创新和延伸。从早期的外贸工厂到泛品铺货，再到精品模式，直至今日的品牌深耕期，全链路数字化水平和产品迭代速度成为重要竞争力。

三、跨境电商的业务分类

跨境电商涉及交易对象、交易渠道、货物流通、监管方式、资金交付、信息和单据往来等多个方面，业务分类也有不同的划分方法。

1. 按照交易对象划分

1）B2B

B2B（business to business）是指企业与企业之间通过专用网络或互联网，进行数据信息的交换、传递，开展交易活动的商业模式。跨境 B2B 即企业与企业之间的跨境电商，主要用于企业之间的采购与进出口贸易等，以广告和信息发布为主，相关流程在线下即可完成，本质上仍然属于传统贸易。目前，中国跨境电商市场交易规模中 B2B 占 90% 以上。在跨境电商市场中，企业级市场始终处于主导地位。在 B2B 跨境电商模式下，我国很多企业进行创新尝试和运作，代表企业有敦煌网、中国制造网、阿里巴巴国际站、环球资源网等。

2）B2C

B2C（business to customer）是指企业通过互联网为消费者提供一个新型的购物环境——网上商店，消费者通过网络进行网上购物、网上支付等消费行为，即直接面向消费者销售产品和服务的商业模式。跨境 B2C 即企业与消费者个人之间的跨境电商，主要用于企业直接销售或者消费者全球购活动，以销售个人消费品为主。在 B2C 跨境电商模式下，世界范围内比较著名的代表企业有速卖通、亚马逊、兰亭集势、米兰网、大龙网等。

3）C2C

C2C（consumer to consumer）是指消费者与消费者之间的交易模式。跨境 C2C 即不同消费者个人之间的跨境电商，主要用于消费者之间的个人拍卖等行为。在 C2C 跨境电商模式下，比较具有代表性的企业有 eBay 等。

2. 按照货物进出口方向划分

1）出口跨境电商

出口跨境电商是指本国生产或加工的商品通过电子商务平台达成交易以及支付结算，并通过跨境物流运送商品进入国外市场销售的一种国际商业活动。

2）进口跨境电商

进口跨境电商又称入境电子商务，是指将外国商品通过电子商务平台达成交易以及支付结算，并通过跨境物流将商品输入本国市场销售的一种国际商业活动。

本章小结

本章首先介绍了国际物流的含义与特点，以及系统构成要素；其次辨析了国际物流与国际贸易的关系，详细阐述了国际物流的发展趋势；再次介绍了国际报检与通关的概念，并分析了检验检疫的主要内容，梳理了报关的步骤和流程；然后介绍了国际海运、陆运、空运三种运输方式的物流服务业务；最后介绍了以上三种运输方式的跨境电商物流知识，列举了常见的跨境电商物流业务类型。

即测即练

复习思考题

1. 国际物流的发展趋势包括哪些方面？

2. 简述国际物流的特点。

3. 辨析国际物流与国际贸易的关系。

4. 简述国际货物报检的内容。

5. 简述国际海洋运输的分类。

6. 简述国际保险的原则。

第十三章 供应链管理

思维导图

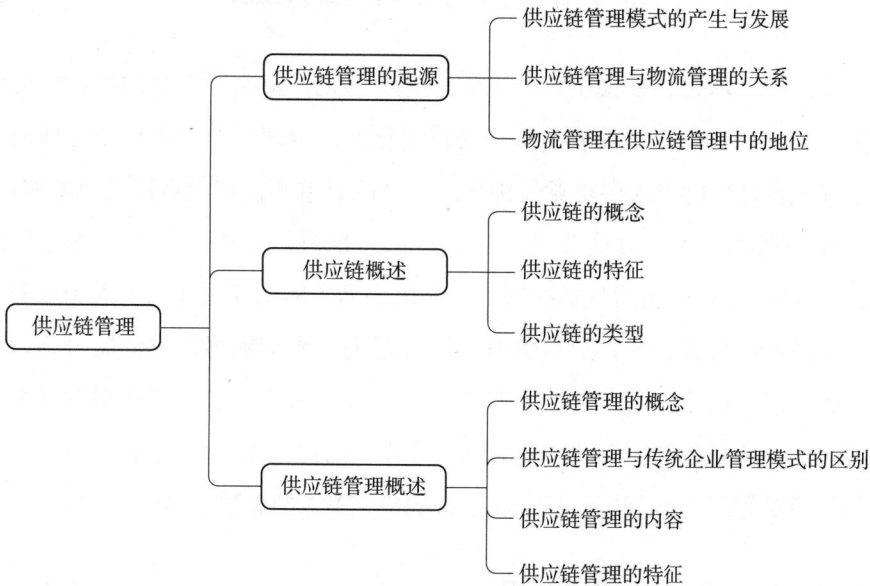

学习目标

1. 了解供应链管理模式的发展、供应链管理与物流管理的关系。

2. 熟悉供应链与供应链管理的概念、类型。

3.掌握供应链管理的内容及特征。

能力目标

1.了解供应链及供应链管理的概念及内容,能自主分析供应链及供应链管理概念中所涵盖的关键点。

2.熟悉供应链及供应链管理的特征和类型,能够将理论知识运用于实践。

3.掌握供应链管理的概念、内容及特征,培养自主学习和创新能力。

导入案例

第一节　供应链管理的起源

随着经济全球化和社会生产分工的进一步细化,企业所面临的经营环境已不再是单一的、确定的市场环境,而是快速变化的、全球性的竞争环境,任何企业都难以仅凭自己的能力来谋求竞争优势。产品的日益丰富和更新换代速度的加快,使得产品制造不得不放弃先生产、后销售的"推式"生产,而是采用订单式的"拉式"生产。生产周期的日益缩短,产品市场需求的快速变化,要求企业对市场变化有快速的响应能力,即要有良好的设计能力、生产能力、物流能力和营销能力。而这全靠自己不仅行不通,而且效率也不高。为此,必须开展横向和纵向的联合与协作,尤其是与上下游企业的纵向合作,由此催生了供应链(supply chain,SC)与供应链管理(supply chain management,SCM)的思想。

一、供应链管理模式的产生与发展

纵向一体化管理模式是指产品的设计和开发、生产、营销与推广、分销与零售等产业链上的各个环节全部由公司来完成的一种运营模式。鉴于纵向一体化管理模式的种种弊端,从20世纪80年代后期开始,首先是美国的一些企业,随后是国际上很多企业放弃了这种经营模式，随之而来的是横向一体化思想的兴起，即利用企业外部资源快速响应市场需求，本企业只抓自己具有核心竞争力的业务，而将非核心业务委托或外包给合作伙伴企业。例如，福特汽车公司的 Fiesta 汽车就是由美国设计，由日本的马自达生产发动机，由韩国的制造厂生产其他零件和装配，最后在美国市场上销售。制造商把零部件生产和整车装配都放在了企业外部，这样做的目的是利用其他企业的资源，促使产品快速上马，避免自己投资带来的基建周期长等问题，赢得产品在低成本、高质量、早上市等诸多方面的竞争优势。横向一体化形成了一条从供应商到制造商再到分销商、零售商的贯穿所有企业的"链"。由于相邻节点企业表现出一种需求与供应的关系，当把所有相邻企业彼此连接起来，便形成了供应链（SC）。这条链上的节点企业必须达到同步、协调运行，才有可能使链上的所有企业都能受益，于是便产生了供应链管理（supply chain management，SCM）这一新的经营与运作模式。

根据相关机构的研究，企业应该将供应职能提高到战略层次的高度来认识，才能有助于降低成本、提高投资回报。创造供应优势取决于建立采购的战略地位，企业和供应商伙伴形成一个共同的产品开发小组。伙伴成员从共享信息上升到共享思想，决定如何和在哪里生产零部件或产品，或者如何重新定义使双方受益的服务。所有企业一起研究和确定哪些活动能给用户带来最大价值，而不是像过去那样由一个企业设计和制造一个产品的绝大部分零件。

由此可见，供应链管理的概念是把企业资源的范畴从过去的单个企业扩大到整个社会，使企业之间为了共同的市场利益而结成战略联盟，因为这个联盟要解决的往往是具体顾客的特殊需要。例如，供应商就需要与顾客共同研究如何满足顾客的需要，还可能要对原设计进行重新思考、重新定位，这样在供应商和顾客之间就建立了一种长期联系的依存关系。供应商以满足顾客、为顾客服务为目标，顾客当然也愿意依靠这个供应商，当原来的产品用完或报废需要更新时，还会找同一个供应商。这样，同时借助敏捷制造战略的实施，供应链管理也得到了越来越多企业的重视，成为当今最有影响力的企业运作模式之一。

供应链管理利用现代信息技术，通过改造和集成业务流程、与供应商及客户建立业务伙伴联盟、实施电子商务，大大提高了企业的竞争力，从而使企业在复杂的市场环境下立于不败之地。根据有关资料，供应链管理的实施可以使企业总成本下降 10%，供应链上的节点企业按时交货率提高 15% 以上，订货—生产的时间缩短 25%~35%，供应链上的节点企业生产率提高 10% 以上，等等。这些数据说明，供应链企业在不同程度上都获得了发展，其中以订货—生产的时间缩短最为明显。能取得这样的成果，完全得益于供应链企业的互相合作、互相利用对方资源的经营策略。采用供应链管理模式，可以使企业在最短时间内寻找到最好的合作伙伴，用最低的成本、最快的速度、最好的质量赢得市场，而且受益的不止一家企业，而是一个企业群体。

21 世纪的竞争不是企业和企业之间的竞争，而是供应链与供应链之间的竞争，那些在零部件制造方面占有独特优势的中小型供应商企业，将成为大型的装配主导型企业追逐的对象。

二、供应链管理与物流管理的关系

物流管理与供应链管理在存在基础、管理模式、导向目标、管理层次以及管理手段等方面都存在较大的差别，但从管理上来说，物流管理是供应链管理的一个子集或子系统，同时也是供应链管理的核心内容。物流管理以现代信息技术为支撑，主要通过行政指令或指导，运用战术决策和计划协调管理各物流功能；供应链管理则以信任和承诺为基础，以资本运营为纽带，以合同与协议为手段，建立战略伙伴关系，运用现代化的信息技术，通过流程化管理，实现信息共享、风险共担和利益共存。供应链管理比物流管理更宽泛，是包括物流、市场营销、产品研发与设计等在内的所有业务流程的管理，其目的在于追求整个供应链系统的成本最低化、服务最优化及客户价值最大化；而物流管理则是集中于货物、服务及相关信息有效率、有效益地储存与流动的计划、实施与控制的过程，是供应链管理的一部分，其目的是通过物流这一子系统的最优化为供应链整体作出贡献。

三、物流管理在供应链管理中的地位

面对全球竞争的加剧、客户要求的提高以及能否获得原材料的不可预测性，企业被迫采取一系列新的生产过程并实施不同的制造战略。同时，制造商也意识到提高整个供应链管理，即从快速交货以及缩短从产品订购到支付款项的周转时间，才是企业提高竞争力的最佳手段。一般认为，供应链是物流、信息流、资金流三流的统一体，因此，物流在供应链管理中起着重要作用。

现代企业生产方式的转变，即从大批量生产转向精细的准时生产，这时的物流（包括供应与采购）都需要相应转变运作方式，实行准时供应和准时采购。另外，顾客需求的瞬时化，要求企业能以最快的速度把产品送到用户手中，以提高企业快速响应市场的能力。这些都要求企业的物流系统具有协调运作的能力，以提高供应链的敏捷性和适应性。物流管理在供应链中发挥的作用具体表现在：①创造客户价值，降低客户成本。②协调制造活动，提高企业敏捷性。③提供客户服务，塑造企业形象。④提供信息反馈，协调供需矛盾。

因此，只有建立高效、敏捷的供应链物流系统，才能达到提高企业竞争力的目的。供应链管理是 21 世纪企业的核心竞争力，而物流管理是供应链管理的主要构成部分。

第二节　供应链概述

一、供应链的概念

国内外学者对供应链和供应链管理的解释与其专业背景有关。比较多地是从物流的角度去阐释，毕竟供应链与物流关系密切。比如，美国的史蒂文斯（Stevens）认为通过增值过程和分销渠道控制从供应商的供应流到用户的用户流就是供应链，它开始于供应的起点，结束于消费的终点。哈里森（Harrison）将供应链定义为，供应链是执行采购原材料，将其转换为中间产品和成品，并将成品销售到最终用户的功能网链。美国供应链管理专业协会将供应链定义为，供应链是指涵盖从原材料供应商经过开发、加工、生产、批发、零售等过程，到达用户的最终产品或服务的形成和交付的每一项业务活动。我国国家标准《物流术语》（GB/T 18354—2021）对供应链的定义是：生产及流通过程中，围绕核心企业的核心产品或服务，由所涉及的原材料供应商、制造商、分销商、零售商直到最终用户等形成的网链结构。

按照上述供应链的定义，供应链的网络模型如图 13-1 所示。

从图 13-1 可以看出，供应链由所有加盟的节点企业组成，其中一般有核心企业（可以是产品制造商、大型零售商甚至是大型第三方物流企业），节点企业在需求信息的驱动下，通过供应链的职能分工与合作（生产、销售、零售等），以资金流、物流、服务流为媒介实现整个供应链的不断增值。

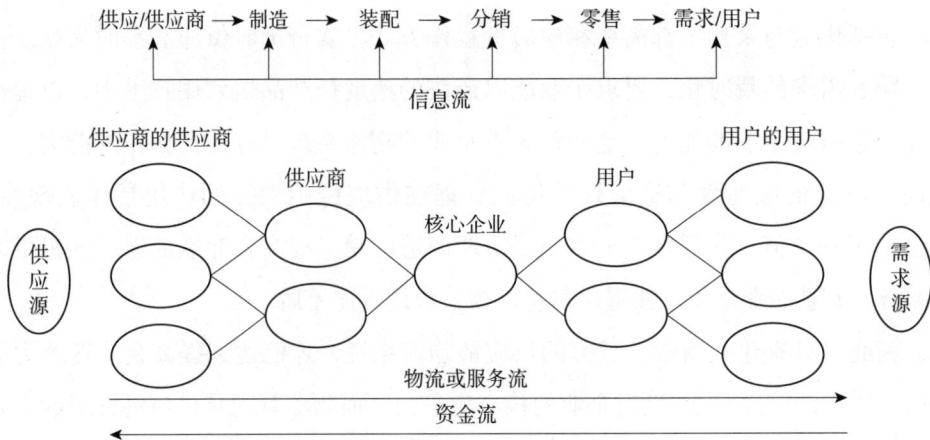

图 13-1 供应链网络模型

二、供应链的特征

由供应链的结构模型可以看出，供应链是一个网链结构，由围绕核心企业的供应商、供应商的供应商和用户、用户的用户组成。每一个企业都是供应链网链上的一个节点，上游节点企业（供方）和下游节点企业（需方）之间是一种需求与供应关系。由用户需求拉动，能高度一体化地提供产品和服务，每个节点代表一个经济实体及供需的两个方面。供应链的特征主要有以下几点：

1. 增值性

所有的生产运营系统都将一些资源进行转换和组合，增加适当的价值，然后把产品"分送"到在产品的各传送阶段可能被考虑到或忽视的顾客手中。

2. 整合性

供应链本身是一个整体合作、协调一致的系统。它由多个为了一个共同的目的或目标，协调运作、紧密配合的合作者组成。

3. 复杂性

因为供应链节点企业组成的跨度（层次）不同，不少供应链是跨国、跨地区和跨行业的组合，所以供应链结构模式相较于一般单个企业的结构模式更为复杂。

4. 虚拟性

供应链的虚拟性主要表现在它是一个协作组织。这种组织以协作的方式组合在一起，依靠信息网络的支撑和信任关系，为了共同的利益强强联合、优势互补、协调运转。供应链犹如一个虚拟的强势企业群体，在不断地优化组合。

5. 动态性

供应链的出现是为了满足企业战略适应市场需求变化的需要。供应链中的企业都是在众多企业中筛选出来的合作伙伴，合作关系是非固定性的，需要随目标的转变而转变，随服务方式的变化而变化。无论是供应链结构，还是其中的节点企业，都需要动态地更新，这就使供应链具有明显的动态性。

6. 交叉性

交叉性是指供应链中的企业既可以是这个供应链的成员，也可以同时是另一个供应链的成员。众多的供应链形成交叉结构，增加了协调管理的难度。

从供应链的上述定义出发，可以得出供应链的几个关键特征：

（1）凡是供应链都围绕一个核心企业。所谓的供应商、销售商都是对它而言的。所谓的链都从这个关键节点出发上传和下延，可分别称为上游和下游供应链。关注供应链，关注的是它的外部，而不是内部。

（2）凡供应链都是横跨企业内多个部门和企业间的，因此供应链从其结构而言，是一个供应网链。物品在跨越供应链中的企业时必有一个增值过程，故又称增值链。由此，企业内部的供应链因不单独计算增值，一般不属于供应链研究的范畴，可称"供应关系"，以示区别。

（3）凡供应链都有一个整体目的或宗旨。任何一个供应链的建立都有一个共同的目的或宗旨，就是要以更高的效率和效益达到整体最优。其中，核心企业的最优是优化的出发点。对一个长期合作的、稳定的供应链而言，整体最优是通过核心企业上传和下延实现的。

三、供应链的类型

根据不同的划分标准，可以将供应链分为以下几种类型。

1. 稳定型供应链和动态型供应链

根据供应链的稳定性，可以将供应链分为稳定型供应链和动态型供应链。基于相对稳定、单一的市场需求而组成的供应链，稳定性较强；而基于频繁变化、复杂的需求组成的供应链，动态性较强。在实际管理运作中，应根据不断变化的需求，相应地改变供应链的组成。

2. 平衡型供应链和失衡型供应链

根据供应链综合能力与用户需求的关系，可以将供应链分为平衡型供应链和失衡型供应链（图 13-2）。每一个供应链在一定时期，具有一定的、相对稳定的设备容量和生产能力（所有节点企业能力的综合，包括供应商、制造商、运输商、分销商、零售商等），但用户需求处于不断变化的过程中。当供应链的容量能满足用户需求时，供应链处于平衡状态，各项技术经济指标可以达到比较良好的状态；而当市场需求变化加剧，造成供应链成本增加、库存增加、浪费增加等现象时，企业不是在最优状态下运作，供应链则处于失衡状态。

平衡型供应链可以实现各主要职能（包括采购、生产、分销、市场和财务）之间的均衡，如采购方面实现低采购成本，生产方面实现规模效益，分销方面实现低运输成本，市场方面实现产品多样化，财务方面实现资金快速周转。

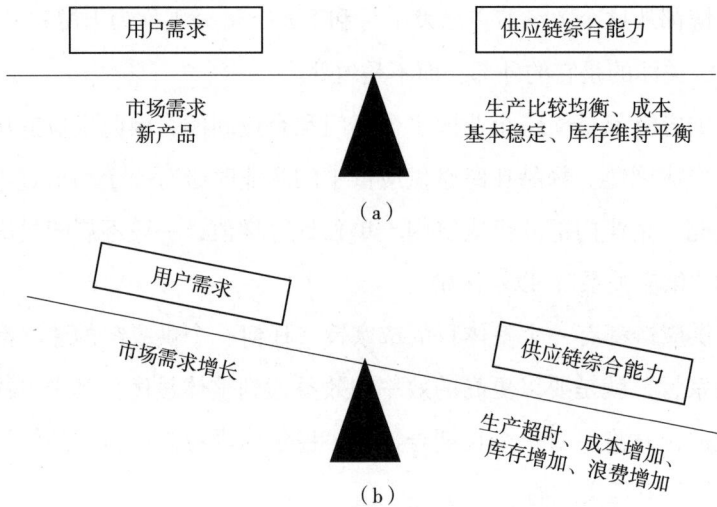

图 13-2　平衡的供应链与失衡的供应链
（a）平衡的供应链；（b）失衡的供应链

3. 有效型供应链和反应型供应链

根据供应链的功能模式，可以把供应链分为有效型供应链和反应型供应链。有效型供应链主要体现供应链的物理功能，即以最低的成本将原材料转化为零部件、半成品、成品，并进行采购、生产、存储和运输等；反应型供应链主要体现供应链的市场中介功能，即把产品分配到满足用户需求的市场，对未预知的需求做出快速反应等，在供应链运营中以反应速度为导向。两种类型供应链的特点比较见表 13-1。

表 13-1 有效型供应链和反应型供应链

比较项目	有效型供应链	反应型供应链
主要目标	需求的可预测性，以最低生产成本满足需求	快速响应不可预测的需求，减少过期库存产品的减价损失
制造过程的重点	维持制造资源的高利用率	消除多余的缓冲能力
库存战略	追求高回报，力争供应链上成员的保留库存最小	消除大量的零部件和产品库存
提前期	在不增加成本的前提下缩短提前期	采取主动措施缩短提前期
选择供应商的方法	选择的主要依据是成本和质量	选择的主要依据是速度、柔性和质量
产品设计战略	绩效最大、成本最小	使用模块化设计，尽量延迟产品差异化

4. 推式供应链与拉式供应链及其结合的供应链系统

根据供应链的推动力来源及供应链总体供给和需求之间的关系，可分为推式供应链和拉式供应链。

（1）推式供应链是从原材料到成品、市场直至客户端的管理（图 13-3）。

图 13-3 推式供应链

（2）拉式供应链是以客户满意度为中心的管理，以客户需求为原动力的管理（图 13-4）。

图 13-4 拉式供应链

（3）"推-拉"结合的供应链系统。拉式供应链主张的是快速响应客户的需求，推式供应链更多的是供应链上游供应商一端以预测驱动生产和供应，推动式与拉动式的接口处为"推-拉"结合的分界点（图 13-5）。

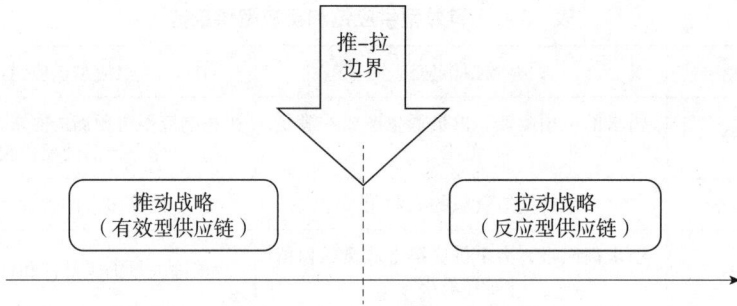

图 13-5 "推 – 拉"供应链分界线

以戴尔计算机为例，虽然其需求具有较高的不确定性，规模效益也不十分突出，理论上应当采取拉动战略，但实际上戴尔计算机并没有完全采取拉动战略，否则，它的成本会非常高。戴尔计算机的组装完全是根据最终顾客的订单进行的，此时它的运作管理是典型的拉动战略。但戴尔计算机的零部件供应商是按中长期预测进行生产并制定供应决策的，执行推动战略。也就是说，供应链的推式运作模式是在装配之前，而供应链的拉式运作模式则出现在装配点之后，并按用户的配置需求装配计算机。因此这是一种上游企业（如供应商）采用推动模式、下游企业采用拉动模式的混合供应链战略。这种战略既保证了对用户定制需求的响应速度，也使供应链的运作成本达到最低。

第三节   供应链管理概述

一、供应链管理的概念

供应链管理的概念始于 20 世纪 80 年代初，其真正快速发展却是在 90 年代后期。尽管供应链管理概念产生的时间不长，但是由于国际上一些著名的企业如 IBM 公司、惠普公司、戴尔公司等在供应链管理实践中取得了巨大的成绩，从而使人们更加坚信供应链管理是企业适应全球竞争的一种有效途径，因而吸引了众多学者和企业界人士研究和实践供应链管理。

计算机网络的发展进一步推动了制造业的全球化、网络化进程。虚拟制造、动态联盟等制造模式的出现，更加迫切地需要新的管理模式与之相适应。供应链的概念和传统的销售链不同，它已跨越了企业界限，从建立合作制造或战略伙伴关系的新思维出发，从产品生命周期的源头开始考虑产品消费市场，从全局和整体的角度考虑产品竞争力，使供应链从一种运作性的竞争工具上升为一种管理性的方法体系，这就是供应链管理提出的实际背景。

全球供应链论坛将供应链管理定义为：供应链管理是从最终用户到最初供应商的所有为客户及其他投资人提供价值增值的产品、服务和信息的关键业务流程的一体化。

美国供应链管理专业协会认为，供应链管理贯穿于整个渠道，包括管理供应与需求、原材料与零部件采购、制造与装配、仓储与存货跟踪、订单录入与管理、分销及向顾客交货。

我国国家标准《物流术语》（GB/T 18354—2021）对供应链管理的定义是：从供应链整体目标出发，对供应链中采购、生产、销售各环节的商流、物流、信息流及资金流进行统一计划、组织、协调、控制的活动和过程。

供应链管理代表的不仅仅是某种管理方法，而是一整套管理理念。供应链管理能够帮助企业在全球市场上取得成功，分享信息和共同计划可以使整体物流效率得到提高。

二、供应链管理与传统企业管理模式的区别

管理模式是一种系统化的指导与控制方法，企业通过它把人、财、物和信息等资源高质量、低成本、快速及时地转换为市场所需要的产品和服务。传统企业管理采用的策略是：扩大自身规模；参股供应商企业，为其提供原材料、半成品或零部件；扩大经营业务领域；等等。这就是人们常说的纵向一体化管理模式。面对当前科技迅速发展、知识更新加速、竞争日趋激烈、顾客需求不断变化的新形势，纵向一体化模式已经暴露出种种缺陷，如增加企业投资负担，因投资建设周期长而丧失市场时机，大而全的格局使企业经常从事不擅长的业务活动，涉及产业面广使企业在各领域都面临众多竞争对手，增大了企业的行业风险等。

供应链管理是一种全新的管理理念及方法，其核心是强调运用集成的思想和理念指导企业的管理行为实践。也就是说，传统管理方式以分工理论为基础，而供应链管理则突出一体化的整合思想。由于集成贯穿了供应链管理活动的全局和整个过程，因而各项管理对象、资源要素可以实现全方位、全范围和全阶段的优化，激发单项优势之间的聚变放大作用，从而最终促进整个管理活动的效果和效率的提高。

由于供应链管理是在知识经济时代诞生的一种新型管理模式，它所面临的管理环境与以往相比截然不同。因此，与工业化鼎盛时期产生的传统企业管理理论相比，供应链管理在研究和处理问题的方法上有很大不同。供应链管理与传统的企业管理模式主要存在以下区别：

（1）传统的企业管理重视劳动分工与专业化，技术与管理的界限分明；供应链管理则重视系统的集成，如设计、制造、销售过程的集成，技术、管理与人的集成等，而不仅仅是节点企业、技术方法等资源简单的连接。

（2）传统的企业管理着重研究企业内部人、物料、设备技术等各项资源的合理配置和有效利用；供应链管理则不仅对企业内部各类资源有效利用，还注重把企业内部条件与外部环境结合起来，对企业外部可用资源也进行有效的利用。

（3）传统的企业管理着重研究人与机器、人与环境的关系，目的在于改善劳动条件，提高体力劳动的工作效率；供应链管理则更加注重人的智力因素与精神因素的作用，强调通过组织结构、工作方式的改变，发挥人的主动性、积极性和创造性，建立一个人机和谐、综合集成的系统。

（4）传统的企业管理方法重物流、轻信息，重过程分解、轻系统优化；而供应链管理则正好弥补了这些缺陷。

（5）供应链管理强调和依赖战略管理。"供应"是整个供应链中节点企业之间事实上共享的一个概念（任意两节点之间都是供应与需求关系），同时它又是一个有重要战略意义的概念，因为它影响甚至决定了整个供应链的成本和市场份额。

（6）供应链管理把供应链中所有节点企业看作一个整体，供应链管理涵盖整个物流从供应商到最终用户的采购、制造、分销、零售等职能领域的过程。

（7）与传统的企业管理相比，供应链管理具有更高的目标，通过管理库存和合作关系以达到高水平的服务，而不是仅仅完成一定的市场目标。

三、供应链管理的内容

随着供应链管理思想的发展，人们开始注意到从整个供应链的角度研究供应链管理的要素问题，即供应链管理到底应该包含哪些要素。到目前为止还没有定论。

通常认为，供应链管理主要涉及六个主要领域：需求管理、计划、物流管理、采购供应、订单交付、逆向物流。由图13-6可见，供应链管理是以同步化、集成化生产计划为指导，以各种技术为支持，尤其以信息技术和网络技术为依托，围绕需求管理、采购供应、生产作业、物流支持、订单交付来实施的，其目标在于提高用户服务水平和降低总的交易成本，并且寻求这两个目标之间的平衡（这两个目标往往有冲突）。

以需求管理、计划、物流管理、采购供应、订单交付及逆向物流这几个领域为基础，可以将供应链管理细分为基本职能领域和辅助职能领域。基本职能领域主要包括产品开发、产品技术保证、采购、制造、生产控制、库存控制、仓储管理、分销管理、市场营销等。而辅助职能领域主要包括客户服务、设计工程、会计核算、人力资源等。

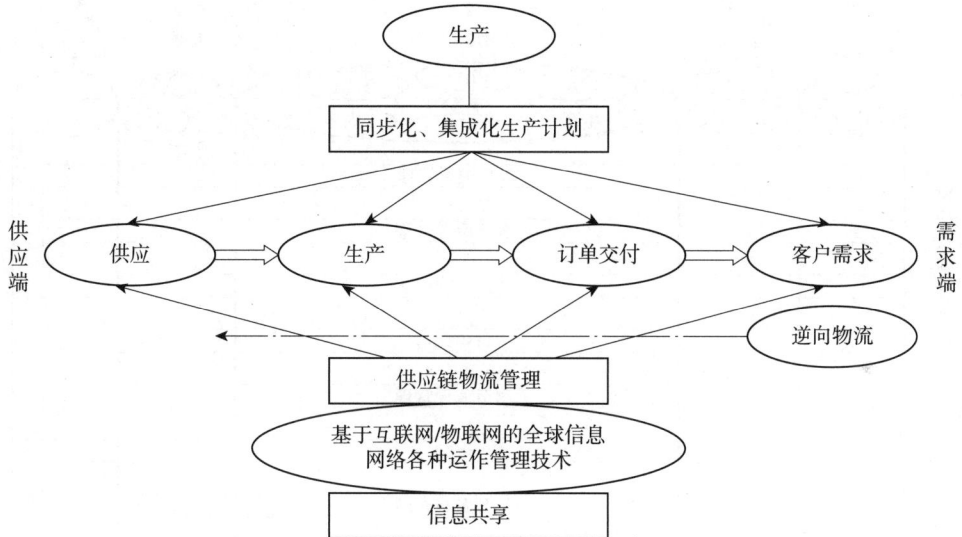

图 13-6 供应链管理涉及的领域

由此可见，供应链管理关心的并不仅仅是物料实体在供应链中的流动，除了企业内部与企业之间的运输问题和实物分销以外，供应链管理还包括以下主要内容：

（1）战略性供应商和用户合作伙伴关系管理。

（2）供应链产品需求预测和需求计划管理。

（3）供应链的设计（节点企业、资源、设备等的评价、选择和布局）与优化。

（4）企业内部各工序与企业之间物料供应与需求同步管理。

（5）基于供应链管理的产品设计与制造管理、生产集成化计划、跟踪和控制。

（6）基于供应链的用户服务和物流（运输、库存、包装等）管理。

（7）企业间资金流管理（融资、汇率、资金使用成本等）。

（8）供应链企业间的信息交互管理等。

供应链管理注重总成本（从原材料到最终产成品的费用）与用户服务水平之间的关系，为此要把供应链各项职能活动有机地结合起来，从而最大限度地发挥出供应链整体的效能，达到供应链企业群体获益的目的。

供应链管理中的业务流程及其构成情况如图 13-7 所示。

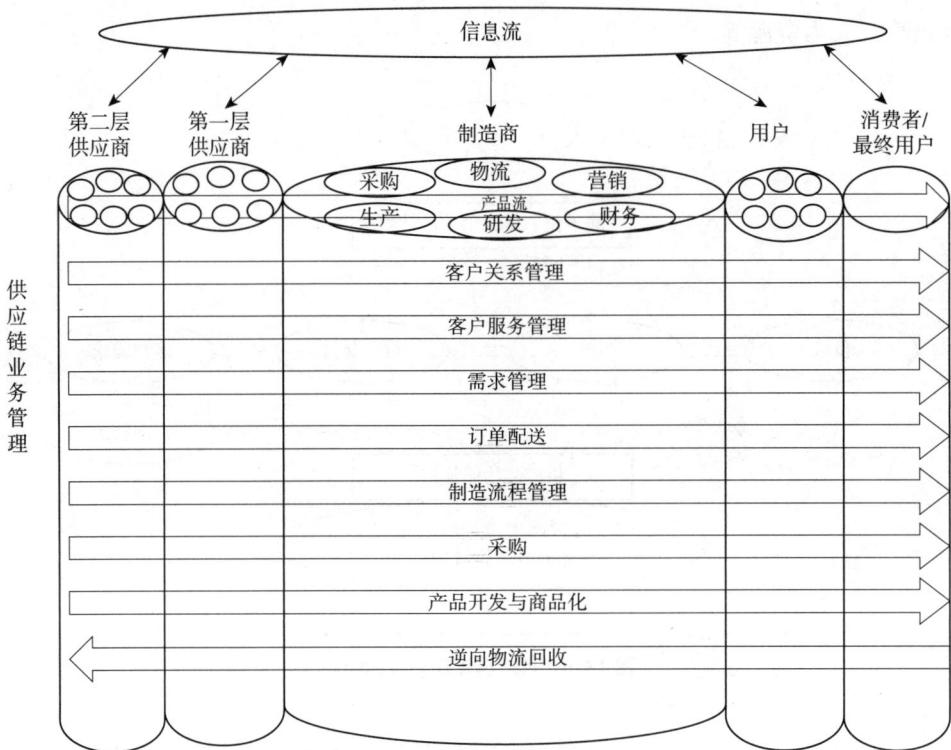

图 13-7　供应链管理流程结构

四、供应链管理的特征

1. 管理目标呈现多元化特征和超常的性质

在传统的管理活动中，管理目标一般是针对现有问题来制定的，设计的管理行为主要着力于最终解决问题，因此管理的目标比较单一，以最终能解决问题为管理的追求。供应链管理的目标则较为复杂，它不仅追求问题的最终解决，而且关注解决问题的方式，要求以最快的速度、最优的方式、最佳的途径解决问题。

这就使管理的目标既有时间方面的要求，也有成本方面的要求，同时还有效果方面的追求。例如，在最合适的时间，将合适的产品，以最低的价格送到合适的消费者手中。这正说明了供应链管理的目标多元化。在供应链管理的各项目标中，有些目标以常规眼光来看是相互矛盾和冲突的。传统管理目标的定位主要是建立在企业自身可以利用的资源基础之上，即企业在确定管理目标时，是以现有的资源条件作为决策依据，强调目标的现实可行性。但在供应链管理中，企业的管理目标却往往较少受到自身资源实力的限制。这是因为通过内外资源的集成使用，企业可以超越自身实力来进行管理目标定位，从而延伸企业的目标，显示出超常的性质。

2. 管理视域极大拓宽

管理视域代表着管理主体行为的活动范围。管理视域越窄，管理行为就越受限制，管理的影响力度也就必然越小。在集成思想指导下，供应链管理的视野得到极大拓宽，过去那种围绕企业内某具体部门、某个企业或某个行业的点、线或面式的管理域，现在已被一种更加开放的全方位、立体式的管理空间所取代。管理的触角已从一个部门伸到了另外一个部门，从企业内伸到了企业外，从本行业伸到了其他相关的诸多行业。总之，管理视域是全方位、立体状的，从而为供应链管理提供了充分自由的运作空间。

3. 管理要素更加多样，包容度大大增加

在过去的管理活动中，人、财、物是基本的管理要素。随着社会科技的进步，一方面，上述管理要素的内容不断演化更新；另一方面，各种新的管理要素大量涌现，各种管理要素的重要性也相继发生转换。由于科技已上升为经济增长的主要推动力量，因而它在管理中的地位也变得至关重要。在供应链管理中，管理要素的种类和范围都比以往有更大的拓展。从人、财、物，到信息、知识、策略等，管理对象无所不包，几乎涵盖了所有的软硬资源要素，因而使管理者的选择余地增大，同时管理难度也进一步加大。尤其需要注意的是，软性要素在供应链管理中的作用日渐重要。由于供应链管理中知识、智力的含量大为增加，在许多情况下，信息、策略和科技等软性要素常常是决定供应链管理成败的关键。

4. 管理系统的复杂性增加，系统边界日益模糊

从本质上来看，企业供应链管理行为既是由企业内在本质所决定的并受企业支配的各项活动的总和，又是随着外界环境的变化而变化并受外在环境影响所作

出的各种决策和对策的反应。供应链管理行为所涵盖的不只是企业内部的技术行为，也是涉及一系列广泛而又复杂的社会经济行为。它融合了宏观与微观、纵向与横向、外部环境与内部要素的交互作用，并且彼此之间形成一个密切相关的、动态的、开放的有机整体。而且，其中的各项要素之间又交织成相互依赖、相互制约、相互促进的关系链，从而使供应链管理行为极其复杂，难以把握。另外，由于供应链管理打破了传统管理系统的边界限制，追求企业内外资源要素的优化整合，即企业的内部资源、功能及优势与外界的可以相互转化、相互利用，形成一种"内部优势外在化、外部资源内在化"的态势，从而使管理的系统边界越来越难以确定。因此，在供应链管理中，必须运用非常规的分析方法，才有可能较好地把握管理系统的内在本质。

本章小结

本章首先介绍了供应链管理模式的产生与发展，物流管理在供应链管理中的地位，供应链管理与现代物流管理的关系；然后讲述了供应链的概念、供应链的特征、供应链的类型；最后讲述了供应链管理的概念，供应链管理与传统企业管理模式的区别，供应链管理的内容，供应链管理的特征。

即测即练

复习思考题

1. 供应链管理与物流管理有何联系与区别？

2. 简述供应链的特征。

3. 有效型供应链与反应型供应链之间的区别？哪种更优？

4. 供应链管理的内容包括哪几个领域？包括哪些内容？

5. 当前，库存还是维系生产与销售的必要措施吗？给出观点和理由。

6. 简述供应链管理的特征以及企业实施供应链管理的原则。

🔍 **思维导图**

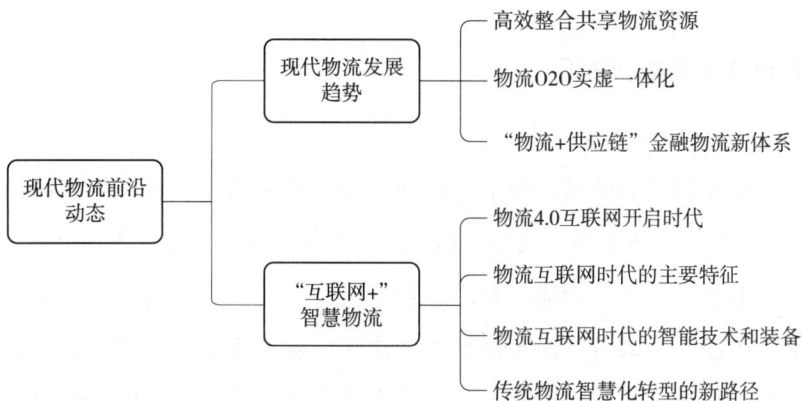

🔍 **学习目标**

1. 了解现代物流的发展趋势。

2. 熟悉"三流合一""物流 + 供应链金融"的物流新体系。

3. 掌握物流互联网时代的智能物流技术和装备。

🔍 **能力目标**

1. 了解现代物流发展趋势，能自主查阅相关资料拓展知识。

2. 熟悉智慧物流实施策略，培养思辨和分析问题的能力。

3. 掌握智慧物流技术，培养运用技术和方法解决问题的能力。

🔍 导入案例

第一节　现代物流发展趋势

近年来，在大数据、云计算、物联网、人工智能等信息技术的推动下，一批创新型的物流企业诞生和成长，一批传统的物流企业也积极与"互联网+"融合，颠覆自身的商业模式与运营思维，探索并尝试出了共享物流、实虚一体化物流、众包物流、物流O2O等模式，为物流业获取新动力，催生出创新发展模式。

一、高效整合共享物流资源

1. 共享物流的本质与特征

传统物流存在很多弊端，如信息失衡、资源不能共享、各个物流体系之间不能联通，造成资源严重浪费。共享物流的出现为解决这一问题提供了创新方案。

从本质上来讲，共享物流就是共享物流资源。对于整个物流资源而言，货运资源仅是其中的一小部分。对于现代物流来说，物流系统是关键。在庞杂的物流系统中，物流资源呈现出网络化、信息化和标准化的特点，其中能够实现共享的资源越来越多，如物流信息、物流设备、仓储设施、人力资源、终端配送资源等。这些资源为共享物流的形成奠定了基础。

在现实生活中，物流资源的共享方式有很多，如租赁、回收再利用、交换、循环使用等。但无论采用哪种方式，信息互通和协调配置的实现都是基础条件。

2. 物流共享经济的未来

物理空间、人力资源、配套设施是整合物流行业运转过程中不可或缺的三大资源。具体而言，物理空间包括仓库、停车场、货物堆放地点等；人力资源包括搬运人员、货品分类人员、司机、配送员等；配套设施包括运输货物所需的车辆资源，仓库中用来移动货品的托盘、叉车等。上述所有资源，最终都会以共享模式得到应用。

二、物流 O2O 实虚一体化

1. 物流 O2O 模式崛起的四大因素

物流 O2O（online to offline）是一种将线下的物流服务与互联网结合的商业模式，通过线上平台整合资源，实现线上营销和交易，线下提供服务，从而优化物流服务流程、提高效率，降低成本。

当今物流 O2O 一体化模式，必将成为物流行业的主体，其迅速发展主要由以下四个因素促成，如图 14-1 所示。

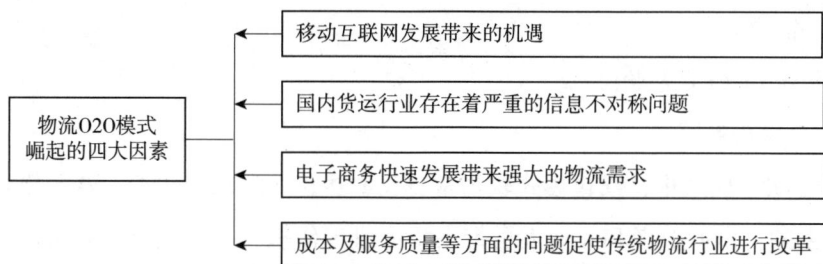

图 14-1　物流 O2O 模式崛起的四大因素

1）移动互联网发展带来的机遇

随着移动互联网时代的到来，O2O 模式在很多领域得到应用，无论是餐饮、生鲜、零售业，还是医药、教育等领域，各行各业的 O2O 模式都得到了快速发展，送货上门服务也更加常见。

2）国内货运行业存在严重的信息不对称问题

在中国的货运行业，承担配送任务的货车司机一般为个体户，大部分货运工作都是由他们完成的，他们接受货运任务多数是通过熟人和朋友介绍，或者是直接在当地的货场与需求方达成合作关系。这种松散的货运业务承接模式，使货车司机接不到订单，而另一边需求方无法找到合适的货运承接方。在这种情况下，物流 O2O 模式应运而生。

3）电子商务的快速发展带来了强大的物流需求

随着电商平台的迅速崛起，其物流需求也日益增大，现有物流模式已经跟不上这些平台的需求。尤其是在购物狂欢节，如淘宝"双11"、京东"6·18"等，短时间内物流量急剧增加，当前的物流模式难以应对这种挑战。这时要想顺利完成配送任务，就急需大量的配送人员参与，而无论是第三方物流还是拥有独立物流体系的平台都无法在短时间内组织大规模的物流团队。物流O2O模式的出现很好地解决了这一问题，使突增物流量不再是物流行业的难题。

4）成本及服务质量等方面的问题促使传统物流行业进行改革

在原有的货运模式下，很多货运企业面临大量的返程成本，加上车辆保养费、上涨的油价，进一步加大了成本消耗。怎样让货运司机提高运营效率，做到货运往返途中不增加空载率，采用位置服务技术（LBS）的货运O2O模式将满足车主们的这一需求。

2. 物流O2O众包物流

1）全民众包模式

物流O2O模式中，众包模式较为常见，如达达、京东众包等。众包模式的出现给广大的自由职业者和无业人员带来了大量工作机会。无论是工薪阶层，还是无业人员、自由职业者，都可以通过申请加入快递大军。其中，顺路快递这一特色模式更能在降低快递成本的同时提高服务效率。相比于传统模式，顺路送快递借助于平台的资源优化配置，将配送任务分派给周边的快递员，有效地提高了货品的配送效率。除了较为特殊的闪送，众包模式的服务价格一般较低。

但全民众包模式也存在一定弊端，主要体现在以下两方面。一是货物在运输途中可能出现意外情况，从而损害了客户利益。二是服务质量有待提高。由于众包模式下配送服务者通过审核后即可上岗，因此大都没有经过严格、统一的培训，其服务质量有待提高。

2）物流公司众包模式

物流O2O平台主要面向物流企业实施众包模式，如运宝网、PP速达等。其中，运宝网将8000家物流专线公司、100多万条物流线路整合起来；PP速达联合了我国12家规模较大物流企业。

众包平台为传统物流企业提供了平台支持，通过线上渠道，能够有效拓展其流量，因而传统物流企业有意愿与众包平台合作。

以全民众包模式为参照来分析，面向物流公司的众包模式在具体实施过程中，能够减少需求方在货品安全方面承担的风险。因为在全民众包模式下，除了个人之外，并没有其他形式的参与主体，当货品的安全性得不到保障时，想要查找具体的责任人难度很大。针对物流公司的众包模式则不同，负责配送货品的公司对其安全性负有责任。而且，物流公司的配送人员在接单之前需接受公司的系统化培训，相比之下，能够为客户提供更为专业、优质的服务。

尽管该模式存在许多优势特点，但其弊端也同样突出。第一个问题是此类物流O2O平台需保证足够的流量，旨在为合作物流公司带来更多有效用户。第二个问题是跑单率较高。在为其他物流公司导入流量的同时，要有效保证自己在整个运营过程中的价值，以降低跑单率。

3）自建物流模式

除了众包模式外，还有一些企业打造了独立的物流体系，比如，典型代表趣活美食送。作为新兴物流企业，该平台区别于传统自建物流的地方，体现在围绕O2O一体化的物流运营模式展开。在现阶段，餐饮外送是其主导业务。

以众包模式为参照进行分析，在自建物流模式下，平台会对每一个配送人员进行专业培训，从而提高配送服务质量。以趣活美食送为代表的第三方自建物流平台，在刚刚兴起阶段需要足够的资金支持，因为此类平台在初期需要大量的成本消耗。另外，此类平台难以通过提供配送业务而获得高额利润，规模化运营是其唯一的选择，这意味着平台难以在初期发展阶段实现盈利。若缺乏资金支持，则平台很可能被淘汰出局。许多以校园为主导市场的物流平台也正是因为这个原因，在危机的边缘苦苦挣扎。

规模扩张对企业的资金实力提出较高的要求，与众包模式相比，此类物流O2O平台通常需要经历漫长的时间才能形成规模效应，导致企业无法及时抓住机遇。当同类企业在某区域内的发展进入成熟阶段并形成自己的竞争优势时，其地位就很难被其他平台取代。

总之，物流O2O模式主要有全民众包模式、物流公司众包模式和自建物流模式三种类型，其优劣势、特色和代表性企业见表14-1。

表 14-1　物流 O2O 类型比较分析

模式类型	优势	劣势	特色	代表性企业
全民众包模式	提高货品的配送效率；服务价格较低	货物在运输途中，可能出现意外，服务质量一般。	顺路快递	达达、京东众包
物流公司众包模式	能够减少需求方在货品安全方面承担的风险，能够为客户提供更为专业、优质服务	平台需保证足够的流量，需降低跑单率	与众包平台合作	运宝网、PP 速达
自建物流模式	提高配送服务质量	刚刚兴起阶段需要足够的资金支持，初期需要大量成本消耗	餐饮外送是其主导业务	趣活美食送

三、"物流 + 供应链"金融物流新体系

1. 供应链金融给物流企业带来的价值

供应链金融是指银行以核心企业为中心，通过有效管理上下游企业的资金流、物流等，实现对各类信息的多维获取与整合，从而通过更加灵活的金融产品和服务将单个企业不可控的风险转变为供应链中企业整体的可控风险。

供应链金融的融资模式通过资金这一融合剂，增强了供应链上下游企业的流动性与有机联结，更加适应互联网商业市场从企业与企业间"单打独斗"的竞争模式向整体供应链的"团队合作"模式转变。

对物流产业而言，供应链金融服务模式是对以往物流金融模式的拓展和深化（图 14-2）。物流金融是指在物流业务运营中，银行和物流企业通过对动产、不动产和权利质押等多种方式，有效组织和调剂物流产业链中的货币资金运动，从而为有资金需求的企业提供融资服务。

供应链金融则大大拓展了金融服务的范围和目标，涵盖原材料、供应商、制造商、分销商直至消费者的产品价值全流程，是基于物流供应链为上下游所有企业提供金融支持和问题解决方案，能够更有效地解决国内物流企业，特别是众多中小物流企业的融资难题，这两种金融模式如图 14-2 所示。

供应链金融产品围绕供应链的核心企业，以核心企业为信用背书，将资金注入供应链上下游的更多企业中，并通过对整体供应链风险的监控，将单个企业的不可控风险转变为更加可控的整体供应链风险，从而有效降低金融风险。显然，这种"N+1+N"模式改变了金融机构以往偏重固定资产评估的做法，转而以整体供应链和实时交易状况评估企业的信贷能力，从而使更多的中小企业能够从银行获得资金支持。

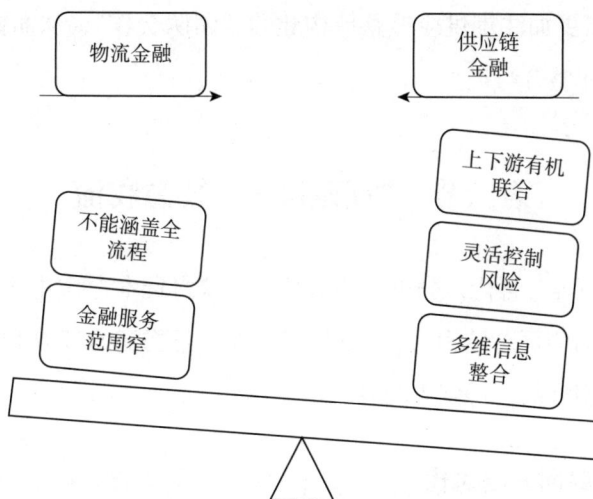

图 14-2 供应链金融 vs. 物流金融

2. 物流企业打造供应链金融模式

物流金融和供应链金融拓展了物流发展的想象空间，为物流企业带来了新的创收渠道，如马士基和 UPS 的主要收益来源都是物流金融服务。以 UPS 为例，其物流金融服务集中于仓储质押、代付款和代收款三个环节；同时，由于成立了自己的金融机构，UPS 能够为客户提供更专业、便捷的金融与物流服务，并以此为基础研发拓展更多高附加值的供应链金融产品。

就国内来看，由于非金融类机构没有经营融资类业务的资质，因此供应链金融是以银行等金融机构为主导、物流企业处于从属地位的运作模式。具体的供应链金融产品和服务，包括不动产抵押融资、代收货款、保兑仓、融通仓、海陆仓融资、提单质押、应收账款池融资、保理等。

虽然处于从属地位，但物流企业在供应链金融中也有着不可替代的价值。以较受欢迎的保兑仓业务为例，银行一般青睐自己指定物流企业进行货物的质押监管；物流企业可以通过这一服务获得物流运营和货物评估与质押监管两方面的收益。同时，作为银行的合作伙伴，物流企业也能够借此构筑竞争壁垒，打造核心竞争力。不过，能够像中储运、中外运、中远那样与银行达成合作关系，从而有机会承接质押监管业务的物流企业并不多。特别是对众多中小型物流企业来说，在规模、资质、网络、管理等各个方面都很难符合银行对物流合作伙伴的要求。

综合来看，物流供应链金融的主要参与者与获益者仍是实力雄厚的大型物流公司；但不可否认的是，供应链金融为各家物流企业带来了供应链管理思维，从

"单打独斗"转向更加注重供应链整体构建的"团队合作",从而极大地推动了我国物流产业的优化整合与进步。

第二节 "互联网 +"智慧物流

进入"互联网 +"时代,分析这些依托自身获得资本青睐并发展壮大的物流企业,它们所探索的均可总结为物流 4.0 模式。在智慧物流的带动下,中国的物流行业将全面实现转型升级,得到质的飞跃。

一、物流 4.0 互联网开启时代

互联网的快速发展和成熟引发了新一轮的产业变革。移动互联网、大数据、云计算、物联网、自动化技术的发展,使互联网与实体产业深度渗透融合,颠覆重构了实体产业的传统形态和发展模式,推动实体产业进入产业互联网时代。

产业互联网是指互联网深度渗透融合进实体产业,成为产业运作发展的主导与核心力量,进而推动产业转型升级。与纯粹虚拟化的信息互联网不同,产业互联网是 O2O、实体虚拟的有机融合,以互联网强大的变革创新能力推动现实世界的网络化、信息化和智慧化。

因此,构建产业互联网,首先要通过物联网、大数据、云计算等先进技术实现物理世界的网络化、信息化和智能化,从而实现在线智慧设计、在线智慧制造、在线智慧商务、在线智慧物流等,让每个人都能够成为创客,为产业发展提供更加多元的创新源泉和强大的驱动力量。

现代物流连接着制造与消费的两端,是一个具有流动性的复合型产业。随着信息技术的快速发展,原料、在制品、制成品等从供应到消费流程中的运输、存储、配送等各种信息,都可以借助多元化的渠道实现更为简便高效的沟通和分享。这使企业可以基于客户需求信息,对物流服务的各个环节进行更为科学合理的规划、执行和控制,统一考虑,系统运筹,从而大大提升整体物流系统的服务效率和质量,实现现代物流理念和模式的变革。

当现代物流体系与制造业信息实现深度融合共享时,制造企业便可以真正围绕客户需求,合理安排采购、制造支持、产品销售等,从而实现企业信息系统对外界变化的敏锐感知、快速响应,以支持柔性化的产品制造。同时,物流与制造信息的深度融合也有助于实现信息企业信息流、物流与资金流的"三流合一"，这些推动了物流进入供应链管理的 3.0 时代。

现代物流与信息技术息息相关，信息技术的发展是现代物流产业变革、实现跃迁式发展的关键和核心。当前，"互联网 +"带来的产业互联网革命，以及云计算、大数据、物联网、物流自动化和智能化技术的不断成熟优化，推动了现代物流与互联网产生更多的融合，从而推动物流产业进入 4.0 时代。更加智能化和智慧化的"物流互联网"正逐渐拉开大幕，并将引发新一轮的物流产业变革。

二、物流互联网时代的主要特征

早在 2014 年，国务院通过了《物流业发展中长期规划（2014—2020 年）》，提出要加快作为国民经济基础性、战略性产业的现代物流业的发展，通过建立和完善标准化、信息化、智能化、集约化的现代物流服务体系，为整体经济的转型提质增效，提供有力的物流服务支撑。

其中物流发展的"四化"可以被认为是"物流互联网"时代的主要特征，如图 14-3 所示。

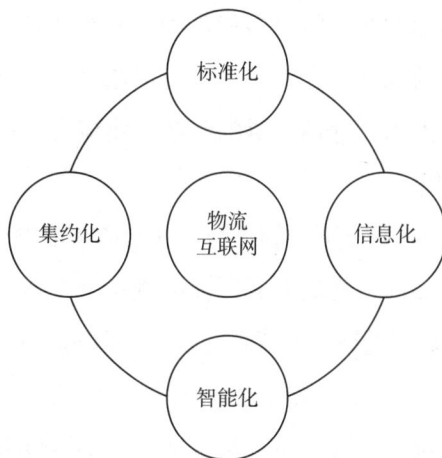

图 14-3　物流互联网时代的四个主要特征

1. 标准化

蒂姆·伯纳斯·李（Tim Berners Lee）通过创建 WWW 浏览协议和标准，实现了不同计算机中信息的联网共享，因此现代物流服务系统要实现高层次的"物流互联网"，就必须首先进行流程的标准化操作。只有这样，才能在实际运作中实现物流网络系统的开放和资源共享，进而提升现代物流服务体系的信息化、智能化。

2. 信息化

物流互联网是物流产业整体流程更高层次的信息化体现，它借助互联网技术和平台实现物流实体物品的可视化、可运筹、可优化以及可流程智能控制等，进而实现物流供求和运作资源的高度开放、透明与共享，探索出更多创新性的商业模式。

3. 智能化

只有不断提升现代物流服务系统的智能化水平，才能真正实现物流服务与互联网的深度融合，而非"貌合神离"；才能运用互联网思维，实现对物流服务整体流程的合理运筹与优化，发挥出物流互联网的创新创造价值；才能真正利用互联网思维、技术与平台，不断提高物流效率与效益，实现物流产业的提质增效。

4. 集约化

集约化是指从整体协同层面，对人力、物力、财力等各种生产要素进行统一配置，以实现生产要素的优化配置和高效利用，从而降低物流整体系统的运作成本，优化管理效果，建立长期竞争优势。

集约化不等于集中管理。以往集约化的实现路径主要是加强集中管理，但在互联网时代，集约化目标的实现将更多地借助于分布式系统和庞大的信息共享网络。互联网与物流产业的深度融合，使人们可以通过开放性的互联网平台，在更广的范围内进行车辆、人力、仓储、货物等各种物流资源的信息共享和协同，实现资源的更优配置和使用。

在"互联网 +"经济新常态下，物流与互联网的深度融合，为现代物流产业发展带来了更大的空间。当前，物流互联网才刚刚拉开发展的大幕，人们对物流互联网将带来的物流产业新图景还没有清晰的认知，但充满了期待。

物流互联网将大大简化集约化过程。通过物流系统信息的网络化、标准化、智能化建设，程控交换机中的程序将自动完成信息的互联互通。更具体地讲，就是在物流互联网时代，装载、发货、仓储、配货、分拨、配送等物流系统各环节的工作，都可以借助互联网平台智能化、自动化完成。

三、物流互联网时代的智能技术和装备

打造物流互联网，除了需要大数据、云计算、移动互联网、物联网等信息技术和产业，还需要与物流系统运作直接相关的智能物流技术与设备，如图 14-4 所示。

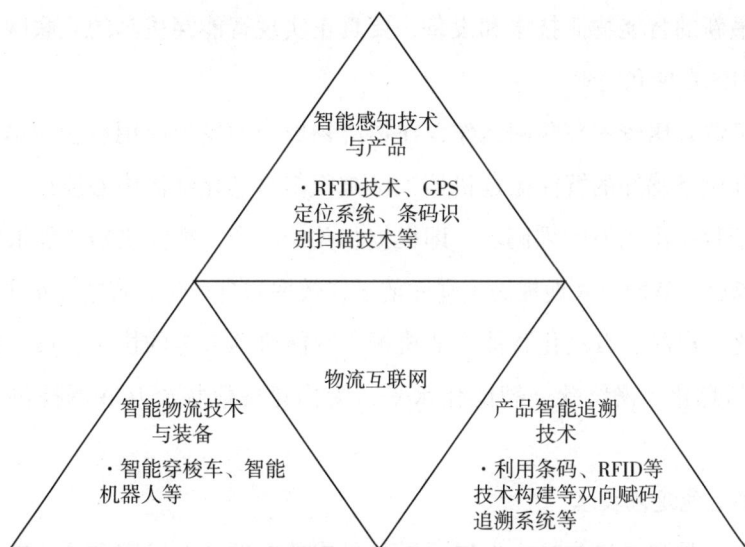

图 14-4 物流系统运作需要的智能物流技术和设备

1. 智能感知技术与产品

对实体物流运作进行联网，离不开相关的智能感知技术和产品，如 RFID 技术传感器、视频感知技术、GPS 定位系统、条码识别扫描技术等。这些智能感知技术主要用于仓储、输送、搬运、运送、集装等环节中，有利于提升物流运作中的定位感知、过程追溯、信息采集、物品分拣等智能化水平和效率。

由于多种因素的制约，当前物流产业中虽已装备和应用了智能感知技术和设备，但现实效果未达到物流互联网所构想的最优状态：智能感知技术的应用主体仍无法实现完全的自动化、智慧化；智能终端识别技术必须由人工进行操作；智能拣选系统仅扮演辅助人工的角色，没能充分发挥出应有的价值；智能传感器主要被用在冷库等特殊仓库中，还未能普及。

随着物流运行和服务对实时可视化管理的迫切需求，视频传感器等可视化物流设备的应用近些年有了显著增长。红外感知、激光感知、RFID 感知和二维码感知等多种先进智能感知技术，都被广泛应用到物流作业监控和仓库管理等环节。

2. 智能物流技术与装备

智能物流技术指标主要用于自动化仓储领域，其中智能穿梭车是近年智能物流技术的重点研发方向。智能穿梭车能够高效、快速地从密集货架的最里层找到并搬出指定的物品，这在单品出货量较大的产品领域极具竞争力。同时，智能穿梭车与密集型货架的有机结合，也能使仓储设施和空间得到最大化的利用。不过，作为一种最新的智能物流技术和设备，要真正实现智能穿梭车的互联网化，还需要一段时间的发展和完善。

智能机器人比较容易联网运作，在物流领域中的发展应用也较为迅速。基于激光导引和磁条感知的智能搬运机器人已被很多自动化物流中心应用。智能机器人还被用于货品出入库的堆码垛，即根据相关的指令，智能机器人能够自动对货品进行堆码垛，从而极大地提高了仓库的运作效率和自动化、智能化水平。

智能终端产品、自动化智能作业机械、智能机器人等的快速发展，提高了物流运作的信息化、网络化、智能化水平，为构建现代物流互联网提供了有力的支撑。

3. 产品智能追溯技术

物流是产品智能追溯技术发展最早和最成熟的领域，已实现了智能追溯技术的网络化。例如，早在十几年前，针对国内频发的食品药品安全问题，物流行业就开始研发食品药品的安全溯源机制，利用条码、RFID 等技术构建双向赋码追溯系统，以便对产品进行双向追溯和实时监控。经过多年的发展，国内已经建立了数百个可对食品药品安全进行追溯监控的系统，创造了巨大的社会和经济效益。

产品追溯系统对产品赋码，将生产、运输、保管、交接等多种产品信息植入赋码系统，使人们可以通过扫描条码或识别 RFID 信息，对产品的生产、运输、保管、交接等信息进行双向追溯，从而达到确保安全、鉴别真伪的目的。本质上，智能追溯技术是借助互联网的实时连接功能，实现对移动的物流作业环节的可视化追踪定位，进而实现物流运作信息的开放共享，推动物流互联网的发展。

与虚拟的信息互联网不同，实体物流互联网在进行信息开放与互联共享时，作业主体和公司常常会有更多的担忧和风险顾虑，如商业机密和隐私等。因此，当前物流领域的网络化，多数还局限于局部性的互联互通，要真正实现范围更广的信息开放与共享，建立全面覆盖的物流互联网，还需要技术、生态、思维、模式、装备等多个方面的创新突破。

四、传统物流智慧化转型的新路径

在以电商为代表的诸多产业的驱动下，中国自 2012 年以来就在全球物流市场规模排行榜中位居首位。无人机、智能机器人、云仓储等新技术的不断涌现，在推动我国物流产业信息化建设的同时，更是让整个物流产业在转型智慧物流的路上走得越来越远。当然，我国物流产业的信息化融入还处于起步阶段，配送效率低下，供需不平衡，空载率过高，数据资源被垄断等问题十分突出。

近年来，我国快递行业业务量保持高速增长。2014年，我国国内快递业订单量高达1105.8亿件，同比增长2.1%；而到2023年，我国的快递订单量则增长至1320.7亿件，同比增长19.4%。快递业务的迅猛增长对我国的物流提出了巨大的挑战。虽然阿里、京东等电商巨头都在通过增加仓储面积，自建物流网络、发展云服务解决方案等方式来缓解订单量高速增长所造成的配送压力，但至今仍未取得实质性突破。

移动互联网时代消费需求的碎片化及多元化，使如今的物流运营模式的弊端不断爆发出来，物流行业的转型升级已经成为企业界要解决的关键问题。智慧物流为这一关键问题的解决提供了有效方案。大数据、云计算等技术的相继涌现，在世界范围内掀起了一场物流行业的巨大变革。

智慧物流能够有效提升客户的消费体验，在为物流企业建立起强大的核心竞争力的同时，更可以有效提升中国物流行业的整体发展水平，提高社会资源利用率。

社会各界普遍认为物流产业门槛不高，是一个技术含量低、劳动密集型的行业。物流企业在物流技术应用、信息化建设及物流配送方案等方面并未投入太多资源，这就导致了智慧物流的落地受到诸多限制。具体来看，物流产业尚未实现标准化，智慧物流观念普及难度大，转型成本高是几大痛点。

当然，物流企业之间的数据垄断也要予以解决。智慧物流的落地首先要完成基础性的工作，在智能硬件、电子表单、数据流通等方面建立统一的标准。

此外，大数据、云仓储等新兴技术拥有广阔的应用前景，通过应用新技术可以让处于闲置状态的配送及仓储资源得到充分利用。例如，个人及企业的闲置房间可以作为包裹的临时集散网点，通过众包物流快速完成跨区域包裹的高效配送。

在快递业务量及人工成本不断上涨的压力下，许多物流企业已经逐渐认识到智慧物流将成为未来物流行业的主流发展趋势。从整体上来看，智慧物流的实现是一个十分复杂的系统工程，不是单靠高科技就能解决。考虑到现有的物流基础设施配套、信息化建设、企业间数据割裂等现实问题，距离智慧物流的实现还有很长的路要走。

本章小结

本章首先阐述了现代物流发展的主要趋势，如共享物流、物流 O2O 实虚一体化、"三流合一"、"物流＋供应链金融"等物流新体系；然后，详细介绍了开启互联网时代物流 4.0 的内容，物流互联网时代的四个主要特征，物流互联网时代的智能技术和装备，以及传统物流智慧化转型的新路径。

即测即练

复习思考题

1. 论述现代物流的发展趋势。
2. 简述共享物流的本质与共享方式。
3. 简述智慧物流的定义及主要特征。
4. 简述传统物流转型升级的新路径。

参考文献

[1] 叶怀珍. 现代物流学 [M]. 4 版. 北京：高等教育出版社，2019.

[2] 小保罗·墨菲，迈克尔·克内梅耶. 物流学（原书第 12 版）[M]. 杨依依，译. 北京：中国人民大学出版社，2019.

[3] 周启蕾，许笑平. 物流学概论 [M]. 5 版. 北京：清华大学出版社，2023.

[4] David P.A. 国际物流：国际贸易中的运作管理（第 4 版）：影印版 [M]. 北京：清华大学出版社，2014.

[5] 冯耕中. 物流信息系统 [M]. 5 版. 北京：机械工业出版社，2021.

[6] 王之泰. 新编现代物流学 [M]. 4 版. 北京：首都经济贸易大学出版社，2018.

[7] 高音，何娜，常青平. 物流概论 [M]. 南京：南京大学出版社，2019.

[8] 霍红，牟维哲. 物流学概论 [M]. 2 版. 北京：中国人民大学出版社，2017.

[9] 中国物流与采购联合会. 中国物流年鉴（2023）[M]. 北京：中国财富出版社，2023.

[10] 罗松涛. 物流中心运营管理 [M]. 北京：清华大学出版社，2013.

[11] 唐纳德·鲍尔索克斯，戴维·克劳斯，比克斯比·库珀，等. 供应链物流管理（原书第 5 版）[M]. 梁峰，译. 北京：机械工业出版社，2021.

[12] 黄尧笛. 供应链物流规划与设计：方法、工具和应用 [M]. 北京：电子工业出版社，2016.

[13] 顾东晓，章蕾. 物流学概论 [M]. 2 版. 北京：清华大学出版社，2021.

[14] 陈岩，李飞. 跨境电子商务 [M]. 2 版. 北京：清华大学出版社，2023.

[15] 李波，王谦，丁丽芳. 物流信息系统 [M]. 2 版. 北京：清华大学出版社，2019.

[16] 王秀娥，纪国涛，陈航. 第三方物流管理 [M]. 北京：清华大学出版社，2017.

[17] 王长琼，张莹. 物流系统工程 [M]. 3 版. 北京：高等教育出版社，2021.

[18] 顾永才，王斌义. 报检与报关实务 [M].6 版. 北京：首都经济贸易大学出版社，2021.

[19] 舒辉. 物流学 [M].2 版. 北京：机械工业出版社，2023.

[20] 彭扬，骆丽红，陈金叶. 现代物流学概论 [M]. 北京：北京理工大学出版社，2022.

[21] 毛海军，覃运梅，马成林，等. 现代物流学 [M]. 北京：人民交通出版社，2023.

[22] 马士华，林勇. 供应链管理 [M]. 5 版. 北京：机械工业出版社，2016.

[23] 栗丽. 国际货物运输与保险 [M].7 版. 北京：中国人民大学出版社，2023.

[24] 傅莉萍. 运输管理 [M].2 版. 北京：清华大学出版社，2020.

[25] 谢逢洁，方静. 农村物流 [M]. 北京：人民邮电出版社，2023.

[26] 林庆. 物流 3.0："互联网 +"开启智能物流新时代 [M]. 北京：人民邮电出版社，2017.

[27] 张如云，胡红春. 物流包装与实务 [M]. 北京：清华大学出版社，2018.

[28] 刘利民，李秋正. 现代物流学 [M]. 北京：机械工业出版社，2021.

[29] 李永飞，余信. 物流与供应链管理 [M]. 北京：清华大学出版社，2022.

[30] 段满珍. 物流管理 [M]. 北京：清华大学出版社，2023.

[31] 宋志刚，王小丽. 国际物流 [M]. 北京：中国财政经济出版社，2022.

[32] 张玉，赵进一. 面向 RCEP 的云南省跨境电子商务发展模式与平台优化 [J]. 物流科技，2023（18）：95–98.

[33] 郑海婆，田佳琪. 跨境电商第三方物流模式的战略研究 [J]. 经济师，2023（6）：113–117.

[34] 刘文慧，高巍，朱家明. 基于多元回归对中国农业总产值影响因素的实证分析 [J]. 哈尔滨师范大学自然学科学报，2022（38）：14–20.

[35] 胡青云. 浅谈现代电子信息技术在第三方物流中的应用 [J]. 中国储运，2023（12）：78–79.

[36] 殷云. 中国物流行业存在的主要问题分析 [J]. 中国流通经济，2012（1）：27–30.

[37] Lambert D M，Cooper M C，Pagh J D. Supply chain management：implementation issues and research opportunities[J]. International Journal of Logistics Management，1998，9（2）：1-20.

[38] 中国物流信息中心.物流运行稳健发展效能提升：2024年物流运行情况分析 [EB/OL]. [2025-02-11]. http：//www.cinic.org.cn/hy/wl/1575169.html?from=singlemessage.

教师服务

感谢您选用清华大学出版社的教材！为了更好地服务教学，我们为授课教师提供本书的教学辅助资源，以及本学科重点教材信息。请您扫码获取。

≫ 教辅获取

本书教辅资源，授课教师扫码获取

≫ 样书赠送

物流与供应链管理类重点教材，教师扫码获取样书

清华大学出版社

E-mail: tupfuwu@163.com
电话：010-83470332 / 83470142
地址：北京市海淀区双清路学研大厦 B 座 509

网址：https://www.tup.com.cn/
传真：8610-83470107
邮编：100084